El Camino de Santiago y la vida

Carlos Becerra Schulz

Carlos Becerra Schulz

○ @carbece

○ @carbece

Command Editorial Agency

Editorial design

@by_command

© Carlos Becerra Schulz

© Portada: Germán Vázquez Becerra

© Acuarelas: Germán Vázquez Becerra

© Maquetación: Command Editorial Agency

© Copyright 2021, Carlos Becerra Schulz

Primera edición 2018

Segunda edición 2021

ISBN pendiente

Dedicado a Tere, Liesel y Natasha,
mis tres amores.

"Un libro ameno, interesante, sencillo, que nos hace adoptar como propias las peripecias y vivencias de su autor en su admirable epopeya, que como buen romero nos regala en el Camino de Santiago."

ING. RENÉ DELGADO

Agradecimientos

Agradezco a todas aquellas personas que han sido parte de mi vida y de mis experiencias, a quienes me acompañaron e impulsaron desde lejos en esta aventura del Camino de Santiago y a quienes me acompañaron físicamente durante el recorrido, esos encuentros los atesoro como lo más valioso de cada jornada.

Índice

I

PRELIMINARES DEL CAMINO DE SANTIAGO

42º 52′ 49.9″ N 8º 32′ 44.5″ W

I.1 ¿Cuándo decidí hacer el Camino de Santiago?

Es difícil decirlo con precisión, desde hace años tenía la inquietud, primero porque sabía que mi hermano, Antonio, lo había hecho en bicicleta a principios de los años 2000, muchos años después supe que mi amigo ciclista, Erick Obele, lo había hecho con su hijo. Hace unos cuatro o cinco años, la inquietud ya estaba rondándome, yo también pensaba hacerlo en bicicleta, más fue durante el Desafío mil millas por Baja, que hice en noviembre de 2016, donde tomé la decisión, primero, de hacerlo andando y segundo, de hacerlo ya en el 2017.

Unas semanas antes del viaje a Baja California, le había comentado a Tere si se animaría a hacerlo conmigo y no me dio ninguna respuesta en esos momentos. Septiembre-octubre de 2016, yo ya estaba coqueteando con la idea, mas no era una decisión tomada ni mucho menos. Recuerdo que en una charla con Noala Guerra, uno de los amigos desafiantes que conocí en ese recorrido, hablamos del tema, él me comentó que lo había hecho en bicicleta con sus hermanos y ahí fue donde, platicando, le dije que yo quería hacerlo caminando.

Durante el Desafío mil millas por Baja se volvió una resolución, porque la experiencia vivida en el Desafío me llenó de ganas de más y con la motivación de tener mayor control de mi parte sobre los cómo y los cuándo.

A mi regreso del viaje en diciembre de 2016 comencé a prepararlo todo. Otro recuerdo que tengo es que cuando recurrí a una terapia de rehabilitación por una caída que tuve dos semanas antes del Desafío, le comenté a Laura Quevedo, la terapeuta, si ella me podría entrenar para estar bien preparado para el Camino de Santiago. Este es otro indicador de que ya antes del Desafío estaba pensando en hacerlo.

Siguen los recuerdos, a raíz de otro desafío, este fue el de 30 días de *Coaching*, que fue en septiembre de 2016, tomé una conferencia que impartió un *coach* español y dentro de su currículo estaba un libro llamado "Buen Camino" que trata precisamente de la experiencia de un empresario que se hace peregrino en el Camino de Santiago, compré y leí el libro y me entusiasmé aún más con el tema. Recuerdo que inclusive estuve en contacto con este *coach* y me informó que él organizaba recorridos de una semana en el Camino de Santiago y tocaban temas de *coaching*; la verdad es que esa modalidad no me interesó, sin embargo, la idea de hacerlo caminando ya se estaba arraigando en mí desde septiembre de ese año.

I.2 Los preparativos

Como ya mencioné, los preparativos los inicié a mi regreso del Desafío mil millas por Baja, a mediados de diciembre de 2016. En esos días, me decidí por hacer el camino francés y me hice de algunos libros, por ejemplo, en Amazon compré el libro *Practical Preparation and Background (Camino Guide),* de Gerald Kelly, que me pareció bastante interesante y práctico. En Scribd encontré un par de guías más, también comencé a consultar la guía Eroski, que es una de las que mejores referencias tiene en las redes sociales y es totalmente gratuita, me enteré y consulté la guía de la editorial "Buen Camino", cuya versión electrónica también adquirí en la Apple Store y tuve oportunidad de establecer contacto electrónico con su autor.

Probé las aplicaciones Vive Camino y Smart Camino que no me gustaron, y estuve observando diversos vídeos en YouTube que trataban temas varios sobre el Camino: su historia, leyendas, experiencias de otros caminantes o peregrinos, consejos y recomendaciones para preparar la maleta, la ropa a utilizar, etc.

También en diciembre de 2016 contacté a Laura, la fisioterapeuta/entrenadora, para acordar los términos y fecha de inicio del entrenamiento. Nos reunimos y acordamos iniciar la primera semana de enero; una vez pasadas las fiestas de fin de año, también contacté a la agencia de viajes Mundo Joven para pedirles una cotización del viaje incluyendo traslados en Europa, para ello tuve que definir mi fecha de partida y mi fecha de regreso y para poder definir esto, también tuve que revisar un par de guías en la web, para ver el número de etapas y de días que me iba a tomar el recorrido.

Me gustó la propuesta de programa de la guía Eroski, es en el que me basé principalmente. Conforme iba leyendo más y más sobre el Camino de Santiago me di cuenta que a pesar de que su origen es eminentemente religioso y específicamente católico, las motivaciones para hacerlo van desde el mayor apego a las prácticas religiosas, hasta quienes lo hacen meramente por deporte o diversión, para mí tenía varias motivaciones: al inicio, un reto personal, un desafío en lo físico y en lo mental, un acercamiento a algunos aspectos espirituales de mí mismo, el significado que tiene para mí el que mi padre haya nacido en España. Debo reconocer que el componente religioso no era uno de los que me movía.

Otra decisión importante que tomé fue la de llegar hasta el fin del mundo, Finisterra o Fisterra, no podía dejar pasar la oportunidad de recorrer un camino aun más antiguo que el propio Camino de Santiago. Dentro de este primer programa decidí incluir algunos días de descanso, originalmente los consideré en las ciudades de Pamplona, Burgos, León, Santiago y finalmente Finisterra, los días de descanso para mí era dormir dos noches en el mismo lugar.

Una vez definido todo esto la agencia me envió una propuesta para salir de Villahermosa el 23 de mayo, hacer conexión en Cancún y dos días mas tarde volar a París, pernoctar una noche en París y temprano tomar un tren a Bayonne y de ahí transbordar en un *autocar* a Saint Jean Pied de Port, que es donde tradicionalmente inicia el camino francés a Santiago de Compostela, esto se daría el sábado 27 de mayo de 2017.

Al regreso, viajaría en autobús de Finisterra a Santiago de Compostela, pernoctaría una noche en Santiago, y volaría de Santiago a Madrid, de Madrid a París y de ahí a México y Villahermosa el 7 de julio: 46 días en total.

El proyecto iba tomando forma. Decidí comprar los boletos de avión, con lo que todo quedaba amarrado. Para la estancia en Cancún primero pensé en buscar un albergue que sí hay y al final me decidí, por recomendación de Tere, a quedarme en un hotel, dado que teníamos puntos acumulados que estaban disponibles.

Una vez cubierta la logística internacional y comprometido el viaje, era necesario empaparme de las recomendaciones, consejos y demás para hacer el camino. Continuar consultando diversas páginas en la web y ver más vídeos se convirtió en un pasatiempo al que dediqué algunas horas. Compré algunos libros más y comencé a trabajar con mayor detalle con la guía electrónica de la editorial "Buen Camino", que sería mi base para armar mi ruta personal del camino.

I.3 ¿Qué llevar?

Otra de las fases emocionantes que inicié, fue la búsqueda y compra de todo lo que iba a necesitar: ropa, mochila, bastones, zapatos, calcetas, lámpara, etc. Como en Villahermosa no hay opciones para comprar estas cosas, todas mis compras fueron por Internet: Amazon, Mercado Libre, Decathlón, eBay y otros sitios fueron los elegidos para ir haciéndome de las cosas, probarlas y de acuerdo a los resultados de las pruebas, decidir si las llevaba conmigo o buscaba otra opción.

De los libros, además de los ya citados compré una guía que me resultó muy útil que se llama "El Camino de Santiago en Esmoquin", de Phillip Winterberg. El libro trata de cómo viajar superligero en el Camino de Santiago, el autor logra hacerlo con una mochila que en total pesa 3 kg. Me pareció increíble. Yo comencé a comprar mis cosas: un par de botas High Tech, que vi recomendadas en una página de equipo de *trekking* en España, las encontré en Mercado Libre de México a muy buen precio (a mitad de precio), un *sleeping bag* ultraligero (680 gr.), tres pantalones para senderismo, dos playeras de lana merino, que de acuerdo a las recomendaciones eran lo mejor de lo mejor para este tipo de actividad, calcetas de diferentes materiales y grosores, y así poco a poco me fui haciendo de cosas.

La primera mochila la compré por Amazon, una mochila marca Tenton; cuando llegó me gustó mucho, pero resultó ser muy grande (55 litros de capacidad) y bastante pesada: 2 kg. Decidí devolverla de inmediato y cambiarla por la que sería el tamaño siguiente de la misma marca, una de 45 litros con un peso de 1.5 kilogramos.

Los primeros pantalones que me llegaron resultaron una vacilada, las bolsas con cierre eran prácticamente simuladas y no les cabía casi nada, realmente solo los usé para entrenamiento, mis requisitos para los pantalones era que tuvieran por lo menos cuatro bolsas con cierre,

dos traseras y dos delanteras, y que de preferencia fueran convertibles, esto es que se pudieran hacer *short*.

Compré unos en la tienda electrónica de Decathlón que me parecieron caros, pero resultaron bastante buenos, también ahí compré mi
poncho, un juego de calcetas que al final fueron las que mejor me funcionaron, una playera extra de secado ultrarrápido. Y así poco a poco
iba comprando, recibiendo y probando un montón de cosas: cubiertos
ligeros, una lámpara con dinamo, una lámpara tipo minero ligera, un
liner para *sleeping bag*, cargadores solares para el celular (que nunca
funcionaron), curitas, cintas adhesivas, toalla para viaje, una pequeña
lámpara solar de llavero, navaja, etc.

I.4 Preparación física y mental

Mientras tanto, el entrenamiento iba evolucionando bien, superando
dolores y malestares como dolor en la cadera que me apareció en las
primeras semanas, y que con ejercicios para fortalecer ciertos músculos
se fueron eliminando. Simultáneamente estaba preparando dos roda-
das en bicicleta: una en la Cuenca del Papaloapan para febrero 2017 y
la BPMS 150 en Houston, Texas para abril, así que mi entrenamiento
era combinando bicicleta, caminata y ejercicios de fuerza para espalda,
hombros, abdomen, piernas y brazos.

Para llevar un control de lo que estaba haciendo, preparé dos archi-
vos en Excel: uno para registrar todo lo que estaba comprando y que a
la vez serviría de *check-list* para la maleta final, en éste registraba también el costo de las cosas, el peso de cada una, si ya lo había comprado,
recibido y aprobado, si cumplía o no cumplía con mis expectativas, y al
final dejé un espacio para registrar si ya estaba empacado.

El otro archivo fue para hacer el programa del viaje, sobre todo
el programa de etapas a seguir, este lo fui modificando conforme iba

aprendiendo más sobre el Camino Francés, originalmente contenía las etapas y una preselección de dos albergues así como el costo de habitación o litera. La elección del albergue o de los albergues la hice basándome primero en la guía electrónica de la editorial "Buen Camino" y seleccionando los dos que mejor puntuación tenían en cuanto a limpieza y su costo fuera de doce euros o menos la noche.

Después conforme iba revisando mi programa, me llegó una guía impresa que había comprado semanas antes y que incluía mapas y referencias de albergues, con esto empecé a complementar la información de estos, registrando teléfono, correo electrónico y domicilio, y empecé a consultar las opiniones sobre los albergues en otras páginas como la de Eroski y una que se llama Gronze. Esas páginas me permitieron conocer otros albergues y con los comentarios de los usuarios hice una selección más adecuada, sobre todo para los días de descanso. Es de hacer notar que en los albergues públicos sólo puedes permanecer una noche, para los días de descanso decidí buscar hostales o pensiones con habitación privada de preferencia.

El tiempo seguía pasando y yo continuaba con mi entrenamiento, el resto de las compras continuaban llegando, así, llegó el mes de abril, mes programado para mi primera y única prueba de fuego antes del Camino: una caminata de sesenta y dos kilómetros en dos días cerca de la Rumorosa, en Baja California, con destino a la Laguna Hanson. Ahí era donde iba a poder poner a prueba parte del equipo y sobre todo mis capacidades físicas y mentales. El recorrido fue en los días 1 y 2 de abril, viajé a Tijuana que era el punto de reunión que indicaron los organizadores del recorrido. Iba a ser mi primer uso intensivo de las botas, el estreno de los bastones (para aprender a usarlos estuve consultando previamente algunos vídeos de Youtube), iba a probar combinaciones de calcetas con liners de seda y si bien llevaba mi mochila con carga completa, al final, decidí caminar solamente con una mochila ligera para llevar mi agua y algo ligero de comer.

El primer día caminamos 32 kilómetros por un camino amplio, básicamente de tierra y grava, lo hice a muy buen ritmo, fui de los primeros siete en llegar al campamento donde íbamos a pernoctar (éramos como cincuenta senderistas), llegué cansado y muy satisfecho. No había ampollas ni señales de ellas. Este primer día caminé con liner de seda y calcetas.

Para el segundo día, el terreno fue bien diferente: caminamos en senderos estrechos con subidas, piedras, bajadas, arena suelta, camino inclinado, muy pocas sombras, etc. Un camino más propio de senderistas. El cansancio y el calor me fue afectando y no pude sostener el ritmo del grupo puntero (éramos diez) faltando aproximadamente diez kilómetros para terminar, empecé a sentir rozaduras en mis pies. En un punto de descanso me quité las botas y calcetas y vi enrojecimiento en los talones y en el metatarso, pero no llevaba nada para protegerme, así que no tenía otra opción más que continuar.

Más adelante como a los cinco o seis kilómetros comenzaron los síntomas inequívocos de que ya tenía ampollas en ambos pies, además de que el cansancio era mayor, ya iba solo, a la búsqueda de lugares donde sentarme con un poco de sombra, que no los había.

Faltando como dos kilómetros para el campamento, me detuve junto a una de las cuatrimotos que nos iban acompañando para señalar el camino y me quité las botas y las calcetas y observé que en efecto tenía varias ampollas ya reventadas y algunas sin reventar, pero no podía hacer nada con ellas en ese momento, me alcanzó un compañero que ya venía ampollado desde muchos kilómetros atrás y continuamos juntos (mal de muchos…).

La verdad, fue difícil y muy satisfactorio llegar. Después de comer algo y antes de partir con destino a Tijuana decidí perforarme las ampollas que estaban sin reventar, traté de hacerlo con las mejores condiciones de limpieza disponibles y una compañera, que era enfermera, me regaló varios curitas de buen tamaño y procedí a limpiar y a perforar las ampollas. Los zapatos que había elegido para descanso eran unos Crocs, me costaba mucho trabajo caminar con ellos, me hacían contacto con todas las partes sensibles de mis pies y ahí decidí que no me iban a acompañar al Camino, definitivamente tendría que utilizar otro tipo de calzado de descanso, como las sandalias Teva.

De esta experiencia publiqué un *post* en un grupo del Camino de Santiago al que me registré en Facebook y les pedí consejo, fundamentalmente respecto a lo que había sucedido con mis pies. Recibí muchas repuestas y recomendaciones, algunas de ellas totalmente opuestas, tenía tiempo suficiente para probar algunas de ellas, me dieron recomendaciones tanto para prevenir las ampollas como para curarlas: utilizar vaselina en abundancia vs. utilizar talco, la gran mayoría se inclinaba por utilizar vaselina; utilizar doble calcetín vs. utilizar un calcetín sencillo, la gran mayoría se inclinaba por calcetín sencillo; utilizar botas de senderismo vs. tenis de senderismo, la gran mayoría se inclinaba por tenis; que caminar descalzo, usar alcohol con romero; para curar las ampollas casi todos coincidían que había que dejar un hilo atravesado en la ampolla para que la misma drene, algunos recomendaban no hacerlo, muy pocos; cortar la piel de las ampollas vs. no cortarla, etc.

Aprendí mucho y puse a prueba casi todas las recomendaciones concluyendo que las mejores soluciones para mí eran las siguientes: 1) Utilizar talco antes de empezar cualquier caminata, esto me funcionó mucho mejor que utilizar vaselina; 2) Me decidí por utilizar las botas en lugar de tenis, lo decidí así, principalmente por la impermeabilidad y por la protección de mis tobillos; 3) Elegí las calcetas que compré en Decathlón que son de material sintético y deseché prácticamente todas las de lana merino que resultaron ser muy gruesas para mi propósito; 4) Utilicé alcohol con romero para aplicar en mis pies al menos dos o tres veces al día las dos semanas previas al viaje; 5) Descarté el calzado Crocs como calzado de descanso; 6) Me volví un experto en curar las ampollas, en perforarlas, dejar el hilo y, posteriormente, retirarlo.

Puedo decir que la caminata de prueba y la experiencia adquirida me fue de mucha utilidad tanto para el entrenamiento como para el Camino futuro. El entrenamiento físico iba de la mano del entrenamiento mental, para afrontar retos y situaciones no esperadas.

Mi entrenamiento continuó y conforme pasaban las semanas, los kilómetros a caminar cada vez eran mayores, por lo que había que dedicar más tiempo, razón por la cual fui dejando de lado el ejercitar con la bicicleta; a pesar de que el programa me indicaba media hora diaria de bicicleta, a cambio y dado el terreno plano de la ciudad incorporé subir en buena cantidad rampas o escaleras que hay en los parques para hacer ascensos y descensos de hasta cien pisos diarios, compré un nuevo par de botas de la misma marca que resultaron ser un poco más amplias que las primeras y me decidí por ellas, también compré otra mochila mucho más ligera que las que había comprado por Amazon, solamente de la mochila me iba a ahorrar 1,100 gr. Decidí comprar también la guía impresa de "Buen Camino", con la idea de llevármela, me tardó más de un mes en llegar y me sirvió más como recuerdo porque determiné finalmente no llevarla conmigo, era mucho peso.

Yo tenía mucha inquietud sobre caminar en lugares con ascensos prolongados y me puse en contacto con una amiga de Teapa, Tabasco, que es triatleta, ella entrena allá y le me pedí que me recomendara algunos senderos para ir a caminar, de entrada me dijo que cuántas personas íbamos, cuando le contesté que iba yo solo, me dijo que definitivamente no me recomendaba ir a caminar solo porque me iban a asaltar. Ella recomendaba que fuera con un grupo de por lo menos 15 personas para no tener ese riesgo, definitivamente descarté esa posibilidad y decidí caminar solamente en la ciudad.

Una sola vez salí a caminar alrededor del aeropuerto, en un circuito que usan muchos ciclistas y algunos corredores y que mide casi diez kilómetros, la verdad es que me sentí muy vulnerable caminando solo por esos lugares, no es lo mismo que ir en bicicleta.

En Villahermosa tenía cuatro recorridos preferenciales, los cuales combinaba dependiendo las distancias que me tocaba caminar: el Parque de la Choca, ubicado en Paseo Tabasco, un andador que está a un lado de la Laguna de las Ilusiones enfrente del fraccionamiento Bosques de Villahermosa, el parque Tomás Garrido que está en la avenida Ruiz Cortines y Paseo Tabasco, y finalmente el parque de la Pólvora, frente al CICOM. Juntos o separados, fueron mis escenarios para caminar en algunas ocasiones hasta veinticinco kilómetros.

Al mismo tiempo, continuaba haciendo lecturas relacionadas con el Camino, libros o artículos históricos sobre el origen del Camino, cayeron simultáneamente dos libros en mis manos con el mismo título: "El peregrino", el primero de ellos de un autor muy conocido y popular, que es Paulo Coelho, en lo particular no me gustó, no me gusta su estilo, no me gustó la historia, no me gustaron sus fumadas ni las metáforas que utilizó. Es un libro interesante, pero no me dejó complacido.

El otro del mismo nombre es de un autor llamado Manuel Torbado que narra el peregrinaje de un personaje francés en el siglo XI. Este libro es una historia más interesante, puesto que ese peregrinaje le llevó al personaje principal más de tres años ir desde Francia, en representación de su poblado de origen, hasta la tumba del Apóstol Santiago y de regreso. A la vez narra historias de muchas personas que encontró en ese Camino, a mí me gustó. Cayó otro libro en mis manos, que es el "Camino de Santiago para *Dummies*", la verdad no lo terminé, me pareció aburrido, demasiado enciclopédico, y lo dejé.

Los pies conforme se iban acumulando los kilómetros de los entrenamientos, también iban acumulando dolor, no bastaban las cremas de toda índole que me ponía, los masajes que me daba, los cuidados que tenía, las terapias de frío-calor, de todas formas los pies me dolían hasta que asumí que así tenía que ser y que así iba a ser hasta que concluyera mi aventura. Las ampollas que tenía se curaron, salieron otras, se volvieron a curar.

I.5 Elección de la ruta definitiva

La ruta que tenía diseñada con sus etapas la revisaba y modificaba, inclusive me atreví a incluir una jornada que consideraba una desviación para caminar diecisiete kilómetros sobre una antigua calzada romana con la idea un tanto romántica, ilusa diría ahora, de caminar por donde habían caminado las legiones romanas ahí por el siglo I y II d.C.

En una de estas revisiones del programa, me surgió una duda de si las ciudades que había seleccionado para descansar y conocer con más detalle eran las más adecuadas, así que acudí otra vez al grupo de Facebook en el que participaba y les lancé la consulta, muy amablemente me contestaron varias personas y prácticamente todas coincidían en que las ciudades que yo había elegido eran las mejores salvo una excepción: me recomendaban que cambiara Pamplona por Logroño, ya que opinaban era una mejor ciudad para pernoctar dos noches, al final así lo hice.

También, tomé la decisión de empezar a reservar espacio en algunos de los albergues, la gran mayoría de los albergues públicos no admiten reservación en tanto que los albergues privados sí la admiten. Hacer esto fue un proceso largo y a veces complicado: estuve enviando correos electrónicos a los diferentes albergues, en algunos casos fueron mensajes de WhatsApp, contactos a través de las páginas web, etc.

En un caso solamente hice la reservación por *Booking.com*, se trataba de una pensión en la ciudad de Logroño, precisamente el fin de semana que iba a estar ahí la ciudad estaría saturada porque estaban programadas diversas celebraciones de fin de cursos, graduaciones, despedidas de soltero, etc. y no había lugar en los albergues privados, como era mi primer descanso yo quería asegurar un buen lugar. Al final de todo este proceso terminé con reservación en aproximadamente el 50% de los albergues en los que iba a pernoctar durante mi recorrido y eso le daba certeza y compromiso al programa elegido.

Para principios del mes de mayo tuve un viaje familiar, por primera vez viajamos los ocho hermanos que quedamos a unas vacaciones juntos, fue una semana en Huatulco donde la pasamos de maravilla, yo tenía una fase apretada en mi programa de entrenamiento, por lo tanto tenía que caminar todos los días entre quince y diecisiete kilómetros. Fue refrescante poder hacerlo en un nuevo escenario, con un clima diferente y en esta ocasión con el acompañamiento de mi hermano, Ricardo, que se levantaba temprano y caminaba conmigo. Además de las caminadas, me di el lujo de jugar tenis, sin embargo, los resultados eran terribles y mi pareja y yo perdimos casi todos los encuentros.

Ya de regreso en Villahermosa, hice pruebas de carga en las dos mochilas que tenía, ya con todas las cosas que iba a llevar. Las cargué, caminé con ellas, decidí desechar algunas cosas más, como una esterilla para recostarme, una cobija marca Coleman que había comprado para complementar el *sleeping bag,* y finalmente me decidí por llevar la mochila más ligera y más económica que había adquirido, mi única reserva era su fabricación china, esperaba que no se fuera a desbaratar a medio camino.

Los dos días previos a mi partida, preparé mi maleta como cuatro veces, aún tenía reservas sobre lo que iba a llevar, la mochila seguía pesando más de lo que yo deseaba, pero ya no sabía qué sacar, la máxima de no llevar nada "por si acaso..." ya la había aplicado, los libros que llevaba, pensaba irlos dejando conforme los leyera, lo único que iba a documentar eran los bastones, una pequeña navaja en forma de tarjeta y dos cortaúñas, todo lo demás lo llevaría conmigo en la mochila.

Ésta es la lista final de cosas que me llevé:

1. **Ropa**
   a. Dos pantalones convertibles
   b. Tres playeras
   c. Dos trusas
   d. Cinco pares de calcetas
   e. Dos pares de liners de seda
   f. Un rompe vientos contra lluvia y además ligero
   g. Un rompe vientos cerrado
   h. Una sudadera ligera *dry fit*
   i. Una gorra de lana merino
   j. Un tubo Buff
   k. Un poncho grande, con capacidad para la mochila

2. **Accesorios**

    a. Una lámpara tipo minero

    b. Un par de bastones de *trekking*

    c. Una navaja tipo tarjeta

    d. Dos cortaúñas

    e. Cable para celular

    f. Cable para *Garmin*

    g. Adaptador USB múltiple

    h. Teléfono celular

    i. *Vivo smart Garmin*

    j. Tres libros

    k. La guía de mapas impresa

3. **Calzado**

    a. Un par de botas High Tech

    b. Un par de sandalias Teva

4. **Botiquín y otros**

    a. Aceite de romero

    b. *Tea tree*

    c. Talco

    d. Alcohol con romero

    e. Crema para pies

    f. Curitas

    g. Cinta adhesiva

    h. Dos jeringas con aguja hipodérmica

    i. Agujas e hilo

    j. Grasas y algodón

    k. Analgésicos

l. Antibiótico

m. Antidiarreico

5. Otros

a. *Sleeping bag*

b. Cubierta impermeable para la mochila

c. Cubierta interior para la mochila

d. Bolsas para la ropa

e. Bolsas impermeables para los documentos

f. Papel encerado impregnado de jabón tanto para manos como para ropa

g. Papel higiénico

PARA 40 DÍAS

La noche anterior a mi salida, recordé que no había fumigado mi *sleeping bag* ni mi mochila como una medida preventiva contra las posibles chinches de los albergues. Bajé al lugar donde tenía el producto que había comprado por Mercado Libre para hacer el proceso y cuando leí las instrucciones y la gran cantidad de medidas preventivas que había que tomar para manipular y utilizar el producto, decidí no hacerlo.

I.6 INICIA LA AVENTURA

Así sin más, llegó el 23 de mayo, día de mi partida, Tere me acompañó al aeropuerto para volar a Cancún, el primer incidente digno de ser mencionado fue que al sacar la mochila de la cajuela al llegar al aeropuerto se oyó un ruido y se sintió que algo se rompía, al observar me di cuenta de que una de las costuras del hombro de la mochila estaba rota, eso me preocupó sobremanera. Me despedí de Tere después de hacernos algunas fotos y me dispuse esperar mi vuelo mientras en mi cabeza pasaban ideas de cómo reparar o reemplazar la mochila.

Por su parte, Tere me enviaría por paquetería los bastones y accesorios punzocortantes para no tener que pagar la cuota de equipaje documentado en el tramo Villahermosa-Cancún. Mientras esperaba busqué en Google: "Zapateros en Cancún" y localicé dos que me pudieran servir, llegando a Cancún tomé un transporte colectivo para moverme al hotel y después de vaciar mi mochila y de preguntar en la recepción sobre algún zapatero remendón, coincidieron en su referencia con uno de los que yo había localizado en Google, así que me dirigí hacia el mercado en el autobús urbano, me bajé un poco antes de lo debido y caminé hasta encontrar el lugar.

Le expliqué al encargado lo que quería y que, además de reparar la costura que se había roto, le dije que quería que reforzara todas las costuras de carga de la mochila, me dijo que sí y que serían doscientos pesos y que estaría lista como a las cinco de la tarde (era como la una).

Ya que estaba en el mercado de Cancún le pregunté por un lugar que me recomendara para almorzar y él mismo me llevó a un restaurante. Estaba ya tomándome una cerveza y comiéndome un cóctel de camarones cuando recordé que no había sacado de la mochila mi sobre con la reserva de euros que llevaba para el viaje, dejé todo en el restaurante y salí corriendo hacia el negocio del zapatero, un muchacho ya estaba trabajando con la mochila, le pedí que me la permitiera por unos momentos y me la entregó, saqué el sobre con el dinero, ¡uf, qué suerte que no lo había perdido! Regresé al restaurante y les mandé un gran cóctel de camarones a los muchachos de la zapatería. Me sentí agradecido de que no hubiera pasado nada que lamentar.

Terminando de almorzar regresé al local, la mochila ya estaba lista, pagué y regresé al hotel, estaba haciendo mucho calor. Antes de llegar al hotel, pasé al Chedraui Selecto para comprar algunos víveres para los dos días que estaría en Cancún. Pasé la tarde muy tranquilo, un rato en la playa y otro en la alberca y en el cuarto leyendo "La Tregua", de Mario Benedetti, vi un poco de tele mientras cenaba y me acosté temprano, lo que realmente quería era que se me quitara el dolor de pies.

Al otro día temprano, como a las seis, me fui a caminar por la playa tranquilo, sin prisas ni presiones, sólo para contemplar el amanecer y la playa casi desierta. El resto del día tranquilísimo leyendo en la playa, en la alberca, me metí a nadar un rato, me comí una hamburguesa con una copa de vino en la palapa del hotel. Reservé un masaje en los pies para la noche a ver si servía de algo y a seguir leyendo.

Por la tarde ya no quise salir a caminar, quería que mis pies descansaran, comí algo en el cuarto y me fui al masaje. El masaje me dolió más de lo que me alivió, sobre todo el pie izquierdo, según la terapeuta tenía colitis y eso se reflejaba en los pies, vaya usted a saber. Me acosté temprano y al otro día me preparé el desayuno y reempaqué la maleta, hice el registro de salida, y tomé un Uber al aeropuerto. Llegué con mucha anticipación, a pesar de que había problemas para llegar porque uno de los estacionamientos estaba tomado por ejidatarios de la localidad, documenté mis bastones, las tijeras de uñas y la navaja. No me dieron el pase de abordar para el tramo de Detroit a París, tenía que obtenerlo en Detroit y ahí me informaron que no tenía asiento asignado, situación que me molestó porque yo había hecho un pago para asegurar el asiento del tramo a París.

Salí a tiempo y al llegar a Detroit me informaron que no tenía que recoger mi equipaje y pasarlo por la banda de conexiones, que ellos se encargarían. Me extrañó, pero lo verifiqué con otras dos personas y me lo confirmaron así que me fui a la sala de abordaje a ver lo del pase de abordar y como todavía no había nadie, pasé a comer algo; de las pocas opciones que había elegí un Popeye's, ahí comí para cumplir el requisito. Cuando llegaron los asistentes de vuelo al mostrador fui por mi pase de abordar y confirmé que no habían respetado el lugar en pasillo que yo tenía reservado, me asignaron asiento de ventanilla y eso no me gustó.

Le mandé un mensaje a Guadalupe Canto, de Mundo Joven, para saber qué había pasado porque esto era algo que teníamos resuelto semanas atrás, finalmente me informó que se había presentado un problema con el cargo a mi tarjeta de crédito, pero nunca fui enterado por la línea aérea y no se había reservado el asiento en pasillo. Le encargué se asegurara que en el vuelo de regreso a México no sucediera lo mismo.

El vuelo a París estuvo muy, pero muy movido, con mucha turbulencia, de ahí en fuera todo bien. Me tocó de compañera de viaje una francesa y no hubo ni intentos de conversación. Llegamos a París, la búsqueda de mi pequeño equipaje fue un poco tortuosa, bandas y bandas de equipaje, subidas, bajadas, izquierdas y derechas hasta que por fin llegué a la banda correcta, después de veinticinco minutos buscando y ahí estaba mi pequeña caja de 800 gr. en perfecto estado.

Ya con todo mi equipaje listo, mi botella de agua rellena y con buena idea de hacia dónde caminar para tomar el tren que me llevaría a la ciudad, me detuve en un centro de información turística, solo para corroborar y no irme hacia donde no debía, continué por amplios pasillos subiendo y bajando escaleras, fue otra larga caminata como de treinta minutos, al llegar a un punto donde se veía mucho movimiento de gente, y que está bastante bien señalizado, tuve que preguntar dónde adquirir mis boletos, ya que pensaba que sería en una máquina despachadora como las del metro, pero no, me señalaron una oficina grande con paredes de cristal donde se veía una fila de gente, entré y en efecto ahí era, esperé mi turno y compré mi boleto del RER a París, me costó diez euros y aproveché para comprar el boleto del metro para el día siguiente, costó 1.90 euros.

Tomé el RER, hice un trasbordo al metro y llegué a la estación del hostal donde me quedaría esa noche, eran como las 12:30. Me presenté en la recepción y me informaron que la entrada a la habitación era hasta las 14:00 horas, anduve deambulando por las áreas comunes del hostal, observé que había solo gente joven, la mayoría en grupos pequeños, salí a la calle a caminar un poco, regresé, maté un poco más de tiempo hasta que me dieron la llave de mi habitación.

Cuando subí, vi que era una habitación con cuatro literas para ocho personas y que sólo estaba desocupada la que me correspondía a mí, era la primera litera en la parte de arriba a la derecha.

La habitación estaba vacía, pero ya con las cosas de los demás ocupantes, me subí a mi litera, coloqué la mochila en un cajón debajo de la litera de abajo, no llevaba yo candado, me puse a leer un rato y al poco rato llegaron cuatro muchachos americanos, nos saludamos y ahí me di cuenta de que dentro de la habitación teníamos baño privado y eso fue un aliviane, así que en cuanto salieron los muchachos me di un buen baño, dejé mi mochila en el cajón de la litera, sin candado, y salí a buscar algo para comer.

Me dirigí hacia un parque que había visto en Google Maps, estaba a unas cuantas cuadras del hotel y resultó ser un paseo bonito donde había mucha gente disfrutando la tarde, tomando el sol, corriendo, en bicicleta o solo paseando, niños, personas mayores, parejas, etc.

Regresé con la intención de comprar un candado y vi una tienda tipo OXXO, quizás un poco más grande, pero el candado que encontré costaba dieciséis euros por lo que no quise pagarlo, aproveché para comprar algo de comer en una *Boulangerie*, compré un *boison de poulet* y una crepa natural, me los comí mientras iba caminando por las calles hasta llegar a la calle principal donde estaba el hostal, tratando de encontrar una banca donde sentarme, pero no había ninguna banca libre, así que seguí caminando.

Casualmente encontré una tienda de bricolaje donde encontré un candado de combinación a cinco euros y lo compré, me fui a la habitación a probarlo y no sirvió porque la aldaba del cajón era muy gruesa y el pequeño candado no alcanzaba a abarcarla así que salí de nuevo y la tienda de bricolaje ya estaba cerrada.

En la habitación estuve platicando con los muchachos americanos, tres de ellos que ya llevaban dos meses viajando por Europa y uno más se acababa de incorporar al grupo, esa tarde se iban de fiesta. Después, salí para buscar algo más de comer y no se me antojó nada de lo que encontré.

Aunque era temprano, todavía no eran ni las nueve de la noche, yo ya traía mi horario un poco alterado y me tenía que levantar a las cinco de la mañana, así que me fui a dormir. Dormí a ratos, en la calle había mucho ruido, muchos gritos, no sabía si estaban celebrando o estaban peleando, escuché cómo iban llegando los demás ocupantes del cuarto, unos muy cuidadosos para no hacer ruido mientras se acomodaban en su litera y otros, los que llegaron al final y que yo no conocía, les valió gorro que hubiera gente durmiendo, hicieron ruido, prendieron luces, en fin, supongo que así son estas cosas, de todo hay. Fue una noche larga, lo importante era descansar los pies y pararme temprano.

II

LAS ETAPAS

42º 52′ 49.9″ N 8º 32′ 44.5″ W

Etapa 0: PARÍS – SAINT JEAN PIED DE PORT

27 de mayo de 2017

0 km

Al despertar me desperecé para salir, cuando me paraba de la litera sentí que algo se deslizó y cayó por un costado de la pared, sabía que era casi imposible recuperarlo sin molestar a la persona que dormía abajo, afortunadamente después de hacer un recuento de mis cosas me di cuenta de que era un libro y eso me tranquilizó. Ahí aprendí a tener mucho cuidado con lo que se coloca en la cama, sobre todo cuando te toca la litera de arriba y más si en la litera de abajo hay cajones y no tienes acceso al suelo, tomé nota de esa lección para que no me volviera a ocurrir.

Saqué mi mochila del cajón con mucho cuidado, tratando de no hacer ruido, me puse mis botas y salí sin despertar a nadie, al menos eso creo yo. Me fui caminando a la estación del metro y en una *vending machine* de la estación, compré un par de panecillos con Nutella. En un poco más de media hora llegué a la estación de Montparnasse, que es enorme, pregunté un par de veces para saber en qué andén debería tomar el tren, porque no estaba señalado en los anuncios luminosos, y justo cuando estaba formado para comprarme un café y algo para desayunar, indicaron que el andén por el que saldría el tren a Bayonne era el 23 y la gente inmediatamente se empezó a mover, ya no compré nada y también me moví hacia el andén, adiós desayuno.

Encontrar el carro que me tocaba fue una odisea, primero porque no hay nada que lo señale, y segundo el mundo de gente que se junta en el andén sin ningún orden. Me formé para pasar por un control donde estaban verificando boletos con un escáner y al llegar me indicaron que

esa era la verificación de los boletos VIP y de primera, yo tenía que moverme con otra bola de gente, al otro costado del andén. Finalmente iba
caminando en una bola de personas que poco a poco se iban quedando
en los carros del tren, yo seguía avanzando tratando de encontrar el
mío, se terminó la parte techada del andén y no encontraba mi carro.
Preguntando y preguntando a los pocos empleados del tren que veía y
después de recorrer muchos carros más llegué al mío, me subí, acomodé
mi mochila, y encontré mi asiento, también con trabajo porque la
numeración no era consecutiva y la cambian cuando quieren.

El viaje transcurrió tranquilo, observando los pueblos que íbamos pasando y observando a los pasajeros que entraban y salían del vagón,
cómo batallaban para abrir la puerta que comunicaba el vagón con un
espacio de servicios entre vagones. Observé que la gente se desplaza
mucho en el tren y algunas personas van con grandes maletas y las
andan arrastrando por todos los vagones. Fue interesante observarlos.

Llegué a Bayonne como a la una de la tarde y procedí a verificar el
punto de salida del *autocar*, que resultó ser un tren pequeño que salía
en esa misma estación, afortunadamente. A mí me habían dicho que
se trataba de un autobús que se tomaba junto a la estación, no fue así.

Ya con esa información y habiendo verificado el andén por el que
saldría mi *autocar* salí a la calle a buscar, ahora sí, algo de comer, frente
a la estación había un par de restaurantes con mesas en la banqueta,
me senté en una de ellas y comí algo acompañado con mi primera copa
de vino tinto en Europa.

Tenía holgura de tiempo como para caminar un poco y conocer,
pero decidí no alejarme y volví a la estación donde pude observar
bastantes peregrinos que también esperaban la llegada del *autocar*
que nos llevaría a Saint Jean Pied de Port.

Observé en el tablero de anuncios que habían cambiado el andén de salida, mas no el horario. En cierto momento todos los peregrinos nos empezamos a mover hacia el andén y a buscar un poco de sombra porque hacía bastante sol.

El pequeño tren, como de tres vagones, no tardó en llegar y nos acomodamos poco a poco cada quien con su mochila en las piernas o en el suelo junto a uno, se oía el intenso rumor de las conversaciones. A mí me tocó sentarme con tres jóvenes: Juan, de Texas; Ana, de Austria; y Evelyn, de Holanda. Los tres hablaban español, pero la conversación se dio principalmente en inglés. Juan ya tenía cierto tiempo viajando por Europa y traía un mochilón tremendo, al menos de 15 kilos. Evelyn era su primer camino, Ana iba a realizar su segundo camino, la primera vez lo hizo con su papá y ahora lo hacía sola. Ella tenía entre veintidós y veinticuatro años. Ninguno de los tres iba al albergue municipal, solo yo, ellos tenían programado llegar a albergues privados que ya tenían reservados, excepto Juan. La velocidad del tren era lenta, pero la distancia no era mucha, así que llegamos rápido, sobre todo así pareció porque veníamos entretenidos conversando.

MIS COMPAÑEROS DE TREN

Al llegar al pueblo, de inmediato nos dirigimos siguiendo al resto de la gente a buscar las oficinas de registro de peregrinos para sacar nuestra credencial. De los cuatro, fui el primero en entrar, después pensé que había sido un poco rudo por no permitirles pasar a ellos primero, pero a mi favor debo decir que ellos ya tenían albergue y yo necesitaba asegurar un lugar en el mío. Me atendió un señor muy amable que me explicó todo lo necesario, tomó mis datos, me dio mi papelería y mi credencial y listo, camino al albergue. Al salir vi que mis compañeros de viaje ya se estaban registrando y habían entrado juntos los tres, me despedí de ellos y me dirigí al albergue que está en la misma calle a ver si encontraba lugar. Apenas llegué, me asignaron litera en un cuarto que tenía como catorce o dieciséis literas, la gran mayoría estaban ya ocupadas.

Me tocó la penúltima litera del lado derecho, en la cama superior, casi al fondo del cuarto, afortunadamente junto a una ventana. Lo primero que hice fue tomar una silla que estaba disponible y ahí poner mi mochila para no dejarla en el suelo, había pocas personas en la habitación, algunas durmiendo, otras simplemente reposando. Tomé mi ropa limpia, puse todos mis documentos y dinero en una bolsa contra agua, tomé mi toalla y papeles enjabonados y me fui a buscar un baño. Me metí a bañar muy tranquilamente, desde la ventana del baño se veía el patio del albergue, amplio y ya con ropa tendida, y más abajo parte del pueblo, diríamos que la parte nueva, y al fondo los Pirineos, una vista realmente hermosa.

Después de bañarme, observé que había una cubeta con un trapeador dentro del baño y me quedó claro que había que dejarlo seco, esa fue mi primera lección de cómo comportarse en un albergue. En todas las ventanas del albergue había bolsas o botellas con agua, para evitar se metieran las moscas al albergue, una curiosa solución. Bajé al patio del albergue donde estaba el lavadero y me puse a lavar mi ropa con algunas pastillas de jabón que había ahí, la tendí con los seguritos (imperdibles) que llevaba.

Hacía una tarde muy agradable, soleada, pero no calurosa, había varios muchachos platicando en unas sillas, fumando y tomando cerveza, yo me puse a tomar unas fotografías y unas *selfies*, cuando de pronto se me acercó una muchacha que me estaba observando y se ofreció a "hacerme" una fotografía, se lo agradecí y me tomó un par de fotos con los Pirineos al fondo, ella se llamaba Isabel y era de España.

Después, salí a caminar un poco para conocer ya con calma el lugar. Un pueblo realmente bonito, antiguo, provinciano, que se saborea en su calle principal a pesar de tanta gente y de tanto negocio, sus calles empedradas y solitarias.

Cuando dejas la calle principal te permiten imaginar muchas cosas de cómo podía haber sido la vida hace quinientos o seiscientos años. Empecé a sentir hambre y busqué algo para comer, sería por la hora, pero casi todo estaba cerrado hasta que me encontré una pizzería que atendía una muchacha muy guapa y muy seria, ordené una pizza y pasé a la parte superior del negocio, como estaba solo y un poco encerrado, me bajé a la terraza donde había un par de mesas no importando que me pegara el sol, comí tranquilo, observando pasar a la gente tanto a los peregrinos como a familias de la localidad, disfruté mucho la pizza y la asoleada que me di.

Después seguí caminando, recorriendo el pueblo y tomando algunas fotos, regresé al albergue y frente a él había una subida de terracería que la verdad no tenía ganas de subir porque estaba muy empinada, pero ahí estaba y no la iba a dejar pasar, así que comencé a subir y continué subiendo, las vistas que se me iban presentando hacían que la subida valiera la pena, llegué a un castillo que pude recorrer por fuera, me gustó y me pareció muy interesante, además puede apreciar todo Saint Jean desde las alturas y desde diferentes posiciones, sin duda valió la pena subir. La bajada fue otro cantar, los pies ya me estaban recordando por qué no quería subir. Aproveché esta circunstancia para llegando al albergue sacar mi botiquín y hacerme algunas reparaciones y protecciones en los pies, mientras saludaba a algunos peregrinos que seguían platicando en el patio. Visité unas tres o cuatro tiendas especializadas de la calle principal donde vendían de todo para los peregrinos: mochilas, botas, impermeables, chamarras, algunas cosas no estaban tan caras, otras me parecían muy caras. Sólo compré una vieira para ponerla en mi mochila, símbolo del peregrino.

Me fui a acostar un rato a mi litera en tanto se secaba mi ropa, estuve platicando con un vecino de cama que era de Croacia y me decía que él disponía de veinticinco días para hacer el camino hasta Santiago, por lo que tenía que caminar más de treinta kilómetros diarios. Difícilmente me lo encontraría otra vez en el camino.

Después pasé un rato al comedor donde había un grupo de peregrinos platicando muy amenamente. Uno de ellos dominaba la escena, Elías creo que se llamaba, un muchacho muy extrovertido que igual hablaba en un idioma o en otro: francés, inglés, italiano, español, estaba con tres o cuatro muchachos y con Isabel, la española que me hizo las fotos en el patio, ellos tomaban vino y al poco rato me aburrí de su plática y salí otra vez a la calle. Me di cuenta de que justo enfrente al albergue había una fuente de agua y que el agua salía a mucha presión, tomé nota para que al siguiente día, al llenar mi botella no me fuera a empapar.

Regresé a recoger mi ropa seca, preparé mi mochila y me dispuse a dormir, todas mis cosas de valor las metí en una pequeña bolsa riñonera que llevaba y la amarré a una de las columnas de la litera y la puse debajo de mi almohada, me puse mi antifaz para que no molestara la luz, entreabrí la ventana que tenía cerca de mi litera y me coloqué los tapones para los oídos que llevaba preparados para los ronquidos. Dormí vestido con la ropa que iba a utilizar al siguiente día, recuerdo que dormí más o menos bien, a tramos, "en abonos", como digo yo; la noche estuvo fresca, pero no fría.

EN SAINT JEAN PIED DE PORT

Etapa 1: SAINT JEAN PIED DE PORT – RONCESVALLES

28 de mayo de 2017

25.20 km[1]

En la mañana, mientras enrollaba mi *sleeping bag* me hizo plática mi compañero de litera, era un señor de más de sesenta años según calculé, me decía que él estaba terminando ese día su camino, que lo había hecho de ida y de regreso, estaba cansado y muy satisfecho y le alegraba no tener que levantarse temprano. Todo esto me lo platicó en italiano, por lo que no estoy seguro si entendí todo bien o estoy inventando... No, no es cierto, en esencia eso fue lo que me dijo.

Salí como a las siete de la mañana, la primera sorpresa que se llevaban los peregrinos que querían tomar agua de la fuente que estaba afuera del albergue era que al empujar el botón salía el agua con tanta presión que se daban un buen baño y con eso terminaban de despertar, yo que ya me había dado cuenta de eso lo hice con mucho cuidado y llené mi botella sin mayor inconveniente, me reí un poco de los que se mojaron, todos lo tomaban con buen humor.

Iniciar la caminata con varios peregrinos alrededor mío fue muy emocionante, me sentía feliz de estar en donde estaba, de estar haciendo lo que estaba haciendo, de estar viviendo lo que estaba viviendo, me sentía feliz de ser lo que era ese momento.

Inicié una práctica que mantendría los siguientes días, con algunas excepciones, que era grabar algunas palabras al inicio de la jornada, una especie de bitácora de arranque de la jornada, comentando cómo me sentía, qué hora era, adonde me dirigiría ese día o algo similar.

---

[1]*Las distancias que anoto en estos títulos están tomadas de la Guía electrónica Buen Camino de la editorial del mismo nombre.*

Cuando me puse a revisar las primeras grabaciones, me di cuenta que la grabación del 28 de mayo la perdí, no la guardé correctamente, pero encontré una grabación del 25 de mayo al salir para el aeropuerto de Cancún que dice lo siguiente: *"Bueno, aquí estoy a quince minutos de dejar el hotel de Cancún para dirigirme al aeropuerto y tomar mi vuelo a París; aquí es donde siento que realmente inicia mi camino, un camino en el que no sé que voy a encontrar porque tampoco sé qué estoy buscando, pero seguramente encontraré cosas buenas, aprenderé mucho y terminaré siendo una persona diferente.*

Creo que es un reto, un reto importante, ahora que estoy más cerca y que he leído tantas crónicas y que estuve preparándome y caminando, que era algo que yo no hacía, me doy cuenta de que físicamente va a ser verdaderamente un desafío, mentalmente seguramente lo será mayor, pero las satisfacciones, la gente, el espíritu que rodea al Camino de Santiago seguramente me ayudarán. Voy a estar grabando pequeños mensajes como éste para ir dejando una pequeña memoria. Me voy bien, con dolor de pies, pensé que me iba a recuperar en estos cuatro días que dejé de caminar, sin embargo me siguen doliendo, pero me tenían que doler... 'Buen camino', peregrino".

En efecto la grabación del día 28, día de mi partida de Saint Jean Pied de Port (SJPP), no está, seguramente no le piqué al botón de guardar, más menos decía así: *"Que ahí estaba yo, iniciando la primera etapa poco después de las siete la mañana, con un ambiente fresco y muy emocionado y dispuesto continuar, a pesar del dolor de pies que no me dejaba y que parecía ser una constante, que tenía muchas expectativas de lo que me iba a encontrar".*

Quizás haya dicho eso o alguna otra cosa de lo que estaba viendo, algún edificio, alguna entrada o la salida del pueblo, no lo sé, lo que sí sé es que inicié mi camino y comencé a tomar fotos. Yo pensaba que no iba a tomar muchas fotos, cambié de opinión a última hora, decidí que me servirían de ayuda, de memoria; por ejemplo, puedo decir que hay una foto donde sale el reloj de San Jean Pied de Port que marca las 6:26 de la mañana, lo que significa que no arranqué a las siete de la mañana como recordaba, sino antes de las seis y media.

Pasé el puente medieval del Río Nive y después la puerta de la muralla, en ambos lugares me tomé la consabida *selfie*. Ya fuera del pueblo, encontré las primeras señales de tránsito en francés, una de las cuales decía *Camín de St. Jaques* y otra señalaba que el albergue de Orizon estaba a ocho kilómetros en la misma dirección.

Iba caminando solo, a pesar de que había varios peregrinos en el camino, mi propósito en ese momento era encontrar mi ritmo, un ritmo adecuado para la subida y poder apreciar todo lo que se me venía presentando. Observé la primera salida del sol en el camino, la cual pude fotografiar tímidamente. Vi un gran rebaño de ovejas, al fondo se volvían a ver los Pirineos, la vista era magnífica y más conforme iba avanzando y subiendo, el viento se hacía más y más fuerte y nos pegaba de frente o de costado, era un viento frío que, si te descuidabas, te podía tirar, me tocó ver a más de un peregrino perder piso por el viento.

Al llegar al albergue de Orizon, me detuve para tomar algo de desayunar en el bar, ahí me encontré a Ana, mi compañera del tren, iba sola y estaba en una de las mesas de la terraza, entré a pedir algo en la barra y mientras lo pedía, un señor de manera muy enfática, que yo sentí hasta agresiva, me decía algo acerca de mi mochila, como hablaba en francés y muy rápido yo no entendía lo que me decía, además como estaba hablando muy fuerte, llamó la atención de los que ahí estaban, entonces un peregrino se acercó y me tradujo lo que me decía el francés: que traía mal puesta mi mochila, que estaba muy baja, y que si continuaba así me iba a lastimar la espalda.

Le di las gracias al peregrino y al señor gritón y volví mi atención a lo que me estaban sirviendo de desayuno; al pagar, la chica de la caja me dijo que si no podía ajustar la mochila, quizás fuera buena idea que la cambiara por una nueva, que podía regresar a SJPP o en su defecto esperar a llegar a Pamplona, le di las gracias y me salí a desayunar con Ana, la inquietud de la mochila había quedado sembrada.

Afuera hacía un viento que pelaba, le comenté a Ana lo que había pasado y me dijo que definitivamente regresar no era buena idea, cosa que yo ya sabía, me acabé la mitad de mi bocadillo y guardé la otra mitad, Ana se puso un rompe vientos y continuamos juntos; sin embargo, al poco rato ella se fue rezagando poco a poco, realmente el viento dificultaba mucho la subida, yo trataba de mantenerme fiel a mi paso.

Las vistas eran formidables, en algún punto me topé con un americano alto con el que intercambié saludos y algunas palabras, por alguna razón, de repente, me di cuenta que yo iba caminando por el lado derecho la carretera y a mi derecha había una pronunciada pendiente, iba luchando contra el viento y de momento caí en la cuenta que si el viento me sorprendía me podía tirar hacia la pendiente y me hubiera podido caer decenas de metros abajo, por lo que inmediato me crucé la carretera para caminar del otro lado, ahí me volví a encontrar al americano, traté por un rato de seguir su ritmo y protegerme con su cuerpo como lo hago en la bicicleta, sólo pude hacerlo por unos cuantos metros ya que su zancada era más larga que la mía y a pesar de que él volteaba y como que quería esperarme no me fue posible seguir su ritmo y nos fuimos separando.

El camino continuaba y los hallazgos también, llegué a la fuente de Roldán, que fue un oficial de Carlo Magno que peleó y murió en esa zona allá por el año ochocientos, y cerca de ese lugar cruzamos la frontera Francia-España y entramos a Navarra casi sin darnos cuenta, bueno, yo no me di cuenta.

El cansancio comenzaba a aparecer, ya llevaba casi diecisiete kilómetros de recorrido y prácticamente todo en ascenso, yo buscaba un lugar para descansar y viendo hacia la parte superior de la senda que estaba subiendo, observé una especie de cabaña que resultó ser el refugio Izandorre; sin embargo, muchos peregrinos habían pensado lo mismo que yo y estaba lleno de gente descansando, dudé por unos momentos si quedarme o no cuando se me acercó el americano alto y me dijo "vamos, mexicano, sigamos juntos" y ahí voy otra vez a tratar de seguirlo, no duramos ni un kilómetro juntos, poco a poco empezó a tomar ventaja y yo por mi parte requería un descanso donde fuera.

Encontré una gran roca a la orilla del camino, arriba de la cual estaban tumbados unos peregrinos y un poco más adelante a un costado de ésta, me tiré en el piso y me recargué en la roca para protegerme del viento. Me quité las botas, las calcetas, saqué lo que me quedaba de bocadillo y me lo comí; eran exactamente las 11:26 de la mañana, ya llevaba cinco horas de camino.

Ya con esta pequeña recarga de energía y ese descanso continué hasta llegar al Collado de Leopoder donde había que tomar una decisión: el camino que iba por la derecha era un poco más largo y con menos pendiente, el camino de la izquierda era más corto, pero con una pendiente más complicada. Opté por el de la derecha que resultó ser un camino en franco descenso hasta llegar a un segmento amplio y plano que desembocó en Roncesvalles. Antes de llegar a visualizar Roncesvalles me pasó algo curioso, iba yo tocando las hierbas a la orilla del camino cuando de repente sentí como un montón de diminutas agujas clavadas en toda la mano, seguramente toqué alguna hierba tóxica, la molestia se mantuvo un buen rato a pesar de que me puse agua y gel antibacterial, eso me pasa por andar de tentón.

Eran las 12:43 cuando tuve el albergue de Roncesvalles a la vista, una construcción elegante y muy grande, me acerqué y, adivinando, me dirigí al área de registro, ya había muchos peregrinos en el interior haciendo fila y otros ya habían pasado por el trámite. Había que dejar la mochila y los bastones fuera de la oficina de recepción y así lo hice, me formé y registré, pagué mi cena y mi desayuno del siguiente día, me pusieron mi sello en la credencial de peregrino y nos indicaron a todos que esperáramos a que el albergue abriera a las 13:30 horas para pasar a las literas, así que me salí a un gran patio y me senté en una banca de concreto (un poyo, ahora sé que los llaman así) me cambié el calzado y puse a secar mi rompe vientos, regresé a la oficina de registro y ahí me encontré a Patrick, el americano, que apenas se estaba registrando y no entendíamos cómo es que yo había llegado antes que él. Él se registró en el hostal, no en el alberge, y quedamos de vernos a las dos para comer juntos y brindar por el éxito de nuestra primera etapa.

RONCESVALLES

Lo primero que hice cuando abrieron el albergue fue ir a mi cama y me llevé una muy agradable sorpresa, ya que eran unos compartimientos semi privados con solo dos literas, prácticamente nuevas y muy limpias, con su taquilla cada una que funcionaba con una moneda de un euro que era recuperable.

Enseguida me fui a bañar, los baños bastante numerosos, amplios y limpios, después supe que esta era la parte nueva del albergue. El albergue es muy grande, de varios pisos y con una capacidad para casi doscientos peregrinos; ya bañado me bajé a explorar las áreas comunes como la de lavado y tendido de ropa y el área de comedor, en todas había hospitaleros, todos ellos muy amables, aunque no hablaban español, entiendo que todos eran holandeses y eran todos adultos mayores que se ofrecían como voluntarios para apoyar a los peregrinos en ese albergue. Los dos que estaban asignados en la lavandería era muy simpáticos y bromistas.

Como Patrick no aparecía y ya eran más de las dos de la tarde, me fui a lavar mi ropa a mano, tenían el servicio de una centrifugadora manual que sólo podía ser operada por uno de los hospitaleros, aproveché para vacilar un poco con el que me atendió. Ya con la ropa lavada y limpia y relajado, me salí a esperar a Patrick. Ahí me tocó ver a un perro peregrino que llamaba la atención porque tenía rastas y no lo dejaban entrar al albergue a buscar a su dueño, un hospitalero me explicó que podía haber perros, pero no dentro.

También tuve la oportunidad de saludar a Juan, de Texas y a Evelyn, de Holanda; observé que Juan ya llevaba la mochila más ligera, seguramente mandó por paquetería parte de sus cosas a Santiago o decidió dejarlas en la mesa de donaciones del albergue de SJPP. A los pocos minutos llegó Patrick y nos fuimos a buscar dónde comer, había tres opciones: el restaurante del hotel que era caro, el restaurante Casa Sabina que era donde me tocaba cenar y desayunar, y otro que estaba a la entrada del albergue. A mí me apetecía ir a ese para conocerlo, pero Patrick me comentó que sólo vendían hamburguesas, *hot dogs*, cosas de ese tipo y que no valía la pena, así que nos fuimos al restaurante Casa Sabina.

Había mucha gente y la terraza estaba casi llena, a pesar de que estaba haciendo mucho viento y se sentía fresco, vimos que el menú del día costaba veintitrés euros, se nos hizo caro (esperábamos que los menús de peregrino costaran entre diez y once euros) y no nos decidíamos, el menú lo servían sólo hasta las 15 horas y ya faltaban dos minutos, así que finalmente nos decidimos, nos sentamos en una de las mesas de la terraza y esperamos que alguna de las meseras se nos acercara para atendernos. El tiempo pasaba y nada, Patrick me sugería que lo hacían a propósito para dejar pasar el tiempo y decirnos que el menú ya no estaba disponible.

Como seguía pasando el tiempo, me levanté para hablar con una de las chicas en el interior del restaurante y me dijo, después de preguntar, que sí nos podían atender, pero que el menú sólo se servía en la parte interior del restaurante, salí por Patrick y pasamos a un pequeño salón privado como con diez mesas, todas muy bien puestas, había solamente dos o tres mesas ocupadas, enseguida se nos acercó una mesera y nos llevó la carta y una botella de agua de buena calidad. Como ambos pedimos vino tinto, nos llevó una botella de un vino crianza de Navarra bastante bueno.

La carta se veía estupenda. Yo pedí una pasta negra con tinta de calamares de primero y de segundo pedí una merluza preparada con un puré raro, moradito y muy sabroso; Patrick pidió el equivalente a un pescado que se llama *monk fish* y una pasta con mariscos. Comer ahí fue estupendo, nos dieron postre y nos pedimos también un café, realmente memorable la comida y digna para celebrar nuestra primera etapa. Intercambiamos correos electrónicos. Patrick me comentó que él no se quedaría en Zubiri, que era mi destino al siguiente día, sino que caminaría hasta Larrasoaña, como cinco kilómetros más. Él pensaba caminar del orden de 30 kilómetros diarios, por lo que sería muy difícil que volviéramos a coincidir. Nos despedimos y nos fuimos a descansar.

Ya de regreso en el albergue, estaba yo en mi litera descansando cuando oí voces y noté entraban al privado tres mujeres hablando en inglés acompañadas por uno de los hospitaleros que conocí en el servicio de lavandería, se presentaron conmigo y me dijeron que serían mis compañeras de cuarto: se llamaban Hillary, Andrea y Tricia, las tres muy agradables. Mis compañeras de habitación resultaron ser de Inglaterra, y lo primero que hicimos fue compartir mi cargador de celular porque sólo había dos conectores, y como mi cargador tenía lugar para tres celulares, bien pudimos conectarnos los cuatro.

Revisando mis pertenencias decidí desprenderme de algunas cosas y dejarlas en la mesa de donaciones que había en la planta baja del albergue: dejé una de mis tres playeras, tres pares de calcetas, el libro que me quedaba y mi loción, sentía una especie de necesidad por deshacerme de peso, el tema de la mochila me tenía muy inquieto. Después de descansar un rato, llegó la hora de ir a la cena.

Afuera estaba haciendo frío, en el restaurante nos iban colocando en mesas de cuatro conforme íbamos llegando, me tocó compartir mesa con Jurgen, un holandés que conocí en el albergue de SJPP, y con Gustavo, un coreano que también conocí en SJPP y que había elegido su nombre occidental de "Gustavo" cuando aprendió español (que por cierto lo hablaba muy bien), me comentó que había estudiado un año para hacer el camino. En la misma mesa nos acompañaba un italiano que no conocíamos, de nombre Gregorio, de modales bruscos y de muy pocas palabras, sólo hablaba italiano y no le gustaba platicar. La cena estuvo bastante regular, nada que ver con la comida, evité tomar vino por aquello de las agruras. Pasamos un rato agradable y nos conocimos un poco más. Al final, pude platicar un poco con Gregorio en mi pobre italiano.

Terminando de cenar, me salí a caminar y a conocer un poco los jardines y los alrededores de Roncesvalles, que es una población realmente pequeña de no más de cuarenta habitantes, y que prácticamente todos se dedican al albergue y al pequeño monasterio que hay ahí. No supe que se podía visitar el monasterio por dentro y me lo perdí. Cuando andaba deambulando por ahí, me encontré con Isabel, la chica de

España, platicamos un poco y le compartí mi manzana que me tocó de postre en la cena porque ella no había alcanzado a cenar, me lo agradeció y nos despedimos. Poco después de las nueve, me fui a dormir, preparé mi mochila, me despedí de mis vecinas inglesas, me puse mi antifaz y mis tapones auditivos, mis cosas de valor debajo la almohada, y a dormir.

Al otro día me levanté a buena hora para ir al desayuno de las siete horas, mis compañeras seguían dormidas, el desayuno fue muy rápido: café, jugo y pan tostado, eso fue todo y pronto, ya de regreso, pasé por mi mochila al cuarto y ya no estaban mis vecinas inglesas, tomé mis cosas y me dirigí el siguiente destino: Zubiri.

Etapa 2: RONCESVALLES – ZUBIRI

29 de mayo de 2017

21.34 km

Eran las 7:17 de la mañana cuando salí del albergue, lo sé, ya que es la hora que tengo registrada en mi grabación de audio del inicio del día. Destaca en ella que iba contento y eso me gusta, leamos lo que grabé: *"Pues, aquí vamos, segundo día de camino, rumbo a Zubiri o Zubirí, estoy contento, me siento bien, un poco inquieto porque hay amenaza de lluvia, pero eso lo enfrentaremos si es que se hace realidad, si no, para qué preocuparse. En este momento estoy saliendo de Roncesvalles, del albergue, caminando frente al monumento la estrella del camino o la estela del camino que es el nombre del monumento, y contento, ya había dicho, contento. 'Buen camino', 'buen camino', se escucha en respuesta. Tratando de aligerar mi mochila, ya no se qué dejar, ayer dejé algunas cosas: una playera, dos pares de calcetas… Ya no tengo cosas que dejar, así que lo siguiente será ir reduciendo las cremas, los detalles pequeñitos, líquidos para los pies, pero ya lo veremos después. Buen camino, peregrino".*

El día estaba nublado, como se puede apreciar en la grabación y como se pudo comprobar más tarde, porque hubo lluvia la mayor parte del día, fue buena oportunidad para la primera prueba de impermeabilidad de lo impermeable, como el rompe vientos con las primeras gotas; luego, la cubierta para la mochila; y luego el poncho cuando ya se soltó la lluvia fuerte y que, por cierto, para ponérmelo requerí la ayuda de un peregrino que pasaba. También sirvió para probar la impermeabilidad de las botas, porque el camino se encharcó en varios puntos.

Nada más al salir del albergue te encuentras con un letrero que dice "Santiago de Compostela 790" al lado de la carretera, casi obvio es que todos o casi todos quieren tomarse la foto ahí; yo no tuve la oportunidad de hacerlo solo, o bien no tuve la paciencia de esperar hasta estar solo. Antes de una hora, ya estaba pasando por el bosque de Sorgina Ritzaga que significa "robledal de las brujas", luego llegué a Auris Burguete, conocido por ser la ruta de Hemingway, un pueblito muy bonito con canales del desagüe abiertos al lado las banquetas, la aparición de poblados contrastaba con el día anterior cuando prácticamente no hubo ninguno en toda etapa. Ya para las nueve de la mañana, la lluvia había hecho acto de presencia. La mayoría de los peregrinos optamos por detenernos y ponernos nuestras cubiertas para protegernos, internarse en los bosques con plena lluvia y seguir andando es una sensación muy rica a pesar del frío que sentía, el agua de la lluvia estaba bastante fría o al menos a mí me lo parecía, al fin Choco[2].

Durante el camino, coincidí varias veces con un peregrino que llevaba un poncho rojo, lo rebasaba y al poco rato él me rebasaba, al rato de nuevo yo lo volvía a rebasar y así pasaron algunos kilómetros, se veían pocos peregrinos en el camino, quizás algunos prefirieron resguardarse en los bares a esperar que la lluvia menguara. Ya faltando poco para llegar a Zubiri, el peregrino de rojo, que resultó llamarse Jerome y ser de Irlanda del Norte, se detuvo a esperarme y nos fuimos caminando juntos bajo la lluvia que no dejaba de caer, cruzamos el Puente de la Rabia que te recibe a la entrada del barrio y nos fuimos a refugiar bajo el techo de la calle principal afuera de unos comercios. Jerome tenía como destino Larrasoaga, por lo que ahí nos despedimos, yo encontré de inmediato mi albergue que estaba todavía cerrado y mientras

---

[2]*"Choco" se les dice a las personas originarias o que radican en Tabasco, México.*

lo abrían, me fui al pequeño bar de la esquina donde había bastante gente, muchos peregrinos y también pobladores de lugar.

Me tomé un colacao muy caliente y un bocado de tortilla española. En ese lapso se calmó la lluvia y se dio el tiempo para que abrieran el albergue Zaldico, que era su nombre. Llegué con la hospitalera, de nombre María, me asignó mi litera en cama baja en una habitación con seis literas.

Era el primero en llegar, aproveché eso para darme un buen baño, sólo enjuagué mi ropa en el baño porque el lavadero estaba en el exterior y la lluvia había regresado; extendí la ropa en unos tendederos provisionales que estaban en el comedor, con el riesgo que no estuviera seca para el día siguiente. El poncho lo colgué afuera de la habitación en un perchero que estaba en la pared y que poco a poco se fue llenando de ponchos, todos empapados. Me acosté a reposar un rato y en eso estaba cuando oigo voces en la habitación y reconozco a la hospitalera mostrándole el cuarto a unas personas en un inglés muy básico y cuando escuché las voces de las huéspedes, abrí los ojos y nos vimos, ¡oh, sorpresa! Eran Andrea, Tricia y Hillary, mis *roomies* de Roncesvalles, nos dio mucho gusto coincidir nuevamente, no sólo en el albergue sino en la misma habitación, cosas que pasan en el camino.

Dejaron sus mochilas y, como los baños estaban ocupados, se dispusieron a ir a tomar una cerveza al bar de la esquina y me invitaron, acepté con gusto, pero antes pasé a una tienda de mochilas y accesorios que estaba enfrente del albergue, la verdad me parecieron muy caras así que me fui al bar a tomar mi cerveza y a platicar con mis compañeras, ahí conocí a otro peregrino de nombre Gordon, de Canadá, que estaba con ellas.

Pasamos un rato muy agradable platicando, conociéndonos un poco y comparando las sensaciones de la lluvia, que para ellos era de lo más normal que lloviera frío. Ya de ahí me fui a recorrer un poco el pueblo, a tomar unas fotos del puente, que tengo cierta fascinación por los puentes, y éste en particular por la leyenda que lo acompaña desde su construcción en el siglo XI y que asegura que cualquier animal enfermo que pasaba por ahí se curaba, sobre todo de la rabia; después me fui a descansar un rato. Ya para la tarde, nos pusimos de acuerdo los cuatro para ir a comer a la hostería de Zubiri, donde cenamos el menú del peregrino con ensalada y pescado, nada del otro mundo, y la pasamos bien.

Volvimos a salir a caminar al fresco, afortunadamente ya no llovía, fuimos a buscar el hotel del pueblo porque ellas querían comprar sellos postales (timbres) para enviar unas tarjetas a sus familias; también, nos fuimos a hacer unas fotos al río Arga y al puente y quedamos listos para irnos a descansar, la ropa seguía húmeda, así que la dejé en el tendedero toda la noche, me acosté a dormir como a las nueve.

Aquí, reproduzco mi primer comentario en Facebook, publicado al cierre de la jornada: *"Hoy, segunda etapa pasada por agua, lluvia constante más de la mitad del camino y lluvia fría, no como en mi pueblo adoptivo donde llueve tibio"*.

PUENTE DE LA RABIA

Etapa 3: ZUBIRI – PAMPLONA

30 de mayo de 2017

20.25 km

A las 7:15 de la mañana, ya estaba en camino, eso significa que me levanté temprano, como a las seis. Fui a buscar mi ropa al comedor para preparar la mochila, tratando de hacer el menor ruido posible. Ya había gente en el comedor desayunando, los vecinos de la otra habitación no eran tan cuidadosos y hacían bastante ruido. Recuerdo que dormí bien, con intermitencias, como ya me estaba acostumbrando.

También perdí la grabación de audio de ese día, pero las fotos de inicio me dejan ver un cielo nublado y una mañana fresca; a la salida del pueblo, en los primeros kilómetros, se pasa por las instalaciones de una fábrica-minera llamada Magna y hay carteles publicados por la minera con bastante información de la fauna y la flora del lugar, así como de la presunta comunión de los trabajos de la minera con el medio ambiente.

Iba yo a buen paso y me encontré con un grupo de cuatro españoles bien platicadores, muy mal hablados y también muy simpáticos, nos saludamos, platicamos un poco, y nos separamos porque ellos llevaban un paso más tranquilo.

De repente, tomé una vuelta a la izquierda y seguí un camino recto, pero conforme avanzaba, me sentía inquieto porque no había ningún peregrino a la vista, ni tampoco veía flechas y por un momento pensé que no iba en el camino correcto. Me detuve a consultar mi guía electrónica y como no tenía la certeza de si estaba en la ruta correcta o no, decidí regresar para verificarlo, en eso estaba cuando vi a un peregrino detenido unos 50 metros atrás, también estaba sacando algo de su mochila; al acercarme lo reconocí, era Patrick, el señor de California, nos dio mucho gusto encontrarnos y decidimos continuar juntos hasta Pamplona, él acaba de verificar que sí era el camino correcto.

Me dio mucho gusto reencontrarme con Patrick, ya que pensaba que no lo volvería a ver y ese entusiasmo inicial no me hizo consciente del efecto que podría tener el ajustar mi paso con respecto al suyo, poco a poco al ir andando a un ritmo más rápido del que yo acostumbraba me fui agotando, ello sumado a que no había tomado nada de desayuno antes de salir. Patrick se dio cuenta y me ofreció una bolsa de frutos deshidratados que me cayeron muy bien conforme los iba comiendo porque estaban muy dulces.

Íbamos pasando por paisajes muy bonitos, también pasamos por un puente de cinco arcos llamado el Puente de Iturraíz, que es un puente prerrománico rehabilitado el siglo pasado. Nos detuvimos en un pueblo llamado Villalba donde desayunamos unos bocadillos excelentes con un rico café, ahí aproveché para quitarme las botas y descansar un poco mis pies mientras Patrick le mostraba su mochila a unos muchachos peregrinos que no podían creer lo ligera que era. Cuando reanudamos, yo me sentía agotado y Patrick se veía entero, creo que no he comentado que Patrick pudiera tener cerca de 70 años.

Llegó el momento en que le tuve que decir a Patrick que tenía que parar a descansar un buen rato y además quería tomar algún analgésico para el dolor de pies, ya que según nuestros cálculos faltaban como 3 kilómetros para llegar a Pamplona. Yo decidí descansar, aprovechando que íbamos pasando cerca de un parque con bancas, era el lugar adecuado para hacerlo; nos despedimos, Patrick continuó su camino porque se iba quedar en un poblado más adelante de Pamplona, Cizur Menor, como a cinco kilómetros, y esa fue la última vez que nos encontramos.

DESCANSANDO

Ya que me senté a descansar, me tomé un par de ibuprofenos, me quité las botas y las calcetas y me tendí cual largo era en una banca a descansar mis pobres pies, me sentí un poco mejor. Al poco tiempo, pasaron mis amigos españoles que se alarmaron al verme, ya querían llevarme a la Cruz Roja para que me atendieran, logré convencerlos que no era necesario y que lo único que necesitaba era un poco de descanso, les agradecí sus buenas intenciones y ellos continuaron su camino. Seguí descansando un rato más y al poco tiempo reanudé, crucé una calle que estaba al final del parque y empecé a caminar junto a un muro muy alto que en pocos segundos concluí que era la muralla de Pamplona, sólo fue cuestión de rodearla, entrar a la ciudad y antes de media cuadra que veo el letrero de mi albergue, era el primero de toda la ciudad, suerte la mía.

Entré al albergue y me recibió una señora que estaba muy apurada trapeando y me dijo que me tenía que esperar un rato para el registro porque ya se tenía que ir y su hermana todavía no llegaba; mientras trapeaba, hablaba y movía cosas, se acercó al mueble de la recepción y me pidió mis papeles, de una vez me registró y me dio la entrada.

No había nadie en el albergue y me permitió escoger mi cama, sólo me pidió que esperara a que se secara el piso antes de empezar a caminar de un lado para otro y así lo hice, se despidió y me dejó solo en el albergue. Con toda la calma del mundo preparé lo necesario para bañarme, guardé la mochila en el cajón con llave previsto debajo de la litera, las literas eran modernas, de madera, con cortina y con una repisa interna con llave, luz y contactos privados, muy bien puestas.

Me di un rico baño sin prisas y al terminar me fui a lavar mi ropa al patio trasero, ahí me di cuenta de que alguien más ya había llegado porque vi un par de bicicletas y ropa en el tendedero. Ya con todo listo me dispuse a salir para buscar algo que comer, también aproveché para localizar en el Google Maps una tienda Decathlón para ir a buscar una mochila.

Al salir, me presenté con la hospitalera, Natalia, que era con la que había tenido contacto por *e-mail* cuando hice mi reserva, y resultó ser una persona muy amable que adora México, me platicó que ya había estado en nuestro país un par de veces y platicamos largo y tendido, luego me dijo cómo llegar a Decathlón en autobús, porque estaba fuera del centro la ciudad, también me recomendó un lugar para comer que se llamaba QWERTY, y ahí fui, como a doscientos metros del albergue; comí muy, muy rico, lo único que no me gustó fue el vino que me pareció excesivamente ácido; después salí a caminar y conocer algo de la ciudad, que ya se estaba llenando de gente.

Pamplona resulta ser una ciudad como un laberinto; por ejemplo, yo veía la fachada de lo alto del castillo y tenía muchas ganas de llegar a él, verlo de cerca y entrar, pero por más vueltas que di no lo pude encontrar, así que me conformé con verlo de lejos. Fui a la catedral, cobraban la entrada a cinco euros, pero había un letrero que decía que la abrían en la noche para la misa y con entrada libre a esa hora, así que me programé para regresar y ahorrarme un poquito de dinero.

Pamplona se seguía llenando de gente entre peregrinos y no peregrinos, me encontré varios conocidos como Jurgen, de Holanda, que andaba deambulando descalzo porque ya no aguantaba las botas por las ampollas; sin embargo, ahí andaba de pata de perro. Así lo hice un rato yo también hasta que me fui a descansar al albergue.

Aproveché para salir al patio y atender un poco mis pies, lo mismo hacía un señor ya grande de más de 70 años que iba bastante lastimado de sus pies y hablaba muy poco; al final concluí que no hablaba bien inglés, el señor era de Holanda.

Natalia me presentó con un peregrino mexicano que estaba iniciando su camino ese día, era de Monterrey y no me pareció muy agradable, más bien fue un poco antipático, sólo nos saludamos, platicamos algo y ya. Descansé un rato, era muy bueno poder cerrar la cortina y tener algo de privacidad.

Volví a salir para mi visita vespertina a la ciudad, ahora caminé hacia el otro lado, fui a la parte alta de la muralla y otra vez a la catedral, fue muy interesante visitarla por dentro. Finalmente, me fui a cenar a uno de los muchos bares que hay en el centro, y a pesar de que la ciudad se estaba poniendo de ambiente, yo lo que ya quería era irme a dormir, otra vez como a las nueve de la noche, como ya se estaba haciendo costumbre.

Este albergue fue el primero en el que me vendieron sábanas desechables, que en realidad era una sola sábana y la funda para la almohada, así conocí otra práctica que se tiene para atender al peregrino: la hospitalera te indica que, al otro día, recojas tu sabana y tu funda y las deposites en un bote de basura expresamente colocado para ello.

A partir de ese día, empecé a publicar algunos comentarios en Facebook; al inicio no había mucha intención de hacerlo, pero la respuesta que obtuve de las personas que los leyeron dio la pauta para seguir publicando casi cada día. Los voy a ir reproduciendo según la fecha que corresponda: *"He llegado a Pamplona, una caminata mañanera iniciando a las seis de la mañana, amenaza de lluvia que no se concretó. Los pies empiezan a decir, '¿qué se trae este loco?'. Todo bien y disfrutando todo lo que se aparece, aprendiendo mucho y, por momentos, como que uno empieza a reflexionar en cualquier cosa".*

Etapa 4: PAMPLONA – PUENTE LA REINA

31 de mayo de 2017

23.65 km

La salida de Pamplona fue alrededor de las siete y veinte de la mañana, de acuerdo con la grabación matutina (¡hoy no la perdí!) que dice: *"Bueno, aquí vamos, nuevamente retomando el camino… Para llegar, 'buenos días' (saludo a alguien) ahora al Puente de la Reina. Son las 7:20 de la mañana, hoy no quise madrugar tanto, a ver qué dicen los pies en el viaje hoy, uff… Buen camino". Creo que quedé a deber con la grabación anterior, me siento bien, pasé una noche regular, no por los ruidos, sino por el dolor en los dedos, dos en particular; me duelen mucho las uñas, estuvieron golpeando mucho ayer, yo creo, pero me siento animado para continuar y para desarrollar lo que haya que desarrollar hoy. Voy a visitar Eunate, tengo todo el propósito de hacerlo aunque me importen (sic) cinco kilómetros más de caminata, pero quiero conocerla y, después, hacia el Puente de la Reina a tirarme toda la tarde a descansar, bye."*

Me sentía bien, animado y dormí regular por el dolor de pies, como lo digo en la grabación, particularmente de dos dedos de mi pie izquierdo, ese día tenía previsto visitar la iglesia de Eunate, decisión que implicaba un desvío de 5 kilómetros adicionales a lo que la ruta normal señalaba, era bien consciente de ello y estaba con toda la disposición para hacerlo.

Cuando inicié la jornada sabía que si tomaba un pequeño desvío podía adentrarme en las instalaciones de la Universidad de Navarra y obtener el sello de ésta. Obviamente lo hice. Unos pocos peregrinos, no la mayoría, nos desviamos para entrar a los bellos jardines de la universidad, muy bien cuidados, por cierto, y pasamos a uno de sus edificios donde tienen un despacho exprofeso para recibir a los peregrinos.

Una hora después de la salida, estaba en la carretera acompañado por el sol y mi sombra, mi fiel compañera. La jornada pintaba difícil con una subida importante a un lugar llamado el Alto del Perdón, además había que sumarle la ida a Eunate, y el calor, mucho calor. También fue una jornada casi toda en solitario, hubo un punto donde me encontré con mis tres amigas inglesas que se estaban preparando para emprender la subida al Alto del Perdón. Nos saludamos con mucho gusto, nos tomamos una foto y nos despedimos, el resto del día estuve solo.

PANORÁMICA DE NAVARRA

La subida al Alto del Perdón fue más pesada de lo que yo esperaba, seguramente por el efecto del calor, el ir acercándome a los generadores eólicos era mi motivación para seguir ascendiendo, al principio se veían muy lejanos y pequeños y poco a poco se iban acercando hasta que los tuve directamente sobre mi cabeza, al llegar casi a la punta y ver el panorama que había debajo se queda uno fascinado, te recibe una vista maravillosa, además el Alto del Perdón está adornado con unas estatuas de placa de hierro que representan a unos peregrinos, en realidad resultan difíciles de fotografiar en un solo plano y sin gente, porque son muchas las personas que están posando, pero tomé las fotos como pude y una peregrina me hizo el favor de tomarme una foto para el recuerdo. Otra sorpresa que cae muy bien es que había un camioncito estacionado arriba con bebidas frías, bocadillos y frutas a un precio bastante aceptable, me compré una Coca-Cola helada y me senté en una especie de banca de cemento con sombra; el viento que soplaba era frío a pesar de que el sol quemaba. Viento frío, más la lluvia del día anterior y la ropa empapada de sudor, fueron seguramente los causantes de la gripa con la que amanecí al siguiente día.

Una vez retomado el aire, me dispuse a bajar, qué dura fue la bajada, para mí peor que la subida, una pendiente muy, pero muy inclinada, con mucha piedra suelta y arena, había que pisar con mucho cuidado para no caer, y en eso voy cuidándome de no dar un mal paso cuando de repente veo a un grupo de peregrinos entusiasmados, que van bajando y haciendo mucho alboroto y noto que algo raro pasa y lo raro es que llevan a una persona discapacitada para caminar en una silla especial con ruedas, la cual venía soportada por un solo hombre al frente y los demás vienen dándoles ánimos, pasé junto a ellos y no me atreví a tomarles una foto. Más adelante, como a unos cincuenta metros, venía otro pequeño grupo con otra persona también en silla de ruedas, ésta sostenida por dos personas una adelante y la otra atrás, ¡qué bárbaros! Me quedé lleno de admiración, porque realmente la bajada era complicada, arriesgada y bastante larga, varios kilómetros de bajada.

Ya bastante más abajo me encontré a un grupo de italianos, adultos mayores, que no eran peregrinos sino más bien eran parte de una excursión y que los habían llevado a ese lugar para que conocieran de qué se trataba la bajada del Alto del Perdón, caminaban un poco y se tomaban fotografías; muy amables con los peregrinos, al menos conmigo lo fueron, seguramente ya habían ido en vehículo a la parte de arriba.

Continué mi camino con los pies molidos buscando un lugar donde comer, me detuve en un pueblo llamado Uterga, ya eran casi las doce del día y encontré un pequeño restaurante con mesas en un jardín grande que en lugar de pasto tenía grava.

Ahí estaban las sillas y las mesas, me senté, la silla se hundió un poco y ya no me quería parar, si no hubiera sido por el hambre, ahí me quedaba. Fui a ordenar mi comida, un plato de pasta con verduras y un tarro de cerveza que me supo a gloria, me quité las botas y las calcetas y los puse a secar al sol en lo que comía y descansaba.

En el inter, llegaron los dos grupos con las personas en sillas de ruedas, observé que algunos de los miembros del grupo tenían Síndrome de Down, venían todos felices, se sentaron a comer y su ambiente era de lo más agradable y festivo, eran franceses, realmente mis respetos y admiración para ellos.

Aproveché que había una *vending machine* en el lugar con artículos de primeros auxilios y me compré una venda para los pies, creyendo que era autoadherible. Tristemente no lo era, salvo por el precio.

Ahora que lo reflexiono, este día de la cuarta etapa fue uno de los más intensos del camino con lugares emblemáticos como la Universidad de Navarra, el Alto del Perdón, Eunate y situaciones como el cansancio que sentía, el dolor de mis pies, mi primer día narrado en Facebook, el haber conocido a un artista de la madera, en fin. Creo que me estoy adelantando.

Me quedé en la hora de la comida, la cual hice con mucha calma, tratando de darle a mis pies todo el descanso posible. Cuando reanudé la marcha, el sol estaba en pleno apogeo y aunque había algunas nubes, no concedían tregua alguna.

Me costó trabajo tomar la decisión para ir a Eunate, pensar en cinco kilómetros adicionales estando sentado en tu casa cómodamente, o confirmar la decisión el día anterior cómodamente en un bar o en un albergue, no es lo mismo que decidirlo sobre el terreno, a la hora buena, cuando estás sintiendo lo que estás sintiendo, con el sol cayéndote en todo el cuerpo y sin una sombra para resguardarte, no, definitivamente no es lo mismo.

Al final decidí hacerlo, en el *post* que publiqué en Facebook y que verán más adelante hablo un poco del diálogo interno que sostuve para tomar esa decisión. Afortunadamente, llegué justo a tiempo a la iglesia de Santa María de Eunate, quince o veinte minutos antes de que se retirara la encargada de los boletos y la llave, según ella misma me explicó.

La iglesia me gustó mucho por dentro y por fuera, había muy pocos peregrinos, me tocó ver por segunda o tercera vez a un peregrino que llevaba muletas, un señor mayor quizás de alrededor de setenta y cinco o setenta y ocho años que estaba haciendo el recorrido en una camioneta, aparentemente solo, y visitaba los puntos trascendentes del camino. Estuve como una hora en el lugar, me sirvió de descanso y me dio oportunidad de meditar un poco respecto a lo que estaba viviendo.

IGLESIA DE SANTA MARÍA
DE EUNATE

Ya que me iba, estaba por tomar de nuevo la senda que me llevaría al Puente la Reina, y se me acercó una turista que estaba haciendo fotos de todo el emplazamiento de la iglesia, se quedó muy asombrada cuando le platiqué que venía caminando desde Saint Jean Pied de Port y más asombrada cuando le dije que iba hasta Fisterra, me hizo una foto con mi móvil y otra con su cámara y continué mi camino de nuevo bajo el sol. Me entretuve un poco tomando fotos de flores que iba encontrando y por primera vez me puse a cantar, solo con mi alma. ¿Por qué? No lo sé.

Era el primer día que me daban las dos y media de la tarde y yo seguía caminando. En una población llamada Obanos me detuve a revisarme los pies, estaba seguro de que tenía nuevas ampollas y no me equivoqué, no podía hacer gran cosa en ese momento salvo ponerme *Compeed* (un lubricante) y continuar. Por fin, cerca de las cuatro de la tarde llegué al albergue, afortunadamente era el primer albergue del pueblo.

La recepción no fue muy buena porque la chica encargada era a la vez la responsable del bar y medio atendía una cosa y medio atendía la otra, la buena noticia es que me tocó en una habitación con sólo dos literas, o sea cuatro camas con baño privado (todo un lujo). La habitación sólo estaba ocupada por una chica francesa llamada Matilde que era enfermera, nos presentamos y ella se despidió porque iba a pasear con unos amigos, yo me bañé con toda calma y salí a lavar mi ropa y a tenderla en el patio del albergue.

Después de reposar un poco, salí a caminar a ver qué me encontraba de interesante. Como estábamos a la orilla del pueblo me eché a andar hacia el centro con mucha calma cuando vi un taller donde una persona estaba trabajando con madera, entré y le pregunté si podía ver las piezas que estaban en la pared y en su banco de trabajo y muy amablemente me dijo que sí. Me gustaron mucho y así se lo dije, entonces me preguntó si quería ver más piezas, al contestarle afirmativamente me abrió una puerta grande como de un *garaje* para tres o cuatro vehículos donde había muchas piezas ya terminadas, las recorrí y fotografié algunas de ellas, platiqué un poco más con él y me volvió a preguntar "¿te interesaría ver más?" Entonces, abre otro espacio mucho más grande con más de cincuenta trabajos exhibidos, me dejó solo para que pudiera apreciarlos con toda calma.

En ese espacio, encontré un gran póster de una exhibición y ahí supe que el señor se llamaba Koké Ardaiz y que era del País Vasco. Todavía me quedé platicando un rato con él, me explicó algunas de sus obras y sobre algunas exposiciones en las que había participado y continuó trabajando mientras hablaba conmigo. Me despedí y continué mi camino, más adelante encontré el albergue de los Padres Reparadores, que es uno de los albergues públicos del lugar, continué caminando, pero no encontré nada de interés y como la tarde estaba refrescando decidí regresar, después me enteré qué tenía que haber dado una vuelta a la izquierda para dirigirme a la parte interesante en la ciudad, no me importó mucho porque al otro día tenía que salir por ese lado.

Regresé a recoger mi ropa y cuando fui a la habitación ahí estaba Matilde, platicamos un rato (hablaba buen español) y salimos a hacernos unas fotos en un monumento al peregrino que está justo afuera del albergue para celebrar el lugar donde se unen los caminos de Europa hasta Santiago: por un lado, la vía Turonense, la vía Lemivodense y la vía Podiense, que se habían unido antes de entrar en Roncesvalles; y por el otro, la vía Tolosana que entra a España por Aragón en Somport y tras recorrer parte de Aragón y Navarra, concluye en este lugar.

La cena la tomé a un lado del albergue en un restaurante que formaba parte del conjunto (albergue-hotel-restaurante) y me tocó compartir la mesa con un grupo de americanos y americanas que se encontraron en el camino, una señora con su hijo adolescente que después me encontré varias veces a lo largo de esta semana, una colombiana y yo. La plática me pareció poco interesante y hablaban muy rápido, se enfocaron a hablar de sus carreras, de su currículo, de las escuelas a las que habían asistido y la verdad es que preferí desconectarme, concluir con mi cena y despedirme para irme a dormir temprano. Ya me estaba quedando dormido cuando llegó Matilde y ya nadie más llegó a la habitación, dormí bien, lamentablemente esa noche inicié con gripa.

A continuación, reproduzco mi publicación en Facebook, se nota que iba tomando confianza en eso de *postear* algo: *"A media jornada de hoy, he pasado por el Alto del Perdón, espero que con la subida que hice me perdonen todo lo perdonable y con la bajada (que estuvo peor) haga saldo a mi favor, jajaja. Mis amigos los pies siguen con sus preguntas incómodas y los dedos ya entraron en la discusión, lo mejor es voltear a ver el paisaje y dejar de escucharlos.*

He llegado a mi destino del día de hoy y fue una bella jornada. Después de lo que les platiqué a media jornada (párrafo anterior) y de un cambio de calcetas y una rica jarra de cerveza con un espagueti con verduras, continué mi camino y los diálogos internos (todos tenemos muchos diálogos internos y en ocasiones nos dejamos llevar por el que no debería, [reflexión de 'coach']. Bueno, les decía, esos diálogos internos de los pies y los dedos, uno por uno, empezaron a ser no diálogos, sino una verdadera manifestación, y más cuando mi diálogo interno deseado, decía: 'sí, toma la desviación a Eunate, para ver el templo de Santa María Eunate, al fin que son solo cinco kilómetros adicionales al plan del día'.

No, pues aquellos se volvieron locos con sus gritos 'ino vayas, no vayas!', decían y yo tratando de ignorarlos y pensar en lo bonito del camino. Al llegar al punto donde debía tomar la decisión de desviarme o no, los gritos estaban en alta, así que tuve que negociar con dedos y pies (que ya habían invitado al 'diálogo' a las rodillas) y les propuse: 'pues, vamos a avanzar quince minutos y si se pone pesado, nos regresamos', no querían los inconformes, y los convencí (tontos de verdad). Y que tomo la desviación, el sol de tantos gritos que oía se asomó en pleno, ninguna nube, a los quince minutos que empiezan a gritar de nuevo y les dije, 'miren, en quince minutos más llegamos a Eunate, si nos regresamos va a ser lo mismo', y los gritones que se la creen y se fueron silenciosos hasta llegar al Templo, muy bonito y especial porque está hecho a semejanza del santo sepulcro en Jerusalén y es octagonal, no sé si fue construido en el siglo IX u XI, quién sabe, si lo averiguan me informan.

Bueno, les decía que llegamos (afortunadamente veinte minutos antes de que lo cerraran) y al terminar la visita había que regresar y ahí es donde se dieron cuenta, pies, dedos, rodillas, que de regreso eran otros dos kilómetros y medio, jajaja, me sentía un campeón por haberlos engañado y que prevaleciera el diálogo interior deseado.

Ja, ni lo hubiera celebrado, al poco tiempo los gritos reiniciaron, pero yo los oía más agudos, más estridentes y pensé '¿qué pasa?' Mas seguía caminando y al poco rato, al pasar la población de Obanos, les presté más atención y descubrí que los malditos habían invitado a su diálogo a las amigas más indeseables del camino, sí, seguramente ya adivinaron: las ampollas, ¡y esas sí que gritan! Jajaja".

Etapa 5: PUENTE LA REINA – ESTELLA

1 de junio de 2017

21.99 km

Inicié mi camino tarde, ahora preferí desayunar en el restaurante del conjunto del hotel-albergue, que abría a las siete de la mañana, desayuné bien y rápido. Era desayuno bufet: un buen café, jugo, huevos, unos bocados que aproveché para llevarme en el camino; no había fruta, pero al final se lo comenté a la mesera y se metió a la cocina y me dio una manzana y una banana para llevarme, buen detalle.

Inicié a las 7:24 con una gripa ya declarada que no me soltaría en más de dos semanas, aquí va la grabación mañanera: *"Ahora inicio más temprano, que diga, más tarde, estoy cambiando de estrategia porque decidí desayunar bien, pagué un desayuno buffet, bastante rico por cierto, solo que no había fruta, y estoy iniciando a las 7:24 de la mañana para atravesar todo el pueblo del Puente la Reina y dirigirme hacia Estella, en teoría es una jornada tranquila de 23 kilómetros, solo que habrá mucho sol y eso, pues, puede ser un factor. Me siento agripado, desde anoche empecé con gripa, espero que las bolitas mágicas que me recomendaron Tere y Marlene sean útiles para este propósito. Buen día".*

Tras pasar el pueblo, ahora sí por el camino correcto, llegué al Puente de la Reina. Antes tuve la oportunidad de ver la iglesia y el Convento del Crucifijo, construcción que data del siglo XII, con un portal impresionante. La sombra me acompañaba fielmente al pasar por el pueblo, alargada y esbelta, hasta que llegué al hermoso puente románico que da nombre a la población, mismo que fue construido en el siglo XI a iniciativa de la reina Doña Mayor, esposa del rey Sancho el Mayor, para facilitar el paso de los peregrinos procedentes de Europa y que tenían que atravesar el río Arga para continuar hacia Santiago.

PUENTE DE LA REINA

Es un puente hermoso, para mí quizás el más hermoso de toda la ruta, sobre todo por su reflejo en el agua; mide ciento diez metros de largo y cuatro de ancho, cuenta con siete arcos de medio punto.

Visto por dentro del pueblo al ir caminando por él no se ve muy impresionante, pero cuando te alejas y regresas a verlo por un costado, luce en toda su plenitud, y al amanecer es todo un espectáculo con su reflejo en el río con el agua calma, situación que lo hace merecedor de una magnífica fotografía, lástima del fotógrafo.

Continúo mi camino hacia Estella, se trataba de una jornada corta y plana, con paisajes hermosos y muchas flores en el camino. Me tocó coincidir con un peregrino de nombre Manolo, originario de Barcelona, y nos acompañamos un buen rato, platicamos sobre sus experiencias y mis inquietudes, porque éste era su séptimo camino y tenía mucho que contar. Cuando le dije que yo tenía ganas de hacer en mi siguiente experiencia el Camino de Vía de la Plata, me comentó que no me lo recomendaba porque era un camino de más de mil kilómetros e incluía muchísimos tramos en carretera y muchos de los albergues estaban bastante descuidados; en cambio, me dijo que el Camino del Norte bien valía la pena, ya que en su opinión era inclusive más bonito que el francés, aunque un poco más difícil.

También, le comenté que me gustaría hacer el camino con un hermano que tiene más de setenta años y para eso me recomendó el Camino Inglés. Nos despedimos en Ciraquí, donde él se detuvo a descansar y yo continué; seguí mi camino fascinado por la abundancia de flores amarillas de un lado y otro del camino. Más adelante, iba yo por un camino empedrado difícil de caminar con piedras sueltas de diferentes formas y tamaños y había que hacerlo con cuidado porque si pisabas mal o te torcías o te dolía el pie; en eso iba cuando escuché pasos a mis espaldas, me detuve y volteé y me di cuenta de que se acercaba Isabel, la española que conocí en el albergue de SJPP, nos dio mucho gusto encontrarnos y empezamos a caminar juntos.

De las primeras cosas que me platicó, fue que esa parte por la que estábamos caminando era un tramo de una de las famosas calzadas romanas construidas hacía más de dos mil años y sobre las cuales yo tenía una idea muy romántica, y en mi programa incluía una desviación para caminar diecisiete kilómetros de pura calzada romana sin ningún pueblo para descansar. Después de saber lo que significaba caminar sobre ese tipo de calzada, ese aspecto romántico, histórico y heroico que me movía a tomar esa ruta en mi programa cambió, y decidí que llegando a mi destino del día rectificaría mi programa y plantearía una ruta alterna para evitar ese camino de piedra. Lo que no cambió fue mi admiración por las legiones romanas que caminaban miles de kilómetros en esas condiciones.

Continuamos andando juntos y más adelante, además de seguir encontrando flores y a otros peregrinos que Isabel conocía, nos encontramos unos cerezos con frutos todavía no suficientemente maduros, pero bastante comestibles; no los alcanzábamos, sin embargo Isabel no tardó en encaramarse en una columna tamaño medio a la orilla de la carretera, empezó a bajar cerezas una tras otra, la verdad, estaban bien ricas, no excelentes, pero bastante ricas.

Alrededor de las 12:30, llegamos a Villatuerta, donde se encuentra la iglesia parroquial de la Anunciación, y en su barda perimetral hay una fuente de agua que anuncia con un grabado en piedra "Bebed agua, peregrino, tomad descanso y dejad sed. Y en próxima etapa, sabed que os dará fuerza un buen vino". También decía: "Aquí nació San Veremundo, que en Irache fue su abad, pedid su gracia y marchad haciendo amor el camino".

El templo estaba abierto y pasamos a verlo, nos lo mostró una señora mayor muy agradable que nos explicó que era un templo de origen medieval tardo-románico construido en el siglo XIV y durante una de sus limpiezas descubrieron unos frescos que databan del siglo XVIII y uno de sus portales pertenecía a un templo románico que fue destruido en un incendio. Nos llamó la atención que el retablo principal no fuera a medida del templo, ya que tapaba los ventanales, la señora nos dijo que había sido un error del artesano porque lo fabricó muy lejos del lugar del templo.

En el exterior había una gran pila bautismal y una enorme estatua de San Veremundo, continuamos hacia Estella y al salir de Villatuerta nos encontramos con un puente románico del siglo XII que une dos partes de la localidad que se encuentran divididas por el río Iranzu, la obra de estilo "lomo de camello" posee dos arcos ojivales y un tejamar central.

Después de la una y media de la tarde, vimos los primeros letreros de Estella y de sus albergues, encontrar nuestro albergue nos tomó más de una hora de vueltas, pero una vez que lo hallamos nos instalamos rápidamente y nos fuimos a tomar una cerveza.

Regresamos a darnos un buen baño y a lavar nuestra ropa, y luego a comer en un restaurante que le habían recomendado a Isabel; tardamos en encontrarlo y bien valió la pena, el dueño del restaurante, aparentemente un señor mal encarado y de mal humor, nos tomó la orden y no entendíamos lo que decía cuando nos explicaba el menú, al final nos percatamos de que no tenía dientes y ello le dificultaba hablar y por supuesto no quería sonreír, al final terminamos charlando muy a gusto con él y con su hija.

Comimos riquísimo, y de postre: cerezas maduras, un gran platón. Estella resultó ser un pueblo muy bonito digno de ser recorrido y fotografiado, está circunvalado por el río Ego, el pueblo surgió en el año 1090 bajo el reinado de Sancho el Mayor. La iglesia de San Pedro de la Rúa es su mejor monumento, se accede a ella por una enorme escalinata y fue construida en el siglo XII; lamentablemente, no pudimos pasar para apreciarla por dentro, también solo vimos por fuera la iglesia del Santo Sepulcro que data del siglo XIV, con una imponente portada y una docena de arquivoltas que son como enormes nichos, ahora que reviso las fotografías estoy seguro de que dejé muchas sin tomar de ese lugar.

Después de descansar un poco en el albergue, volvimos a salir para recorrer otro segmento del pueblo y nos encontramos con un peregrino americano, conocido de Isabel, que había instalado una hamaca a la orilla del río y descansaba felizmente en ella, platicamos un rato y después continuamos para buscar algo para tomar y cenar, teníamos que regresar al albergue antes de las diez de la noche, que era la hora límite.

MAGNÍFICO PORTAL

Estábamos cómodamente en la terraza del bar (en la calle) esperando nuestros bocadillos, cuando nos dimos cuenta que faltaban diez minutos para las diez de la noche y todavía no nos servían, entramos a la barra y el vino nos lo pusieron en vasos de plástico y los bocados en una bolsita y salimos corriendo para el albergue, afortunadamente estábamos cerca y llegamos antes de que cerraran; cenamos, pues, en el patio del albergue y ahí conocimos a otro peregrino mexicano con el que estuvimos platicando un buen rato, pero al menos a mí su forma de hablar, ruda, grosera en exceso, no me gustó, así que en cuanto nos terminamos una cerveza que nos invitó y le hicimos el favor de abrirles la puerta a unos peregrinos que se habían quedado fuera, me paré a recoger mi ropa que seguía en el tendedero y me metí a preparar mi mochila, tratando de no hacer ruido porque ya la mayoría de los peregrinos estaban dormidos, todavía me tocó ver ahí mis conocidas, Ana, de Suiza y Matilde, de Francia. Éste fue un buen día.

Aquí va mi *post* en Facebook de este día: *"Hola a todos, hoy he llegado a Estella, un trayecto diferente porque ahora lo hice acompañado casi en su totalidad, la primera parte, con Manolo, de Barcelona y la siguiente por Isabel, de Murcia, a quien ya había conocido en el punto de partida y coincidimos en el camino de hoy. Así que el diálogo interno se pausó para dar lugar al diálogo externo. Nota: ayer me llegué a plantear la posibilidad de rentar una bici para hacer una o dos etapas pedaleando y ¿qué creen? Una voz ronca se alzó y dijo: '¡no, no, no, a mí me trajeron de vacaciones!' ¿Quién fue?".*

Etapa 6: ESTELLA – SANSOL

2 de junio de 2017

28.28 km

Por alguna razón que no me puedo explicar, los audios del inicio de jornada de los días dos, tres y cuatro de junio no aparecen en mi celular, así que me basaré en las fotografías para determinar los tiempos de inicio de estas jornadas. En este día, la primera imagen fue tomada a las 6:53 horas, seguramente salimos del albergue como a las 6:30. Isabel y yo continuamos caminando juntos y en la avenida por la que salimos nos detuvimos a comprar algo de fruta y pan para desayunar en el camino, también compramos algo de beber, yo tomo casi siempre un colacao.

Más adelante, nos encontramos un lugar que me pareció muy curioso, era la entrada de un taller de herrería tradicional y me refiero a "tradicional", como tradicional de la época medieval. Tenía también una mesa en la entrada exhibiendo diversos trabajos en miniatura y un letrero en el que anunciaba que, precisamente, en ese punto se cumplía el kilómetro cien contados a partir del albergue de Roncesvalles, obviamente tenía un sello que estampamos en nuestra credencial de peregrinos.

Las piezas exhibidas eran muy bonitas, el herrero se acercó a platicar con nosotros y nos invitó a pasar a ver sus trabajos mayores y a ver de cerca el lugar donde forjaba las piezas, charlamos un poco con él y nos decía que prácticamente la técnica que utilizaba era la misma que se utilizaba en el siglo X con la única diferencia que él utilizaba gas en lugar del fuelle de carbón o madera.

No compramos nada porque el fierro pesa, jajaja, y pesa mucho. Más adelante, a eso de las 8:06 de la mañana, llegamos a la fuente de Irache, una fuente donde hay vino gratuito para los peregrinos. Ahí nos encontramos a algunos conocidos, como Jurgen, de Holanda y el americano de la hamaca con el que estuvimos platicando el día anterior y un par de peregrinos más, nos hicimos algunas fotos, Isabel sí le dio un par de probadas al vino de la fuente, yo sólo me tomé la foto.

En la fuente había un letrero que explicaba que la Bodega Irache ofrecía cien litros diarios de vino para los peregrinos y solicitaba a los mismos que no llenaran sus botellas para que alcanzara para todos los que pasaban, aun así me tocó ver a más de uno que estaba llenando su ánfora.

Después, estuvimos en el monasterio de Irache al cual no pudimos entrar y sólo hicimos algunas fotos. Como a eso de las 9:50 llegamos a una construcción muy curiosa con dos grandes puertas y un techo de dos aguas. Las puertas eran un acceso abierto a una escalera que descendía unos quince escalones y abajo había un gran depósito de agua, inclusive con peces, después averigüé que era un aljibe medieval llamado la Fuente de los Muros y fue pensado para saciar la sed de los peregrinos medievales.

Ya ese día la gripa y yo éramos uno mismo, era bastante molesto caminar y tratar de platicar a gusto con el gripón que traía. Más adelante tuvimos la oportunidad de ver los restos del castillo de Deyo, que se encuentra construido en la parte más alta del cerro del mismo nombre. Andando y andando nos encontramos con uno de los mojones donde colocan las flechas que señalan el camino y los peregrinos cubren con piedras, éste se distinguía porque también tenía una bota de peregrino Salomon con flores adentro. A mí me gustó mucho el detalle, hice un par de fotos que me recordarán ese momento y ese paisaje.

LOS SÍMBOLOS DEL CAMINO

Cerca de las dos de la tarde, pasamos por la población de Los Arcos donde nos detuvimos en la escalera de una iglesia a tomar algo y a compartir las viandas del día, ya hacía mucha hambre. Lo que más nos llamó la atención de Los Arcos fue que muchas de sus calles están preparadas permanentemente para que liberen toros, ya que hay burladeros afuera de muchas de las casas, eso me llamó mucho la atención. Unos días más tarde, otro peregrino me mostró un video del día en que él pasó por ese pueblo y le tocó ver una correteada de toros por el pueblo.

La llegada a Sansol se me hizo muy pesada, teníamos la población a la vista y por más que caminábamos no sentíamos que nos acercáramos, comenzaba a hacer frío y a nublarse, así como a soplar un viento helado, no tardaría en llover. Por otro lado, mi brújula electrónica señalaba la ubicación del albergue a unos tres kilómetros de distancia tomando un camino hacia la derecha, sin embargo ese camino nos alejaba del pueblo.

También, la misma guía decía que había un transporte del pueblo al albergue y viceversa, sin embargo no estábamos convencidos de que todo eso fuera cierto. Justo cuando comenzaba a llover, encontramos un albergue nuevecito antes de la entrada al pueblo, entramos a preguntar por el que buscábamos y nos dijeron que estaba unos 700 metros más adelante y que era del mismo dueño, preguntamos si era cierto que había un albergue a la derecha como a tres kilómetros y que incluía un trasporte del pueblo al albergue y nos dijeron que no, que no sabían nada de eso. En conclusión, la guía estaba equivocada.

Ya con lluvia encima, nos dirigimos al nuestro albergue, contentos de haber llegado, afortunadamente justo en la esquina del albergue había una farmacia. Así que una vez que nos registramos y nos confirmaron que no tenían nada para comer, que sólo había comida en el primer albergue por el que habíamos pasado, salimos de nuevo antes de que lloviera más fuerte; había muy poca gente caminando, comimos casi solos y de ahí me pasé directo a la farmacia para ver qué me podían dar para la gripa y la tos. Me dieron unas pastillas para tragar y unas para chupar todas a base de propóleo; en la noche regresé por algo más fuerte para la tos y me dieron un jarabe, también a base de propóleo, o sea solo medicamento naturista.

Regresé al albergue a lavar mi ropa y a descansar un poco, hice el intento de salir a conocer el pueblo ya que no estaba lloviendo, pero hacía mucho frío y decidí regresar a resguardarme, Isabel se fue a pasear y a hacer nuevos amigos.

Como habíamos pagado nuestra cena en el albergue, bajamos un poco intrigados porque nos habían indicado que iban a hacer una cena marroquí, la verdad es que cenamos muy rico. El albergue tenía mucha vida, sobre toda la parte exterior donde todas las mesas estaban ocupadas, sin embargo yo no quise cenar afuera por el frío. Volvimos a coincidir con algunos peregrinos del día anterior, yo me subí a dormir justo al terminar la cena, ya después Isabel me platicó que se había quedado a tomar la copa con unos peregrinos nuevos, una señora de España y un Argentino, y que la había pasado muy bien con ellos.

Nos los topamos a la mañana siguiente, justo en el desayuno, y salimos todos para la siguiente etapa a Logroño. Baste decir que pasé muy mala noche con la gripa, me fue muy incómodo estar moqueando y tosiendo cuando no quieres hacer ruido y estás rodeado de peregrinos tratando de dormir.

Aquí va el *post* que publiqué en Facebook: *"Hola a todos, primero que todo, gracias por sus comentarios y por seguirme en esta aventura. Hoy fue un trayecto tremendo de más de treinta y dos kilómetros, parte con lluvia, parte con sol (la mayor parte) y es la etapa en la que más agotado me he sentido, porque me vino a visitar y quiere quedarse unos días conmigo la incómoda gripa y, pues, parece que la voy a tener que llevar conmigo unos días. Un dato curioso del día de hoy es que exactamente en el kilómetro cien, entre Roncesvalles y Santiago de Compostela, hay una casa que resulta ser el taller de un herrero. Y al pasar por ahí, lo vimos trabajando en su yunque y nos invitó a pasar a ver parte de su trabajo. Bien interesante y padre verlo. Otro dato interesante es que, al pasar por la población de Irache, nos encontramos una fuente de vino y una fuente de agua donde libremente te puedes servir, lástima que eran las ocho de la mañana. En el albergue al que llegué nos dieron comida marroquí como menú de peregrino, muy rica."*

Etapa 7: SANSOL – LOGROÑO

3 de junio de 2017

20.81 km

Salimos como a las 7:10 de la mañana, era una mañana fresca, sin lluvia de momento. Desde lo alto de Sansol se podía ver el siguiente pueblo, Torres del Río, que es el que la mayoría de las guías marcan como fin de la etapa de Estella. Su principal atractivo, como en Eunate, es la iglesia octagonal construida a imagen y semejanza del Santo Sepulcro de Jerusalén. La vimos al pasar, lamentablemente estaba cerrada y sólo pudimos apreciarla por fuera, nos tomamos unas fotos con los nuevos amigos de Isabel y aprovechamos para sacar nuestra ropa de lluvia y proteger nuestras mochilas porque empezaba el "chipi chipi". En el camino, Isabel nos iba explicando muchos detalles de los sembradíos que nos íbamos encontrando, dentro de ellos me señaló un árbol de olivo que se veía viejísimo y me dijo que ella estimaba que al menos tenía doscientos años, vimos plantíos de vides nuevas y viejas y muchos campos con diversos sembradíos. Para mí era doblemente emocionante llegar a Logroño, porque me iba a tomar mi primera jornada de descanso, que buena falta me hacía, y porque en esta ocasión no iba a llegar a un albergue, me daría el lujo de dormir en una pensión con un cuarto compartido sólo con una persona. También significaba la conclusión de nuestro paso por Navarra y entrar a una nueva región de España.

Como a hora y media de estar caminando, nos encontramos con otro sitio curioso, de la nada comienzan a verse multitud de piedras sobre papeles escritos, eran cientos, otra tradición de peregrinos: se detenían, escribían algo en un trozo de papel (o ya lo llevaban escrito), lo colocaban en el piso y ponían una piedra encima. Como estaba lloviendo, prácticamente todos eran ilegibles. También vimos un árbol del cual colgaban muchísimas ofrendas: pañuelos, playeras, calcetas, gorras, cinturones, etc. Llegamos a un lugar conocido como la Virgen del Poyo donde hay una imagen de esta virgen y conforme avanzábamos las vistas eran más y más bonitas los plantíos con los viñedos, las pequeñas construcciones que íbamos encontrando, todo formaba parte de un paisaje de película.

DESBORDE DE PENSAMIENTOS

Poco después de las primeras dos horas, nuestros nuevos amigos se fueron quedando; Julián, el argentino, traía un problema de rodilla y necesitaba descansar con mayor frecuencia. Llegamos a Viana como las diez de la mañana, último pueblo de Navarra, fundado en 1219 con el fin de defender a Navarra de Castilla. Nos detuvimos a desayunar justo frente a la iglesia de Santa María, cuyo principal distintivo es que ahí yacen los restos de César Borgia. La iglesia fue construida entre 1250 y 1312, una iglesia muy grande, la cual pudimos visitar por dentro. Desayunamos con calma en una mesa en el exterior del pequeño bar, se sentía frío o al menos yo sentía frío pero ya no llovía, como nos sentíamos un poco cansados estuvimos como una hora, tranquilos en Viana.

Continuamos nuestro andar y antes de llegar a una curva que daba a un jardín muy grande, alcanzamos a escuchar el sonido de una gaita y de un tambor, éste nos fue acompañando suavemente conforme nos íbamos acercando y pudimos ver a la distancia a un par de personas tocando, encontramos a Jurgen recostado, escuchando la música, nosotros decidimos continuar y al pasar frente a los músicos que estaban como unos cincuenta o sesenta metros, les dedicamos un aplauso para agradecerles su música, seguramente estaban ensayando, ellos a su vez nos dieron las gracias y continuamos.

Ya sólo faltaban siete kilómetros para llegar a Logroño; pasadas las dos de la tarde nos encontramos con un cura muy joven que estaba haciendo unos trabajos de artesanía, tejiendo algunos rosarios y algunas pulseras, charlamos un rato con él, yo me compré una pequeña cruz de madera y me la llevé colgada en el cuello.

Antes de entrar a la ciudad caminamos junto a un gran terreno cercado, en todo el camino no habíamos visto terrenos cercados, cosa que me llamaba la atención. Éste estaba cercado porque se trataba de un huerto urbano, el municipio asigna un terreno grande de algunas hectáreas que es dividido en pequeñas parcelas en las cuales los habitantes de Logroño pueden ir a cultivar sus hortalizas, vimos a varias familias trabajando en su espacio, me apareció una excelente idea.

Llegamos a Logroño, muy contentos cruzamos uno de los puentes que cruzan el río Ebro, primero nos dirigimos al albergue municipal para ver si había lugar para Isabel, ella terminaba su viaje en esta ciudad. Llegamos al albergue y había como setenta u ochenta personas formadas, todavía estaba cerrado, pero era seguro que sí encontraba lugar, el cielo se estaba nublando en serio y decidí llamar a la pensión.

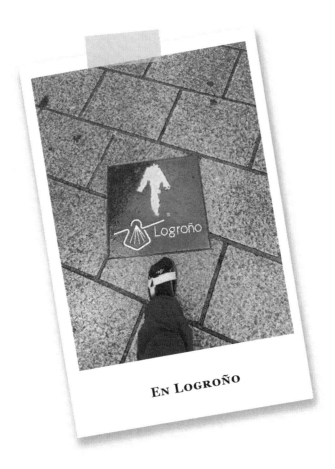

En Logroño

Hablé con Marguerite, la dueña, y me dijo que nos veíamos en treinta minutos para que me entregara las llaves. Me despedí de Isabel y de otros peregrinos que estaban formados y empecé a caminar hacia el centro de Logroño, la pensión estaba pasando el centro; el viento soplaba con tal intensidad que en los restaurantes empezaron a recoger las mesas y sombrillas exteriores antes de que se las llevara volando.Tuve que caminar como dos o tres kilómetros para llegar, no le gané a la lluvia.

Al llegar a la calle y número señalado, no encontraba ninguna señal de la pensión, pregunté en un pequeño bar que estaba al lado del edificio y me dijeron que sí era en ese edificio, me acerqué a los timbres y uno de ellos decía "Pensión Logroño", lo pulsé y nada, no había respuesta. Al ver que llegaban dos mujeres al edificio, les pedí permiso para entrar explicándoles que venía a la pensión, las dos mujeres que entraban me dijeron que ahí no había ninguna pensión, que sólo eran departamentos, les mostré el timbre y lo que decía me dijeron "ah, bueno, pues, pasa".

Subí al segundo piso, al número de departamento correspondiente, en el cual había un letrero muy discreto que decía "Pensión Logroño". Toqué directamente en la puerta y nadie respondió, hasta las luces del pasillo estaban apagadas. Me senté en la escalera del edificio, me quité las prendas mojadas y llamé nuevamente a Marguerite, me contestó y me dijo que llegaba en diez minutos, que había tenido un pequeño contratiempo, cuando llegó pasamos al departamento, que está habilitado como pensión (no tiene sala, comedor ni cocina) me mostró mi cuarto, el baño compartido y el cuarto de lavado, que sólo tenía lavadora y secadora y que no permitía que lo operaran los huéspedes.

Me entregó mis llaves y me aclaró que era posible que no hubiera ninguna otra persona en la habitación, lo cual me dio mucho gusto porque me permitiría descansar sin temor a molestar a nadie con la gripa y la tos. Preparé toda mi ropa para lavar y sólo me quedé con un *short* y uno de los rompe vientos y todo lo demás se lo entregué para que lo metiera en la lavadora y en la secadora. Me di un rico y tranquilo baño y me dispuse a descansar, afuera seguía lloviendo y yo no podía hacer nada más que esperar mi ropa.

Como a las dos horas Marguerite me llevó la ropa y le pagué. Ya en la noche me llamó Isabel para decirme que andaba de tapas en la calle Laurel con esta chica española, Ingrid, que conoció en Sansol, y yo entendí que también con Julián, me dijo el lugar en donde estaban, me vestí y me tapé lo mejor que pude y me lancé al lugar. Afortunadamente ya no llovía, si no, no hubiera salido. Llegué a la zona y me impresionó la cantidad de gente que había en las calles, eran cientos, los bares estaban a reventar, los busqué en el que me dijeron que estaban y no los encontré, al rato vi un mensaje en mi celular donde me decía Isabel que se habían movido a otro bar que estaba cerca, ya me iba a desplazar cuando me dijo que mejor ella iba por mí.

La esperé y cuando llegó me llevó al otro lugar donde estaba Ingrid, pero no estaba Julián, el argentino, sino que ella estaba acompañada por su novio de Suecia, que traían una situación media incómoda de encuentros y desencuentros que trataban de resolver con Isabel como mediadora. Ahí me encontré con mi amigo peregrino, Gregorio, de Italia, con el que había cenado en Roncesvalles, estaba con otro italiano que me dijo era de San Gimignano y como el bar estaba atestado, les pedimos permiso de compartir su diminuta mesa, él aceptó y nos quedamos prácticamente invadiéndolos.

Lo que me molestó fue la actitud del grupo con el que yo estaba que en lugar de agradecer a los italianos que nos compartieran su mesa, parecía que los queríamos expulsar, incluso se dio un diálogo medio incómodo y extraño porque Ingrid hizo algunos comentarios sobre Gregorio de que parecía autista o algo así y él lo había entendido y se molestó bastante, Isabel lo calmó explicándole no sé qué cosas, que había sido un malentendido. Al final ellos se fueron y nosotros comimos cualquier cosa y nos volvimos a salir y regresamos al otro bar donde habían estado para que yo probara una tapa muy recomendable de solomillo; cuando llegamos al lugar ya estaba mucho más tranquilo porque el restaurante ya había cerrado.

La gente estaba más en la calle que adentro de los bares, caminamos un poco por la calle Laurel, que era una locura de despedidas de soltero y graduaciones de estudiantes, terminamos saliéndonos de la zona para irnos a tomar un café y un pastellillo en otro lugar más tranquilo con mucho más espacio al cual llegó un grupo de chicas que estaban celebrando una despedida de soltera. Las amigas hicieron bailar y cantar a la novia, todas vestidas a la usanza flamenca, fue muy simpático.

Para mí, la noche se había agotado o más bien mi gripa me había agotado, me despedí para regresar a la pensión a dormir. Isabel regresaba al otro día a Murcia, así que nos despedimos. A mí me tocaba día de descanso. Al llegar a la pensión, Marguerite me confirmó que nadie ocuparía la otra cama de la habitación, lo cual agradecí mucho.

Post de Facebook: *"Queridos todos, ¡por fin en Logroño! ¿Y por qué tanto alboroto? Porque aquí me tomaré mi primer día de descanso, para recargar baterías y darle un poco de reposo a los pies, un poco, porque mañana saldré a conocer esta bella ciudad. Siete días de caminata, un sin número de poblaciones, grandes, pequeñas, medianas y muy pequeñas (la población en Roncesvalles es de treinta personas). Hasta ahora el viaje ha sido maravilloso, he conocido un montón de gente, algunos que nos saludamos una y otra vez cada que nos rebasamos mutuamente; otros con los que sostienes una breve y sustancial plática; otros de los que te haces compañero de caminata por kilómetros y kilómetros (que no es fácil porque deben coincidir los ritmos de caminata de ambos y las ganas de estar acompañado); cenas, comidas con personas que no habías visto nunca, y que a partir de ese momento, sientes que un lazo se estrecha con ellos.*

Y luego están las personas con la que haces cierto tipo de conexión y cada vez que los encuentras te saludan con mucho agrado y te preguntan cómo vas en el camino, en este grupo especial puedo citar a algunas personas que ya han dejado una marca en mí: Hilary, Andrea y Tricia, de Inglaterra, tres adorables señoras con las que me ha tocado la fortuna de compartir albergue y set de literas en un par de ocasiones. Patrick, de California, con quien he caminado algunos tramos largos y compartido la mejor comida que he tenido en el viaje y que fue en La Casa Sabina de Roncesvalles. Isabel, de Murcia, España, encantadora compañera de caminata con la que hice las dos últimas jornadas y parte de la antepenúltima, nos reíamos de tantas tonterías y comparábamos el uso de palabras comunes en cada país y que no era fácil distinguir qué significaban, le dio una tremenda pausa a mis diálogos internos, lástima que ella termina hoy su camino. Ana, de Austria a quien he visto en varias etapas. Matilde, de Francia, joven enfermera muy agradable, con la que compartí set de literas en el albergue del Puente la Reina.

Incluiré en esta lista a dos peregrinos más: Jurgen, de Holanda y Gustavo (nombre adoptado) de Corea del Sur, los tres hemos batallado con las ampollas y cada vez que coincidimos nos interesamos por el estado del otro y nos saludamos con… ¿Será afecto? No, quizás sea con gusto, nada más. Cada día conozco más personas, hoy he conversado con Gregorio y Jean Marie, de Italia, hablamos en italiano, imagínense la conversación; Julián, de Argentina; Astrid, de España y Tuomo, de Suecia. Mucha gente con la que interactúo y eso que soy un tanto tímido, imagínense si no.

Siete jornadas, muchas reflexiones, gente fabulosa, paisajes increíbles, una sensación especial cada vez que entras a un templo o iglesia y escuchas cantos gregorianos o música sacra y se te acerca un voluntario (personas mayores casi todos) a explicarte la historia de la iglesia y sus principales características.

Acompañantes indeseables, como las ampollas, la gripe, el dolor de pies, todo, todo ello y más hacen la magia del Camino de Santiago. Hoy leí una frase que me gustó mucho y decía: 'Lo importante no es llegar, sino que el Camino te llegue.' A mí ya me está llegando y eso que todavía me faltan como treinta y dos jornadas".

DÍA DE DESCANSO EN LOGROÑO

4 de junio de 2017

A pesar de la habitación a solas y de lo cómoda que estaba, la gripa no me dejó descansar bien, la enfriada y la mojada del día anterior no resultaron para nada benéficas, sino todo lo contrario. El día amaneció frío de nuevo y bastante nublado. Salí a buscar algo para desayunar a eso de las 8:30 de la mañana, estaba bastante fresco, las aceras mojadas y muy poca gente en la calle, encontré una cafetería bien surtida como a cuatro cuadras de la pensión, desayuné un bocado y un colacao y un *croissant* que se me antojó y me salí a caminar por las calles casi vacías.

Era domingo, visité por fuera la catedral de Santa María la Redonda, en una plaza se estaba montando un mercado de cosas usadas, tristemente el ambiente que se sentía era bastante tenso entre los propios comerciantes, todos parecían extranjeros, puede ser que fueran refugiados y de pronto hubo un conato de pelea entre ellos y mejor decidí alejarme. Como el viento empezaba a empeorar, decidí regresar a la pensión y en el camino me encontré una antigua fábrica de tabaco que la han mantenido como monumento con todo y su chacuaco. Decidí encerrarme de nuevo porque amenazaba la lluvia y la temperatura continuaba bajando.

Volví a salir como a la una de la tarde para conocer un poco más de la ciudad, fui a conocer el Ayuntamiento que data del siglo XIV y es donde se encontraba antes el parlamento de La Rioja. Me tocó toparme con una familia que estaba tratando de hacer una foto de fantasía con las dos hijas y la mamá saltando, querían salir en el aire, pero la foto no le salía al papá, me acerqué para ofrecerles mi ayuda y les tomé unas fotos con mi celular, el señor me pasó su correo electrónico para enviárselas en cuanto yo tuviera *Wi-Fi*. La familia era de Barcelona y estaban de paseo por Logroño, cuando les mostré las fotos que había tomado quedaron muy contentos.

De camino a la pensión, pasé a comprar algo de fruta y me fui a descansar otro rato, finalmente volví a salir alrededor de las 7:30 de la noche para cenar algo. Me di un gusto en un restaurant llamado Tívoli que abrió temprano, cené muy rico y de ahí me fui a dar una vuelta a la calle de Laurel que apenas daba muestras de estar despertando y me retiré a dormir porque al otro día había que reanudar la caminata; no fue mi día soñado en Logroño: la gripa, el frío y la lluvia no facilitaron las cosas, la ciudad me gustó.

FAMILIA FELIZ

Este día, mi *post* de Facebook lo dediqué a hablar de los albergues, un poco de información sobre el tema para quienes me leían:

"Les platico un poco de los albergues: básicamente, hay de dos tipos, los públicos y los privados, ambos se distinguen de los hostales y pensiones por el precio y por ser casi exclusivos para peregrinos, por lo que es necesario mostrar la credencial de peregrino para hospedarse en ellos. Los públicos pueden ser municipales o parroquiales o de alguna orden de monjas o frailes. En estos no se puede reservar y no te puedes quedar más de una noche, salvo fuerza mayor. Los privados suelen ser más chicos y un poco más caros. Los precios para una litera con servicios compartidos van de cinco a doce y hasta quince euros. Si tienes suerte, te toca litera de abajo; si no, pues, te toca arriba. La diferencia es que abajo tienes más facilidad para acomodar o buscar cosas en tu mochila.

Mi primer albergue fue el de Saint Jean Pie de Port y es municipal, estuvo bastante bien, en el espacio donde estaban las literas había como treinta y dos personas. Teníamos dos o tres duchas y otros tantos servicios sanitarios. Sin cocina, ni alimentos. Continuará…

Continuación: dormir en albergue no tiene nada que ver con dormir en un hotel; en primer lugar, tu privacidad es muy limitada, y aunque hay ciertas reglas del juego respecto a los ruidos, pláticas etc., no todos las cumplen y los ronquidos, ¡ooooh! ¡Los ronquidos! Ese es un tema aparte, hay toda una escala de tonos y volúmenes entre la población peregrina, jajaja. Claro que uno viene dispuesto a eso y sería un error garrafal permitir que eso te moleste, es lo que es y tienes que adaptarte.

En algunos albergues, cuatro de seis en mi caso, te dan un juego de sabana y funda de almohada desechable; en otros, que no ha sido el caso, no te dan ni almohada y menos sábana, si la quieres la tienes que pagar aparte (3€), es por ello que te recomiendan que traigas un sleeping bag para que lo pongas sobre el colchón y te sirva de aislante entre el colchón o sábana y tú y, de ser necesario, de cobija.

Algunos albergues tienen cocina y en algunos se organizan para preparar cenas comunales, por ejemplo: me ha tocado ver a varios sudcoreanos organizarse para guisar su cena. Otro tema relevante es la lavada de ropa, si lo quieres hacer a máquina te cuesta de cinco a ocho euros la carga de lavadora y secadora. Yo lo he venido haciendo a mano, prefiero pagarme un buen vino o una buena comida que la lavadora y secadora.

Para mí, el criterio principal para elegir los albergues ha sido la evaluación de su limpieza, por esta razón: ¡no quiero chinches en mi camino! El uso de las duchas y los baños no ha sido problema hasta ahora. A pesar de que algunos albergues solo han tenido dos duchas y dos sanitarios, la coordinación espontánea se ha dado bien. Esperemos que en los siguientes todo siga siendo como hasta ahora o mejor. Y si no, pues, ya lo abordaré de la mejor manera posible".

Etapa 8: LOGROÑO – NÁJERA

5 de junio de 2017

28.27 km

Temprano, a las 6:30, ya me encontraba de camino dejando la ciudad, iba bastante bien arropado con casi toda mi ropa puesta, así me escuchaba esa mañana: *"Bien, bueno, reanudamos el camino con un día de descanso, que me cayó muy bien, porque además estuvo lloviendo mucho en Logroño y tuve que estar reposando la gripa, pero al final de cuentas me va a ayudar. Estoy saliendo a las 6:19 de la mañana en Logroño caminando por la calle principal, o una de las principales siguiendo el camino. Hoy me toca llegar a Nájera, son casi treinta kilómetros, pero me siento bien, bien para hacerlo de nuevo, reanudo mi caminata sólo, todos los que he conocido durante la ruta ya van más adelante que yo, llevan un día o día y medio adelante que yo, pero así es el camino. Empiezo de nuevo a conocer nuevas caras, nuevos amigos y a continuar, bye".*

La salida, a partir de un parque al final de la calle principal, fue un poco confusa y tuve que desandar mi camino varias veces hasta que encontré el correcto. A los pocos minutos ya estaba cruzando la carretera principal por un paso a desnivel con sus muros muy bien ilustrados con motivos del camino en una perspectiva de figuras y sombras muy bonita.

Después pasé por un parque que están rehabilitando como área verde con un lago artificial que es el dique del embalse de Grajera y había dos opciones para seguir el camino, estaba por decidirme cuál de las dos tomar cuando aparecieron mis cuatro amigos españoles que había visto antes de llegar a Pamplona, qué agradable sorpresa.

Resulta que los cuatro eran originarios de Logroño y se habían tomado un día para estar con sus familias, y yo justo venía pensando que
era difícil reencontrarme con peregrinos conocidos porque traía ya un
día de desfase, qué equivocado estaba. Ellos venían acompañados de
un quinto amigo que los iba a acompañar solamente durante esa etapa,
platicamos durante un rato mientras caminábamos y luego me despedí
para seguir a mi ritmo con el buen sabor de boca de haberlos encontrado y de haber podido platicar con ellos.

El cielo estaba nublado, con ganas de abrir, pero no se decidía, al
menos no llovía. Las vistas que iba encontrando eran otra vez fabu-
losas, campos plenos de vides y otros plantíos. Pasé por las ruinas de
un hospital de peregrinos que se llamó San Juan de Arce, fundado en
1185; continué hacia Navarrete, pasé por varias casas especializadas
en alfarería, que es la especialidad de la región. Durante un tramo
caminé al lado de una cerca a la orilla de la carretera, en la cual los peregrinos han dejado cruces elaboradas principalmente con trozos de
ramas de árboles o de cualquier otro material que se les ocurre, eran
cientos y cientos de cruces, al fondo se veía ya el pueblo de Navarrete
donde destacaba la torre de la iglesia de la Asunción.

Después de pasar por los restos del hospital de peregrinos de San Juan
de Arce, pasé por varias bodegas de vino; una Don Jacobo me recordó
a mi sobrino del mismo nombre. Entrar al pueblo de Navarrete fue
como entrar a una época distinta: la calle principal, sin un solo auto,
daba una impresión especial, la iglesia parroquial de la Asunción de
María es muy bonita y grande, fue iniciada en 1533 y cuenta con tres
torres de gran tamaño, fue concluida hasta 1645, se podrán imaginar
todo lo que transcurrió durante ese siglo.

No pude entrar a la iglesia así que solo la aprecié por fuera; después, siguiendo la calle de San Roque llega uno a la Ermita de la Virgen del Niño Jesús del siglo XVI que muestra una fachada curiosa con adornos en relieve que representan distintas cosas,, entre ellas un bastón y un guaje de peregrino, justo a su lado está el panteón que se distingue porque el portal y sus ventanas fueron construidas por piezas tomadas del antiguo Hospital de San Juan de Arce de cuyas ruinas les comenté hace un momento.

Tras continuar caminando, encontrando más y más viñedos, el calor apretaba, llegué a un camino de tierra que tenía unos postes que señalaban "Un kilómetro de arte", me gustó la idea y al seguirlo me desencanté porque no había ninguna obra de arte durante ese kilómetro, o era algo que iban a montar o fue algo que ya habían montado y retirado y sólo dejaron los letreros, como sucede en la reparación de nuestras carreteras, ni a quién preguntarle.

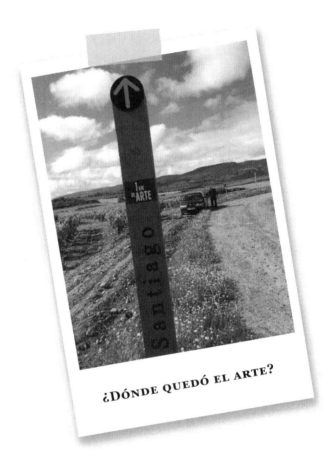

¿DÓNDE QUEDÓ EL ARTE?

Llegué a un lugar donde pude comprar un bocado de jamón serrano, el bar se llamaba Virgen Blanca y uno de sus propietarios me pidió permiso para hacerme unas fotos con mi desayuno para publicarlas en su promoción de Facebook de ese día, nunca vi las fotos publicadas. Mis pobres pies ya estaban bastante adoloridos, para no variar. La siguiente población por la que pasé fue Ventosa, en la que sobresale la iglesia de San Saturnino, y más adelante llegué a la bodega de vino Alvia, en cuya entrada principal hay un enorme árbol del olivo como petrificado que transmite muy bien la idea del contraste entre algo viejo y hermoso y la modernidad de la bodega misma. Se veía muy bien.

CASA ALVIA

Una hora después, me encontré en una brecha a un cantante del camino; al principio solo pasé, lo vi y continúe, pero unos metros más adelante me detuve y regresé a saludarlo y a platicar un poco con él, como artista se hace llamar ViSer y compone e interpreta canciones relativas al camino, tiene su página de Facebook y graba sus propios discos. Yo fiel a mi fijación de no cargar nada adicional, solamente le dejé un donativo y continué.

Los paisajes seguían siendo maravillosos, yo estaba encantado a pesar del calor que se sentía y del dolor de mis pies. Pasando el alto de San Antón me encontré una construcción muy curiosa: un edificio circular con techo de piedra en forma de cono. Me llamó tanto la atención que me dirigí a ella y me metí, la diferencia de temperatura con respecto al exterior era de al menos diez grados y fue muy bienvenida, después supe que era un guardaviñas y que servía como refugio a los agricultores y a los guardas del campo, a mí también me sirvió como refugio y descansé ahí un rato, también aproveché para cambiarme parte de mi ropa, porque la que traía puesta estaba empapada en sudor.

Ya refrescado, continué hacia el Poyo de Roldán, levantado en el lugar donde se desarrolló el legendario combate entre Roldan, el caballero que se dirigía a Santiago de Compostela, y el gigante de Ferragut, un gigante sirio, señor del castillo de Nájera que medía siete codos de altura, (más de dos metros). Poco antes de llegar a Nájera, donde a los peregrinos les llaman najerinos, me topé con un rebaño de ovejas que estaba entrando al camino, eran trescientos cincuenta ejemplares según me dijo su pastor, fue muy agradable verlas pasar y apropiarse del camino como si fuera suyo.

Cuando parece que ya está uno a punto de entrar al pueblo, aparece el río Najerilla, que se cruza por un puente de madera y concreto y todavía tuve que caminar como dos kilómetros para llegar al albergue donde me instalé. Me bañé, lavé y tendí mi ropa y de inmediato salí a buscar un sitio donde comer algo, pero ya era mala hora porque acababan de cerrar. Yo todavía no asimilaba los extraños horarios de los españoles que entre cuatro de la tarde y las ocho de la noche cierran todas las cocinas de bares y restaurantes, supuestamente para prepararse para la cena, pero en realidad es para tomar la siesta. En mi opinión, parece que España se muere durante la famosa siesta.

Continué caminando y de pura suerte encontré un sitio abierto que tenía menú del peregrino a quince euros, 50% más de lo que solía pagar, pero no me importó, tenía mucha hambre y la comida estuvo riquísima.

Nájera resultó ser un pueblo que me gustó mucho, en el albergue la hospitalera me recomendó remojar mis pies a la orilla del río, me explicó que justo frente al albergue un poco a la derecha, me podía sentar debajo del puente para protegerme del sol y ahí sumergir los pies, sin dudarlo hacía allá me dirigí y lo hice, qué ricura, me cayó de maravilla tener los pies en el agua helada durante un buen rato y además refugiado por el propio puente de los rayos del sol.

Más tarde, me fui a conocer por fuera el monasterio y la iglesia de Santa María la Real, ambos edificios impresionantes, el monasterio se fundó en 1052 y llegó a ser muy poderoso en su tiempo, después regresé al río ahora a caminar un rato por la orilla con los pies dentro del agua y volvió a ser una experiencia muy grata, aproveché para sentarme en una banca y darles un buen mantenimiento a mis pies y protegerlos para la siguiente jornada, así hacía tiempo para ir a cenar. Salí a buscar algún sitio que se me antojara, en realidad no tenía mucha hambre, pero algo había de comer y quería tomarme por lo menos una cerveza.

Encontré una plaza amplia que estaba a la vuelta del albergue, que por cierto cerraba a las diez de la noche, y elegí un sitio que estaba siguiendo las flechas del camino que habría de tomar al otro día, entré y ordené no un menú completo, sino solo una paella y una cerveza. Salí a sentarme a una de las mesas exteriores para esperar mi cena, en eso escucho un grito que dice: "*¡Hey*, peregrino, ven a nuestra mesa! Ningún peregrino cena sólo donde yo estoy". Me doy vuelta y me doy cuenta se dirigía a mí, era un tipo en una mesa con otras tres personas que me hicieron señas para que me acercara, así lo hice y de inmediato arrimaron una silla extra y me dieron una copa de vino de la botella que estaban tomando. Se presentaron rápidamente: uno era argentino, de Buenos Aires; otro era gallego; otro más tenía un aspecto de *hippie* que no podía con él, era francés y hablaba un excelente español, y el otro un señor muy propio, bien vestido, no con vestimentas de peregrino, que resultó ser de Nájera o de un pueblo vecino.

De inmediato me incorporaron a su plática y resulta que se habían conocido ese mismo día. El argentino se retiró porque todavía no llegaba a su albergue y se quería dar un baño, tomó su mochila y prometió regresar pronto; el francés, que calculo tendría unos treinta y ocho años, me explicaba que no se quedaba nunca en albergues, que le gustaba dormir en el exterior, ya sea que se lo permitieran afuera de alguna iglesia o en un parque o donde encontrara, pero que no acostumbraba llegar a los albergues. El gallego, muy orgulloso de su tierra y de sus orígenes, decía que estaba ansioso por llegar a ella y me mostró un vídeo sobre Galicia, era un *rap* bajado de YouTube que tenía unas imágenes muy buenas de Galicia, pero que en ese momento no había oportunidad ni de escuchar la letra de la canción, ni de ver con cuidado las imágenes, puesto que había mucho ruido ambiental y estábamos conversando, de cualquier forma tomé nota del vídeo para verlo posteriormente. (El vídeo se llama "Vengo de Galicia" y el cantante es Ricky hombre libre, se los recomiendo).

El señor español estaba platicando historias relacionadas con el Camino de Santiago, en realidad estaba inventando historias, lo cual resulta gracioso porque hablaba con tanta seguridad, hasta que nos dábamos cuenta de que decía cosas que no eran ciertas como el orden de las etapas. Por ejemplo, cuando afirmaba que cierto pueblo estaba antes que otro, y hasta que no sacaba alguien una guía o el celular con las etapas no reconocía estar equivocado. El francés, mientras tanto, pidió unas patatas bravas porque decía que quería comer algo picante, la verdad se las comió como si nada, lo que quería decir que no picaban gran cosa y se lo dijo a la mesera, quien solo se reía.

La siguiente población que nos tocaba visitar era Santo Domingo de la Calzada, el francés quería que le platicaran la leyenda que había respecto a las gallinas de la catedral de esta ciudad. Yo les iba a platicar lo que había leído, pero nuestro amigo español, ni tardo ni perezoso, le empezó a contar su versión de la leyenda, la verdad es que se notaba por su forma de hablar que la estaba inventando conforme avanzaba y le dimos cuerda hasta que terminó de platicar su versión.

El gallego me dice, "a ver, mexicano, ahora platica la versión que tú conoces", se las conté y como difería tanto de la que había platicado el español, el francés y el gallego se morían de risa; al final, también el español terminó riéndose diciendo "mexicano, tu versión parece ser más acertada que la que yo acabo de contar". Charlamos un poco más, el argentino alcanzó a regresar y yo me despedí de ellos antes de que me cerraran el albergue y me fui a dormir.

IGLESIA DE LA SANTA CRUZ EN NÁJERA

En Facebook publiqué lo siguiente sobre ese día: *"He reanudado mi camino, este día adicional en Logroño fue muy útil, porque como estuvo lloviendo todo el día descansé más de lo debido y los pies lo agradecen silenciosamente, no a gritos como los reclamos, un día de treinta kilómetros programados y que pintaba que iba a ser muy caliente.*

¡Nada más me puse las botas y los pies y los dedos empezaron su cantaleta de que quieren ser libres, pues nada! Les dije, 'a caminar' Y así pues, estábamos ya en la calle a las 6:19 y hacía frío, como diez centígrados. Atravesé la ciudad y venía pensando que otra vez me iba a tocar caminar solo, porque los compañeros que ya conocía iban un día o más adelante de mí, y otros como Isabel, que fue mi compañía las dos últimas jornadas, terminó su camino en Logroño y regresó a su tierra, Murcia.

En eso iba, pensando y tratando de no equivocar el camino, cuando de pronto, a lo lejos, veo a una persona que se estaba quitando la chamarra, y resultó ser uno de los cuatro señores españoles con los que me crucé antes de llegar a Pamplona. Me detuve a esperarlo y me platicó que los cuatro eran de Logroño y que se habían quedado para estar con las familias antes de continuar el camino. En fin, nos dio mucho gusto encontrarnos y avanzamos juntos un rato porque ellos van más despacio que yo.

Continué solo, pues, y así llegué a Navarrete donde me di una ligera perdida y por estar buscando la ruta correcta se me pasó desayunar, ello me obligó a ir a la población de Ventosa (dos kilómetros adicionales) para comer algo. Los pies bien, las ampollas se quedaron en Logroño y la gripa, esa gripa, alguien me dijo: 'cuídate la gripa' y la he cuidado tan bien, que no se quiere ir, jajaja. Espero que en un par de días me deje.

El recorrido muy bonito, primero un parque en Logroño, luego un pantano habilitado como parte del camino, muy bonito también, muchas pero muchas plantaciones y casas vitivinícolas. Navarrete, pueblo alfarero, Ventosa, pueblo muy pequeño que lucha porque los peregrinos pasen por ahí y finalmente Nájera, meta de la jornada de hoy".

Etapa 9: NÁJERA – SANTO DOMINGO DE LA CALZADA

6 de junio de 2017

20.93 km

"Bueno, aquí vamos, un día más, son las seis y veinte de la mañana, más o menos, estoy saliendo de, caray, ya no sé ni de dónde, pero estoy saliendo, de Nájera, ya saliendo, saliendo, ya me perdí, como que no vi la flecha, caramba... Tendré que regresar por el camino para buscar la senda correcta, parecía fácil, pero no, no es tan fácil, no hay nadie en la calle, todo está cerrado obviamente... (Se escuchan pasos), aquí ya estoy en camino (se escuchan más pasos, son los míos), en camino, ya..."

Así sonaba mi grabación de esa mañana.

Salí temprano, a las 6:20 ya estaba buscando el camino correcto, después de un par de correcciones lo encontré, al ir pasando por una iglesia vi a alguien dormido fuera del portal de ésta, probablemente era mi amigo el francés. A los pocos minutos ya estaba afuera de Nájera y me recibía un poste de señalización que indicaba que faltaban quinientos ochenta y dos kilómetros para Santiago, si bien algunas personas que me escribían en Facebook me decían que ya me faltaba menos, a mí me empezó a dar la sensación de que no quería que esto terminara.

El camino de hoy se ve a lo largo y a veces árido, bueno, quizás "árido" no sea la palabra más correcta, "seco" sería más adecuado y me refiero a la brecha que estaba siguiendo. Hacía frío y la lluvia no tardó en aparecer para que no pensara yo que estaba seco, y a ponerme el poncho de nuevo, pasé por las poblaciones de Azofra y Cirueña y al poco rato ya se veía a lo lejos Santo Domingo de la Calzada. La etapa de ese día era corta, de solo veinte kilómetros, para las once de la mañana ya estaba en mi albergue de destino.

Ahora me tocó una habitación como con veinte literas, como sólo había dos o tres peregrinos, solicité cambio de cama porque me habían dado una justo a la entrada de la habitación y el abrir y cerrar de la puerta con el paso de la gente iba a convertirse en un problema, ya bastante tenía con que me hubiera tocado en el tercer piso del albergue, ni hablar, había que subir y bajar escaleras. Después del baño obligado y de lavar y tender mi ropa, vámonos a la calle.

Santo Domingo, una ciudad que es hija genuina del Camino de Santiago, fue fundada por el propio Santo Domingo en el año de 1044, él fue un personaje que dedicó buena parte de su vida, de su trabajo y de sus recursos a construir puentes para mejorar los caminos que facilitaran el tránsito de los peregrinos.

La catedral erigida en su honor es impresionante y tiene la particularidad que se puede visitar por dentro y te dejan entrar y subir sus escaleras, caminar por sus pasadizos, subir a la azotea, en fin, verla por todos lados.

La catedral fue levantada sobre la tumba de Santo Domingo, misma que se encuentra en el sótano y tiene la particularidad de que alberga, desde esas épocas, un gallo y una gallina vivos, para honrar una de las leyendas más carismáticas del Camino y de la que les comentaba se habló la noche anterior en Nájera. La visita a la catedral me encantó, si bien no tenían audioguías disponibles, el hecho de poder acceder a todos los rincones de ésta le dio un sentido diferente a cualquier otra visita a una iglesia con la oportunidad de conocer detalles de su construcción que, de otra forma, hubiera sido imposible saber.

Leyenda de la gallina tal como aparece escrita en uno de los muros de la catedral:

"Entre los muchos peregrinos compostelanos que hacen alto en esta ciudad para venerar las reliquias de Santo Domingo de la Calzada, llegó un matrimonio con su hijo de dieciocho años, llamado Hugonel, procedente de Xanten en (Alemania).

La chica del mesón donde se hospedaron se enamoró del joven y, ante la indiferencia del muchacho, decidió vengarse. Metió una copa de plata en su equipaje y cuando los peregrinos siguieron su camino, la muchacha denunció el robo al corregidor.

Las leyes castigaban con pena de muerte el delito de hurto por lo que, una vez prendido y juzgado, el inocente peregrino fue ahorcado.

Cuando sus padres fueron a ver a su hijo ahorcado, se asombraron al oír la voz del hijo anunciándoles que Santo Domingo de la Calzada le había conservado la vida.

Fueron inmediatamente a casa del corregidor de la ciudad y le contaron el prodigio. Incrédulo, les contestó que su hijo estaba tan vivo como el gallo y la gallina asados que él se disponía a comer.

Al instante, el gallo y la gallina, saltando del plato, se pusieron a cantar. Desde entonces se dice:
'Santo Domingo de la Calzada
que cantó la gallina después de asada'".

RECINTO DEL GALLO Y LA GALLINA EN LA CATEDRAL DE SANTO DOMINGO DE LA CALZADA

Una hora me tomó la visita y continué paseando, fui al Monasterio Cistercense, construido en el siglo XVII, aunque ya no lo recorrí por dentro. Mis fotos de ese día terminan a las 16:51, no recuerdo qué hice el resto de la tarde ni dónde o qué comí o cené, así pasa. Creo que cuando uno está solo es más difícil, al menos para mí, recordar algunas cosas.

Debo decir que mi apariencia física, barbón, agripado, etc., no era la mejor, ni yo mismo me daba una buena impresión cuando me veía al espejo, sin embargo, parece ser que en el camino eso pasa a segundo término, estoy seguro de que nadie te juzga y tú también estás en disposición de juzgar menos a los demás, quizás sea parte de la magia del camino.

Post del Facebook de ese día: *"Hola, hoy tuve un tramo pesado por agua y por frío, ni mandado a hacer para la gripe, ya hasta le estoy agarrando cariño. El trayecto de hoy ha sido el que me ha parecido menos atractivo, quizás por las razones que les comenté al principio.*

Los pies y los dedulces, ya ni discuten, saben que les toca la parte más difícil del camino y por eso hay que apapacharlos; ayer, contra toda lógica, los metí un rato al río Najerilla, frente al albergue, el agua estaba helada, los pies lo agradecieron, la gripe también, jeje, también se sintió consentida. Después del remojón los apapaché de nuevo, los protegí y los dejé listos para hoy y los muy ingratos me pagan con una ampolla nueva, ya ni la chiflan, 'bienvenida al club', le dije, y en la primera oportunidad la traté, si quieren luego les digo cómo.

Hoy fue una etapa relativamente corta de poco más de veinte kilómetros. Con algunos ascensos y pasando por un par de pueblos, Azofra y Cirueña, el segundo, sin pena ni gloria. Me detuve en Azofra a tomarme un colacao bien caliente y una bocata de huevo con jamón serrano. Santo Domingo de la Calzada es un pueblo muy bonito con una catedral impresionante y una historia alrededor de ella fascinante. En una de las fotos les dejo algo al respecto. Tuve la oportunidad de conocer la catedral por dentro en casi todos sus detalles: sus defensas, su azotea, sus pasillos ocultos y la propia parte pública de toda catedral, me gustó la cantidad de luz natural que recibe. Espero les gusten las fotos."

Etapa 10: SANTO DOMINGO DE LA CALZADA – BELORADO

7 de junio de 2017

22.67 km

Me desperté antes de las seis y desayuné algo en el albergue: una empanada de atún, un colacao y jugo de naranja. Todo lo compré en el super el día anterior. El albergue tenía una gran cocina y un enorme comedor. Ya había bastante movimiento a esa hora, yo sólo me saludaba con algunos conocidos de vista y me preparaba para salir. A las 6:30 ya estaba caminando, hacía bastante frío, otra vez traía casi toda mi ropa puesta, salvo doble pantalón, aquí la grabación de esa mañana: *"Saliendo de Santo Domingo de la Calzada, son las 6:29 de la mañana, me desayuné algo, un jugo de naranja, una empanada de atún, un colacao, todo esto lo compré ayer en el super…Vamos empezando nuestra ruta a Belorado, está haciendo frío, como diez grados, me puse toda la ropa que tengo al menos en la parte superior, voy con la gripa, espero que ya en un par de días más se me quite, pasé una noche regular, la garganta un tanto inflamada, pero solita se desinflamó, es buena señal, bye."*

A la salida, me despedí de la catedral de Santo Domingo y al pasar junto al monasterio me encontré con una gran vieira de cemento, bonita y enorme, colocada en medio de un jardín. Para mí era una buena señal para iniciar el día.

Casi de inmediato me encontré con un largo puente, de casi ciento cincuenta metros de largo, que cruza el río Oja, consta de dieciséis arcos, estaba en camino de nuevo.

El puente data del siglo XVIII y junto a él hay una ermita de principios del siglo XX, o sea muy reciente. La salida del sol te regala un nuevo espectáculo, diferente cada día y la sombra aparece para seguir siendo tu fiel y alargada compañía.

PUENTE SOBRE EL RÍO OJA

A una hora de haber iniciado, me encuentro con la primera población de la jornada, de nombre Grañón, donde destaca la parroquia de San Juan Bautista que inició su construcción a finales del siglo XIV.

Aparecen también grandes extensiones de terreno sembradas con cereales, ello le otorga una monotonía al camino que hace más difícil percibir tu avance. Este día me tocaba dejar la provincia de La Rioja para entrar a la de Burgos, todo ello dentro de la provincia autónoma de Castilla y León. El poblado de Redecilla del Camino apareció a las dos horas de haber iniciado, ya el sol estaba en pleno, pero yo seguía sintiendo algo de frío. Pasé por la iglesia de la Virgen de la Calle, que tiene una interesante pila bautismal del siglo XII estilo románico con influencia mozárabe.

Las poblaciones se iban sucediendo hasta que me detuve a desayunar algo a eso de las 9:15 de la mañana en una banca a la orilla del camino. Saqué mi pan, mi queso, mi colacao y a dar un respiro a mí y a los pies, esos minutos de descanso se agradecen y ayudan para continuar con nuevos ánimos.

Más poblados, más iglesias y una gran oportunidad para ponerse a pensar y reflexionar, conocerte un poco más a ti mismo. Me volví a topar con mis amigos los españoles de Logroño y compartimos nuestro andar un rato. Platicamos hasta que llegamos a la entrada del albergue a donde iban, que estaba antes de entrar al pueblo. Yo todavía tenía que caminar como dos kilómetros para llegar a mi albergue, afortunadamente nos hicimos una foto de los cinco porque fue la última vez que me los encontré. Lamentablemente, no tomé los datos del correo electrónico o teléfono de ninguno de ellos.

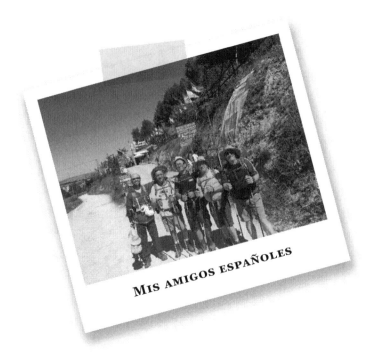

MIS AMIGOS ESPAÑOLES

Mi albergue estaba dentro del pueblo, y cuando llegué todavía estaba cerrado, ya había un peregrino esperando. Recuerdo que era sudamericano, no estoy seguro si de Uruguay, o puede ser que de Paraguay. A la puerta del albergue, hay una figura tamaño natural de madera que representa a un peregrino, muy bien logrado, obvio que más tarde me tomé una foto.

Pasando las doce del día, abrieron el albergue y fui el segundo en registrarme, la litera que me asignaron me gustó mucho, estaba en el último nivel en una especie de tapanco cerca de una ventana, los techos de madera y los polines le daban una ambientación especial al lugar. Ahí mismo en el albergue, aproveché para comer una rica paella antes de pasar por mi rutina de baño, lavado de ropa, etc. para después salir a caminar una vez más para recorrer este pequeño y pintoresco pueblo de Belorado.

El Ayuntamiento del lugar organizó un homenaje a los peregrinos y plasmó en lo que llaman el "Paseo de la mano" una serie de huellas del pie y mano de diversos peregrinos, algunos de ellos famosos, significando el pie, la huella del peregrino que pasa; y la mano, el símbolo de acogida y de bienvenida a los peregrinos. Me puse a recorrer ese paseo, observé muchas huellas. Realmente tenían significado. Conocí la Ermita de Nuestra Señora de Belén reconstruida en el siglo XVIII y recorrí el barrio del Corro que data de 1116.

En mi andar me encontré con una peregrina y con su hijo que había conocido en el albergue del Puente la Reina, me tocó cenar con ellos, el chico no tenía ningún interés en conversar y al poco tiempo me di cuenta de que la mamá tampoco, así que cada uno recorrió el pueblo por su lado. También, tuve la oportunidad de visitar las ruinas de un castillo del siglo X, la iglesia de Santa María, construida en el siglo XVI, o sea que en ese pueblo tan pequeño había mucho que ver.

El pueblo estaba muy solo, seguramente por la hora, la famosa hora de la siesta, y además el calor estaba fuerte. Como desde mi registro había pagado mi cena en el albergue y había elegido mi horario para cenar, me presenté en el comedor, me tocó compartir la mesa con un padre y su hija adolescente, muy guapa por cierto, y otra peregrina a la que me había encontrado en el camino con problemas para caminar por molestias en una rodilla, también muy joven. Ella iba sola. Tuvimos una cena muy grata, cenamos rico y charlamos todo el tiempo en inglés, aunque las dos chicas hablaban un español bastante correcto, pero el señor no lo entendía. El papá de la muchacha se tuvo que retirar un poco antes del postre porque tenía cita con el dentista en el centro médico comunitario del pueblo, afortunadamente regresó pronto con su problema resuelto y muy satisfecho con la atención que le dieron. A estos tres peregrinos no me los volví a encontrar en el resto del camino.

Post en Facebook de este día: *"Ya en Belorado, un trayecto muy pintoresco porque pasé por al menos cinco pueblitos y todos con toda la vocación para recibir y atender a los peregrinos. El clima se portó bien, un poco de frío las primeras horas y después calorcito decente.*

Hoy tuvimos un nuevo protagonista en la jornada, más bien una: la sombra. Desde que se enteró que le pusieron algunos like en la selfie de sombra que publiqué, pues ahora se siente estrella y como arrancamos muy temprano el día, en cuanto aparecía el sol la sombra se veía a sí misma y gritaba '¡foto, foto! Y como no me gustan los gritos, le tomaba la foto, y una, y otra, y otra. Conforme avanzaba el día y pasábamos por las poblaciones de Grañón, Redecilla del Camino, Castildelgado, Viloria de La Rioja, Villamayor del Río y finalmente Belorado, la sombra se iba poniendo más nerviosa, porque cada vez era menos alargada y sus fotos ya no tenían sentido, al menos para mí, ella pensaba distinto.

Al final, le tomé varias fotos donde lucía ella y el camino, espero les gusten. Pero ¿qué creen? Cuando me detuve en Castidelgado para tomar algo de desayuno (ahora iba cargando pan, queso, fruta y colacao) me quité las botas y las calcetas y los pies y dedos a coro empezaron '¡foto, foto, foto!' Bola de ridículos, pero, en fin, todo sea por tenerlos contentos.

Bueno, ya en Belorado, hoy he dejado atrás La Rioja y como por arte de magia, se acabaron los sembradíos de vid, regresamos a los cereales y a algunas hortalizas. Y algo de flores silvestres en grandes extensiones.

Entramos hoy a los antiguos reinos de Castilla y León, ya les iré platicando qué encuentro en ellos. PD: si gustan compartir mis posts, se los agradeceré para que amigos o familiares que no me siguen en Facebook se enteren y quizás les interese el progreso de este camino."

LA SOMBRA PROTAGONISTA

Etapa 11: BELORADO – ATAPUERCA

8 de junio de 2017

30.05 km

"Bien, buenos días, saliendo de Belorado, ya un poco tarde casi, casi las siete de la mañana porque me quedé a tomar el desayuno, que por cierto estuvo muy bueno; ahora, vamos a Atapuerca, un lugar lejos, más de treinta kilómetros, va a hacer sol, de hecho ya está el sol, no se siente mucho frío, pero... Me tapé bien por aquello de la gripa que está todavía de latosa, vamos a esperar un buen y largo día, disfrutando lo que se nos presente, 'buen camino', 'good morning', se escucha a mi paso. Vamos con todo, bye".

Grabando ésto es como inicié mi día en esta etapa once.

Una nueva etapa que se presenta interesante, porque yo sentía un especial interés en visitar Atapuerca, sede de una zona arqueológica donde se han descubierto los restos humanos más antiguos de Europa, no es poca cosa. El recorrido era largo, inicié el día no sin antes tomar un desayuno tradicional: café, jugo y pan tostado en el restaurante del albergue Cuatro Cantones, que es donde me quedé. He comentado que en algunos albergues te venden una sábana desechable y una funda para la almohada y te piden que al dejar el albergue las tires en un bote, pues yo empecé a reutilizarlas. No le veía sentido tirarlas con una sola noche de uso, así que las doblaba, las guardada en mi mochila, y las usaba una o hasta dos noches más.

En otros albergues te aseguran que las sábanas las lavan a diario y no utilizan el recurso de las desechables, tienes que creerlo, no en vano yo había elegido albergues con base al criterio de limpieza principalmente.

Bien, les decía que inicié poco antes de las siete, la gripa seguía presente y hacía algo de frío, al poco de salir me encontré con el primer puente del día, un puente de madera que corre paralelo a uno de piedra que se conoce como el Canto, ambos cruzan el río Tirón.

A una hora de haber iniciado, estaba en Tosantos, población desde la que se puede apreciar al otro lado de la carretera la Ermita de la Virgen de la Peña, que se encuentra enclavada en un escarpe montañoso. Llegando a Espinosa del Camino me encontré con un albergue llamado La Campana, pintado totalmente de amarillo lo cual lo hacía muy llamativo y tenía varios letreros señalando las distancias a las siguientes poblaciones: "Santiago quinientos treinta y dos kilómetros"; "José Barreiro trescientos setenta y ocho kilómetros"; "Ponferrada trescientos veinte kilómetros"; "León doscientos veintiuno"; "Burgos cuarenta y tres kilómetros".

Muchas cosas se colocan en su lugar en mi cabeza y me doy plena cuenta de que todavía hay mucho camino por recorrer, no importando el dolor de pies ni la gripa, la perspectiva de continuar caminando y pasar a continuación por los bosques de Montes de Oca, por ejemplo, era fascinante. Yo había leído algunas cosas de esos bosques y de lo peligrosos que eran para los peregrinos de los siglos XI y XII, la cantidad de bandidos que había por esos lugares hacían que la vida de los peregrinos estuviera en riesgo cada vez que pasaban.

Conforme iba avanzando, aparecían ruinas como las de la Ermita Simón y de un monasterio, lo cual también te da una perspectiva diferente sobre los lugares por lo que vas caminando, repitiendo el andar por los caminos y sendas que se usaban hace cientos de años para ir al mismo lugar al que yo quería ir.

Los paisajes de la zona de Burgos son muy bonitos para donde uno voltee y es un verdadero placer caminar por ellos. Poco antes de las diez de la mañana, me detuve a descansar y a desayunar en el Mesón Alba, ubicado en una gran explanada llena de traileros y diversos camiones de mercancías; después del agradecible descanso, me encaminé a Villafranca de Montes de Oca, y pronto ya estaba internado en el bosque, faltaban unas horas para la siguiente escala y el camino se alargaba y alargaba.

Cerca de las doce, llegué a un lugar que no tenía previsto porque no había leído nada sobre él en toda la documentación que consulté sobre el camino, para mí fue impresionante y muy emotivo: se trataba de un monumento levantado junto a una tumba clandestina donde se encontraron los cuerpos de muchos soldados republicanos que fueron asesinados durante o después de la guerra civil española.

Me detuve ahí unos minutos tratando de asimilar el encuentro. Había varios peregrinos y bicigrinos presentando sus respetos, hice algunas fotos del monumento y de los pensamientos que ahí estaban grabados, y cuando quise reanudar mi marcha mis piernas no me obedecieron, me retiré un poco del lugar y apoyado en los bastones me solté a llorar, el impacto del lugar y lo que ello significaba había tenido su efecto en mí, lloré y simplemente lloré por un buen rato hasta que me sentí con fuerza para continuar y así lo hice. Esos minutos los dediqué a mi padre, a mi tío Manolo y al resto de mis tíos que participaron en esa guerra.

MONUMENTO A LOS CAÍDOS

A los pocos minutos, estaba en una zona boscosa caminando por un sendero muy amplio, y empezaron a aparecer árboles adornados o tallados con múltiples figuras tipo tótem, era una especie de recinto abierto para descansar y admirar. Del lado derecho había un lugar con más adornos, inclusive algunas sillas, había guitarras, troncos tallados, otros instrumentos, y una muchacha colgando unas hamacas: todo lo necesario para pasar un buen rato, además había un tablón al frente con diversos productos: frutas, sándwiches, panecillos, café, agua, dulces, etc.

Me detuve y le pregunté a la muchacha si tendría una Coca-Cola fría y me dijo que sí, se acercó a la cajuela de una camioneta y sacó una gran hielera, la colocó al lado de la mesa y me entregó una Coca-Cola bien fría, me dijo además que podía tomar lo que quisiera de la mesa, me ofreció una banana y me la comí ahí mismo, le pregunté qué significaba ese espacio y me dijo sencillamente "significa el ahora, significa el aquí y el ahora, así que disfrútalo".

Esa respuesta me cayó muy bien: el aquí y el ahora. Le pregunté cuánto le debía y me dijo que lo que fuera mi voluntad, tenía una caja de madera sellada para dejar ahí mi donativo. Pasar por ahí fue como una recarga de energía y de encuentro con la bondad de la gente.

En San Juan de Orzaga me detuve un rato para ver la Capilla de San Nicolás de Bars del siglo XII, que para hacer una capilla era bastante grande y muy bien conservada. El camino seguía y yo continuaba acompañado de los rayos del sol hasta llegar a Agés, población que para muchos representa el fin de la etapa, salvo para los que queríamos llegar a Atapuerca, me tomó cuarenta minutos más llegar de Agés a Atapuerca y llegué rendido.

Antes de entrar al pueblo, del lado izquierdo de la carretera hay unos monolitos de piedra, ocho o diez, más o menos, y yo pensé que tenían algo que ver con el sitio arqueológico. Ya después supe que no era así, me enteré de que habían sido colocados por los pobladores después de una especie de concurso o algo así, que se había organizado hace algunos años y los habían dejado como recuerdo de éste.

Atapuerca es un pueblo muy pequeño, no más de seis u ocho cuadras de tamaño, el albergue resultó ser cómodo y práctico, construido con módulos pre-hechos y con un gran jardín. El lugar estaba dividido en dos partes, el albergue propiamente dicho y una zona de hotel, con cuartos individuales, yo me quedé en la zona de albergue y lo primero que pregunté fue por el recorrido a las ruinas, me explicaron que salía un camión a la entrada del bar del pueblo a las cinco de la tarde para llevar a todos los interesados, también pregunté por el *Wi-Fi* del albergue y curiosamente me dijeron que no tenían, pero que afuera del albergue sí había *Wi-Fi* y era libre. Hice mi rutina diaria: mi baño, mi lavada de ropa, la cual tendí en un gran tendedero que estaba en el patio, y me fui al único bar que estaba abierto, ya me desvié con la canción, no, el único bar del pueblo, creo. También pregunté ahí por el *Wi-Fi* y me dijeron lo mismo, que dentro del bar no había *Wi-Fi,* pero afuera sí, curiosamente todo el pueblo en la calle tenía *Wi-Fi* libre y los negocios ya no se molestaban en contratar el servicio. En el bar me comuniqué con mis amigas inglesas y me dijeron que casualmente llegaban ese día también a Atapuerca, otra coincidencia, quedamos de vernos a las siete para cenar en un restaurante del pueblo.

Mientras comía algo, comenzó a llover, y como para tener acceso al *Wi-Fi* tienes que estar afuera, mientras llovía era difícil estar conectado. Terminé de comer y regresé al albergue para ver si alcanzaba a descolgar mi ropa antes de que se empapara. Cuando iba llegando al albergue, me di cuenta que no traía el pequeño morral que cargaba con mis documentos personales y mi fondo de reserva, ya que no lo dejaba en la mochila, y me regresé a paso veloz al bar que estaba a dos cuadras. Afortunadamente, el morral estaba colgado en la silla donde comí, lo tomé y me fui nuevamente para el albergue. Alguien ya había recogido toda la ropa, la hospitalera amablemente nos hizo el favor de recogerla y meterla en el cuarto de las botas en unos tendederos portátiles, ahí quedaba resguardada de la lluvia.

Cuando entré al albergue para agradecerle, la hospitalera ya no estaba y había dejado un recado de que regresaba hasta el otro día, que si se ofrecía algo urgente dejaba un número de teléfono, algunos peregrinos se quejaron de eso, pero la verdad es que si no había servicio de alimentos ni bebidas en el albergue, la hospitalera estaba de más una vez registrados todos los huéspedes. Antes de regresar al bar para tomar el autobús, me encontré con Yugari, una amiga peregrina de Japón con la que había coincidido en Pamplona y en Nájera, y le había perdido la pista en Logroño. Me dio gusto encontrarla y la invité para que fuéramos juntos a la zona arqueológica, pero ya que me iba me dijo que prefería quedarse a descansar.

En el bar me encontré también con una amiga australiana, Amelia, con la que también había coincidido en un par de ocasiones, ella se quedó tomando un trago en la terraza del bar. Tomé el autobús y aproveché para decirle a mis amigas británicas que era probable que no estuviera de regreso a las siete para cenar porque me iba a la excursión al sitio arqueológico, que mejor no me esperaran.

El autobús llevaba una guía e íbamos como quince personas, primero nos llevaron al Centro Cultural de Atapuerca, como a quince minutos del pueblo, y ahí nos vendieron los boletos para la zona arqueológica y nos dieron unos minutos para que viéramos la exposición que tenían montada, ya que era una especie de museo, bastante bien curado, de hecho, faltó tiempo para verlo con detalle. Ya cerca de las seis de la tarde, nos condujeron de nuevo al autobús para llevarnos a la zona arqueológica a unos veinte minutos más, donde nos recibió una arqueóloga que lidera uno de los grupos de investigación. Ella nos condujo por la zona, dándonos explicaciones bastantes y suficientes en tres de los yacimientos en los que actualmente están excavando y teniendo hallazgos importantes.

Nos explicó, entre otras cosas, la forma en que trabajan, cómo dividen los espacios en cuadrículas de un metro por un metro, la meticulosidad y detalle que deben tener con el trabajo que hacen, al grado de explicarnos que toda la arena que remueven es empacada, identificada la cuadrícula de donde se obtuvo, y enviada a Logroño para su clasificación, separación y estudio por un grupo de expertos.

YACIMIENTO EN ATAPUERCA

Fue una visita de lo más interesante, y lo mejor es que la lluvia nos permitió disfrutar porque se mantuvo ausente, los que reclamaban obviamente eran los pies, ya que estuvimos parados casi una hora y media escuchando las explicaciones de la arqueóloga. Terminando, nos trasladaron de nuevo al pueblo, llegamos ya cerca de las ocho de la noche, sólo tuve tiempo para disculparme nuevamente con mis amigas británicas, recoger mi ropa un tanto húmeda, y acostarme a descansar.

Tuve la oportunidad de leer que en las inmediaciones de Atapuerca tuvo lugar en 1054 una batalla entre el rey de León y Castilla, Fernando I, y el rey de Navarra, Don García, en la que falleció este último.

Del pueblo no vi mucho, sobre todo por la lluvia y porque la prioridad para mí, como les decía, era visitar la zona arqueológica que bien valió la pena.

Post de Facebook: *"Hola a todos, esta reseña será breve, no porque no tenga material, que lo tengo y de sobra, sino porque el Wi-Fi solo funciona en las calles (el albergue no tiene) y hace frío y comienza a llover, así que les prometo doble mañana. Hoy solo les adelanto que fue una jornada larga de treinta y tres kilómetros con mucho sol, subidas y bajadas y mucho tiempo para pensar y dialogar con la sombra y con los pies. La gripa se niega a abandonarme, creo que ya me quiere. Surgieron ideas que les contaré mañana, vayan pues unas fotos y hasta mañana."*

Etapa 12: ATAPUERCA – BURGOS

9 de junio de 2017

19.83 km

Esta etapa la inicié a las seis de la mañana, todavía a oscuras, pero para mí era importante salir temprano para llegar a asegurar lugar en Burgos, ya que no había podido amarrar mi reserva y yo quería quedarme dos días. Tenía un hostal previsto para visitarlo apenas al llegar. La gripa seguía siendo una fiel compañera y yo sentía que ya se me iba a quitar, yo creo que era más bien un deseo que una sensación.

He aquí lo que grabé esa mañana con la voz ronca:

"Bien, pues hoy muy temprano a las seis de la mañana y cachito damos inicio a la jornada de hoy (sic), anoche llovió aquí en Atapuerca, un gran día porque tuve la oportunidad de ir a ver los yacimientos que están investigando los arqueólogos y un gran equipo de gente, fue muy interesante, me voy sin desayunar porque abren hasta las seis y media, prefiero ganar camino. ¿Para qué? Para agarrar albergue porque en Burgos no se pudo reservar y yo me quiero quedar dos días en Burgos, entonces llegaré temprano para asegurar el albergue, me siento bien, la gripa parece que ya se va a quitar, le queda un día más de vida, la garganta estuvo mejor, pasé buena noche, con ronquidos y todo, pero no tanto como para molestar tanto o impedirme dormir a ratos, espero seguir bien la ruta porque no se ve nada, todavía está oscuro, así que espero no, no equivocarme en ningún momento, bye".

Cuando salí del albergue, el pueblo estaba bastante solitario, no se veía ni un alma, además estaba muy oscuro y con neblina, conforme iba avanzando por una pendiente la neblina se hacía cargo de ocultar casi todo lo que había a mi alrededor, la senda era larga y ancha y bastante empinada, la neblina se abría y cerraba conforme iba avanzando.

Cuando la subida comenzaba a pasarme factura, vi a lo lejos la silueta semioculta de una cruz en medio de la nada, seguí subiendo impulsado por las ganas de llegar a ese punto y cada vez la veía más cerca y un poco más clara, ya quería detenerme un momento para recuperarme de la subida y reflexionar un poco, el lugar invitaba a ello cuando llegué: El lugar, el simbolismo de la cruz, el momento, la niebla, la soledad, todo era especial además un letrero en el lugar decía: "Desde que el peregrino dominó en Burguete, los montes de Navarra y vio los campos dilatados de España, no ha gozado de vista más hermosa como esta".

Para mí fue uno de esos momentos mágicos que el camino me regalaba. Después de unos minutos, busqué flechas, alguna orientación o una senda para saber hacía adónde debía continuar y no las encontraba, estaba parado en una especie de explanada natural y no había señales. Acudí a mi guía electrónica para saber y ahí había un *tip* que decía que a la izquierda de la cruz había una cerca metálica y que había que caminar a un costado de la cerca hasta encontrar nuevamente el camino señalado, así lo hice y después de una hora ya estaba llegando a la primera población y así continué mi camino.

UNA CRUZ EN EL CAMINO

Había dos opciones para llegar a Burgos: caminar por la ruta tradicional y atravesar el árido y aburrido polígono industrial, o tomar el paseo fluvial del Río Arlanzón, que si bien no es parte del camino tradicional, se ha hecho popular por ser una opción más atractiva para el peregrino. Decidí tomar esta opción, que es un recorrido como de 8 kilómetros a la orilla del río, estaba lleno de gente haciendo ejercicio, corriendo, en bicicleta, en patines, había de todo, vi muchas personas mayores caminando, creo que este paseo es un verdadero agasajo para los habitantes de Burgos, ya que está lleno de naturaleza, está muy bien arreglado y es bastante amplio para los que van y para los que vienen.

En cierto momento me detuve a descansar, ya llevaba más de cuatro horas de camino y en tanto liberaba mis pies y les daba algo de reposo me puse a observar a las personas que pasaban, la gran mayoría no eran peregrinos, si acaso un cinco por ciento lo eran, los demás eran habitantes de Burgos que estaban aprovechando su mañana para pasear o ejercitarse un poco. Casi a las 11 de la mañana llegué a Burgos, lo primero que hice fue detenerme en una farmacia para volver a surtirme de remedios para la gripa y la tos, salí con un cargamento médico completo y además me regalaron unas muestras de unas cremas para mis pies.

Al llegar al centro, caminando siempre junto al río, comencé a apreciar la grandeza de la ciudad, de sus edificios y plazas, y el primer vistazo que di a las torres de la catedral me dejó impresionado. Antes de distraerme más, me dirigí al hostal que se encontraba a un lado de la terminal de autobuses, afortunadamente encontré un lugar para las dos noches, en una habitación compartida con otras cinco personas, me dijeron que la llave me la podían entregar hasta la una de la tarde, pero que mientras me podían resguardar mi mochila en lo que iba a desayunar.

Salí y sobre la misma calle encontré un mercado muy bonito y más adelante encontré un bar bastante ambientado, lleno de lugareños, mucha gente vestida de traje, almorcé rico y de ahí pasé a dar una vuelta por el mercado que me sorprendió por lo limpio e iluminado que estaba. En una barbería pregunté por el costo de un corte de pelo y barba y me decidí por ir a la parte de arriba del mercado donde había un super y comprar unos rastrillos y crema de afeitar.

PUERTA DE SANTA MARÍA
EN BURGOS

Regresé al hostal y tardaron un rato en atenderme porque había un grupo de *skaters* americanos que se estaban registrando y que habían llegado para una competencia en la ciudad. Por fin me dieron mi llave y me dirigí a mi habitación, me tocó litera de abajo, el cuarto estaba solo así que me acomodé con toda calma, teníamos un baño justo enfrente de la habitación y aproveché para bañarme y para rasurarme la cabeza, ya que no lo había hecho desde que inició mi viaje, la barba no me la pude quitar porque estaba bastante más crecida que el pelo y mejor esperaría a que me la quitaran en una barbería más económica que la que había encontrado hacía unos minutos, ya que ahí me cobraban veinte euros por cortarme la barba y quince euros por cortarme el pelo, se me hizo muy caro. Con eso tenía para rasurarme todo el viaje por mi cuenta y me sobraba.

Como no había área de lavado de ropa a mano, sólo lavé lo más indispensable, y la playera y el pantalón los dejé sin lavar. Descansé un rato en mi litera y antes de salir a caminar y a conocer el museo de Burgos, que estaba casi enfrente del hostal y para el cual tenía un boleto de entrada de cortesía que me habían dado en el museo de Atapuerca, pasé al comedor del hostal para conocerlo, y me llevé la gran sorpresa de que ahí estaban preparando su *lunch* mis tres amigas británicas, con las que no había podido cenar la noche anterior, qué coincidencia nuevamente. Nos saludamos con mucho gusto y celebramos la coincidencia de encontrarnos otra vez no sólo en la misma ciudad si no en el mismo hostal, me invitaron parte de su *lunch* y me comí un bocado con jamón serrano, que era lo único que tenían, y acordamos vernos para cenar juntos esa noche, ellas terminaban su recorrido en Burgos y al otro día viajaban de regreso a Inglaterra.

Yo me despedí y me fui a conocer el museo de Burgos, un enorme lugar con una gran cantidad de piezas de cuando Burgos estuvo ocupada por los romanos y de los diversos asentamientos que ha habido en toda la región. Después de un rato de estar recorriendo el museo, me comencé a sentir mal, mareado y sin ánimo alguno, una gran pesadez en el estómago me acompañaba y de repente me sentía tremendamente cansado, me preocupé y corté mi visita al museo y me fui a mi habitación a tratar de descansar, pero me seguía sintiendo mal.

Me comuniqué con Tere para compartir con ella mi estado y me recomendó que no comiera nada, que mejor me mantuviera tomando té y cuando mucho algo de fruta y que si me seguía sintiendo mal pues que fuera al médico. Me dormí un rato y luego fui al super a comprar una caja de té y bajé al mercado a comprar algo de fruta, kiwi y manzana. Cancelé mi cena con mis amigas inglesas y ya no salí el resto de la tarde. Parecía que mis días de descanso se convertían en días de convalecencia.

Llegaron dos de mis compañeros de habitación, eran un par de españoles bastante escandalosos, pero se fueron pronto porque se iban de fiesta; llegaron otros de los ocupantes y resultó que una de las literas estaba asignada doblemente y se dio una discusión, era obvio que tenían un descontrol con la asignación de las camas, afortunadamente yo no me vi afectado y no tuve ni siquiera que levantarme de mi litera; otro compañero se tuvo que ir a otra habitación a media noche. El mareo se me había pasado y pasé una noche regular, me molestaba el estómago, la gripa y la tos, además me sentía muy pesado, concluí que había llegado a mi límite de consumo de jamón serrano, ya no tenía intención de comer ni una vez más en el resto del camino.

Post de Facebook: *"Bien, lo prometido es deuda, ya estoy en Burgos, ya estoy instalado y tengo Wi-Fi, así que les platicaré algunas cosas del recorrido de ayer. Fue el trayecto de Belorado a Atapuerca, etapa 11 de mi programa. Una etapa larga, llena de reflexiones y quizás algunas conclusiones, temporales seguramente. Empecemos, pues.*

Salí bastante temprano, porque desayuné rápido al haber comprado suministros la tarde anterior. Fue una jornada en solitario, salvo un encuentro con Itzia, de Hungría, que estaba tomando un descanso, lo que quiere decir que salió antes de las seis, ¡uff! Volvamos con la sombra, como les dije, estaba entusiasmada con tantos likes y comentarios y quería seguir de protagónica, hasta que en una foto determinada (la pongo en este post) se quedó silenciosa, silen-

ciosa y me dijo 'tienes razón, ya me di cuenta que tú y yo somos uno mismo' al principio pensé, 'uchale, ahora se va a poner cursi', pero me puse a pensar y en efecto la sombra es parte de nosotros, sin nosotros nuestra sombra no existiría y del mismo modo, son parte de nosotros nuestros pensamientos, positivos y negativos, y nuestras emociones, nos acompañan a donde sea, nos hacen ser quienes somos y de nosotros depende y solo de nosotros saber controlar o administrar o llámenle como quieran, nuestros pensamientos y emociones, porque ellos y nosotros somos uno mismo. (Ahora el cursi parece que soy yo).

Al final, le dije a la sombra: 'te voy a seguir tomando fotos con una condición'. '¿Cuál?', me dijo. 'Sonríe', le contesté. 'Jajaja, jaque mate'. Bueno, no mate, seguirá conmigo y seguirá apareciendo de vez en vez. Otra parte importante de la jornada fue el paso por un monumento a los caídos en la guerra civil, éste se levanta junto a una fosa común donde fueron encontradas muchas personas fusiladas. Fue un momento especial, me detuve, presenté mis respetos, observé a otros peregrinos que se detenían y cuando quise reanudar mi camino sentí una opresión en el corazón y unas ganas terribles de llorar, no podía caminar, no podía procesar lo que sentía solo me agarraba del recuerdo de mi padre, de mi tío Manolo y del Tío Antonio que aparece en una de las fotografías de la familia. Fue algo impactante.

No sé ni de dónde vino, estuve detenido un rato apoyado en los bastones y poco a poco me fui serenando y pude continuar. Un poco más adelante, en una senda muy ancha se veía como una especie de campamento con hamacas y muchas figuras de madera adornando el lugar, había una muchacha y tenía bebidas, comida, agua, muchas cosas para los peregrinos y los ofrecía a cambio de lo que quisieras aportar. Le pregunté '¿y todo esto qué representa?', y me dijo 'este momento, el aquí y el ahora'.

Me tomé dos vasos de Coca-Cola bien fría (hacía calor, no me regañen por la gripa) y le dejé mi voluntad, como dicen aquí, y le dije que era un sol. Durante el día también vino a mi cabeza una idea que voy a plantear en un post por separado y que tiene que ver con el proyecto en el que estoy participando con mis amigos, Laura Quevedo, Alejandro May y Heidi García para poner una ludobiblioteca para niños y jóvenes en el ejido Colima.

La jornada no terminó con la llegada a Atapuerca, pueblito al revés, donde el Wi-Fi está en las calles y no en los negocios. Suena bien mientras no llueva, jajaja. Ayer llovió, jajaja.

Cerca del poblado hay un yacimiento donde se han encontrado restos humanos de más de 900 mil años de antigüedad y es sumamente relevante todo lo que han hallado. Así que me apunté a un tour por la tarde, a costa de mi descanso, y bien que valió la pena. Visitamos tres yacimientos que estaban en excavación y no explicaron un montón de cosas de lo que han hallado y cómo. Bien interesante, ahora en Burgos hay un museo de la evolución que visitaré mañana. Les dejo unas fotos del lugar. Bueno, pues a reserva de que después les ponga el post con la idea para la ludobiblioteca, los dejo con algunas imágenes de lo que les he narrado. Compartan.”

**LA SOMBRA,
MI FIEL COMPAÑERA**

DÍA DE DESCANSO EN BURGOS

10 de junio de 2017

Me levanté a las siete de la mañana, me preparé un té en el comedor, y me fui a caminar y a disfrutar de la ciudad sin gente, bien valía la pena pararse temprano. Tuve la oportunidad de tomar buenas fotos y de andar a mi paso, sin prisas ni aglomeraciones, pude apreciar la puerta de Santa María en todo su esplendor con la luz del sol saliente, dando en su parte anterior, y las magníficas torres de la catedral en el fondo, caminé alrededor de la catedral y me di cuenta de lo enorme que era.

La plaza mayor es grande, valga la redundancia, a esa hora estaba limpia y sin gente se apreciaba mejor, de ahí me dirigí al castillo de Burgos, que está en la parte alta de la ciudad. Fue un subir y subir que ya me estaba arrepintiendo. En una parte de esa subida encontré un mirador espectacular, la ciudad toda a mis pies desde el mirador, construido en semicírculo, se apreciaba en todo su esplendor la ciudad de Burgos al amanecer y los campos que la rodeaban, además en el mismo lugar había una gran maqueta de bronce, también semicircular, donde se reproducían sobre relieve los edificios y monumentos de la ciudad y estaban alineados con los reales, dando un efecto muy especial conforme te desplazabas viendo en la maqueta el nombre del monumento o del edificio y lo veías grabado en bronce mientras levantabas la vista y lo tenías frente a ti en su versión real. La idea me pareció muy buena y muy bien realizada. Después de un buen rato que pasé en el mirador continué mi ascenso hacia el castillo, cuando llegué iba con toda la ilusión de poder verlo de cerca y entrar de ser posible, lamentablemente todo el perímetro del Castillo estaba rodeado con una barda cerrada y muy alta. La hora de apertura para visitarlo era hasta las once de la mañana, si es que quería visitarlo tendría que volver a subir esa gran cantidad de escalones que acababa de subir, al ser mi día de descanso de plano lo descarté.

Bajé de nuevo a la zona de la catedral, la vi desde otros ángulos y pasé a visitar por fuera el albergue municipal, que es un edificio muy antiguo y bonito de la ciudad, para ese entonces la ciudad ya había despertado. Antes de las nueve, ya estaba de nuevo en la plaza mayor esperando a que abrieran la catedral. Fui de los primeros en ingresar y ahí me encontré nuevamente con mi amiga, Yugari, de Japón.

En esta ocasión contraté la guía de audio y bien valió la pena, la catedral es monumental y llena de tesoros e historias sorprendentes, destaca entre muchas cosas la capilla de los Condestables del siglo XV que por su tamaño y lujo es una verdadera catedral dentro de la catedral, resulta increíble. También resultó emotivo estar ante la tumba de Don Rodrigo Díaz de Vivar, el Cid Campeador, y de su esposa, Doña Jimena.

Observé sus cúpulas, sus vitrales, toda ella es sorprendente, caminarla escuchando la guía de audio te permite entender muchas cosas que de otra forma no podrías percibir, me tocó estar en una de las alas de la iglesia donde unos curas recibían a un grupo muy nutrido de motociclistas que habían ido para recibir la bendición para ellos y para sus motos, era curioso ver a esos personajes, hombres y mujeres grandotes, rudos, mal encarados casi todos con trajes de cuero con sus grandes botas, sus cascos etc., recorriendo la catedral a la espera que iniciara la ceremonia de la bendición de sus motos.

Estuve un par de horas en la catedral y ya me quería regresar a descansar un rato, aproveché para comprar un par de cosas que necesitaba y me fui a mi habitación a acostarme un rato, porque en la tarde tenía toda la intención de visitar el Museo de la Evolución, que era el complemento perfecto de mi visita a los yacimientos de Atapuerca.

Hasta ese momento no había tomado nada más que el té y muy poca fruta, mi estómago ya estaba mejor. Cuando me estaba preparando otro té en el comedor y comiendo algo de la fruta, llegaron Tricia, Hillary y Andrea y aproveché para despedirme de ellas.

Más tarde, después de descansar otro rato, me fui al museo, caminando para no variar, definitivamente ya me sentía mejor y tenía hambre. La visita al museo me gustó mucho también, y seguí aprendiendo mucho del tema; el museo era enorme, al menos cuatro grandes pisos, y muy moderno.

Muchas de las piezas originales encontradas en Atapuerca estaban exhibidas ahí, así como muchas otras cosas más, sin embargo, mis piernas no tenían ánimo de recorrerlo todo, así que seleccioné las salas más relevantes y esas fueron las que visité. Cuando salí era mala hora para buscar algo de comer, además de que no me sentía tan confiado para comer mariscos o algo pesado, así que opté por buscar un lugar donde vendieran pasta y eso fue lo que comí.

Caminé un poco más por la orilla del río, recorriendo los bares y viendo a la gente del lugar disfrutando del fin de semana, y me fui temprano a dormir para estar listo al otro día y reanudar mi camino después de este espléndido día de descanso. Me sentía mejor y eso me animaba.

**LA CATEDRAL DE BURGOS
DESDE EL MIRADOR**

Ahora mi *post* en Facebook fue doble porque ayer quedé a deber el de Atapuerca, así que aquí les va, si me repito, pues, ni modo: *"Hola otra vez, espero no estar saturando sus espacios de lectura facebookiana. Les comentaba que tenía dos escritos pendientes, el de la idea que se me ocurrió ayer sobre la ludobiblioteca Ceiba y que quiero poner a su consideración y el relato del recorrido de hoy. Vamos pues con la ludobiblioteca:*

Como algunos ya saben e inclusive ya cooperaron, un grupo de cuatro amigos nos hicimos el propósito de habilitar una ludobiblioteca para 150 niños y jóvenes del ejido Colima en Cunduacán. A grandes rasgos el proyecto consistirá en construir, equipar y dotar de juegos y libros el lugar. Para más información pueden entrar a la página de Facebook CEIBA Ludobiblioteca.

Bueno, vamos con la idea, no se pongan nerviosos, esto será voluntario, como deberían ser la mayor parte de nuestras acciones: en concreto, la idea es que quiero poner a la venta los pasos que he dado en cada etapa del Camino de Santiago, siii, ponerlos a la venta, con la garantía dada por mi palabra de que el 100% de lo que se recaude será utilizado en la Ludobiblioteca Ceiba. ¿Y qué significa eso se preguntarán uno o dos curiosos? Significa que pueden comprar diez mil pasos de la etapa que decidan por solo doscientos pesos ¡wow! ¿Tan barato? Así es, solo dos centavitos el paso. Pero esto se pone mejor.

Si alguien quiere ponerse realmente guapo(a) puede comprar una etapa completa por solo quinientos pesos tengan en cuenta que estarán ayudando a niños de muy escasos recursos a tener acceso a un mundo de cultura, juego, diversión y entretenimiento, que de otra manera no tendrían nunca. Va un ejemplo de cómo operaría: Etapa 1 Saint Jean Pied de Port treinta y ocho mil novecientos ochenta y cuatro pasos.

Si alguien quiere diez mil pasos o más, me avisa y se los aparto y por inbox le doy mi número de cuenta para que depositen. Si alguien quiere la etapa completa, pues tiene que apurarse para que no se la ganen. Me avisa con un comentario y el primero que la pida, se la lleva. Si alguien ya había comprado una parte, podrá optar por otra etapa. Lo importante es ayudar. ¿Qué se llevan a cambio? Un certificado de propiedad debidamente foliado y una fotografía de la etapa con la firma de la sombra. Y el agradecimiento de los niños ¿Alguna duda? Pregunten ¿Alguna sugerencia? Háganla.

Si alguien quiere cooperar con bienes, libros, juegos, sillas, mesas, pues dígalo y les mando una fotografía de la etapa que elijan. Para tener acceso a los pasos es con dinerito, ¿es razonable no creen? Bueno, pues ahí está la idea. La etapa de más pasos ha sido la de ayer (11) de Belorado a Atapuerca con 44,815 y la de menos pasos ha sido la de hoy (12) de Atapuerca a Burgos con 31,239 pasos. Pues ahí está, ahora veamos la respuesta de ustedes. ¡Que cosas se le ocurren a uno caminando!

Así van las etapas de mi Camino de Santiago. Esta lista la iré actualizando conforme avance y conforme se vayan vendiendo las etapas."

No les voy a publicar aquí la lista de cómo fue avanzando la venta de etapas, al final les presentaré como quedó el resultado de esta idea.

Etapa 1: Atapuerca-Burgos

"Nota: Esta es la reseña que puse en Facebook de la etapa que les debía por la falta de Wi-Fi. Va la breve reseña de la etapa de ayer y con esto me pongo a mano. Una etapa corta y supuestamente tranquila. Inicié muy de mañana (6 am) porque tenía que llegar temprano a buscar albergue para dos noches (en los albergues públicos solo permiten quedarte una noche). Así que todavía un poco oscuro, con mucha niebla y frío. Inicié siguiendo la carretera que me llevó a Atapuerca. La verdad es que no me gusta nada caminar sobre la carretera, porque ni acotamiento hay, algunos tramos son así, como a los dos km de haber iniciado la señal marcaba seguir una senda empedrada, que comenzó a ascender de inmediato.

Neblina, nublado, frío y piedras son una buena forma de despertar (no para la sombra, que no aparecía ni por equivocación). La visibilidad era muy limitada y había que ir muy atento a la señalización, escasa, de repente volteo hacia la cima de la subida y veo, entre la niebla, una cruz, fue impactante, no lo esperaba.

Y fue como si te dijera, bien hecho, has llegado a lo más alto. Eso me inyectó ánimo a pesar de que llegué jadeando como perro cuando corretea ciclistas, ya llevaba como dos horas y ni un peregrino a la vista.

Había que ir muy atento porque esta ruta tiene opciones, la tradicional y purista, que va por carretera y entra a la zona industrial de Burgos y una alternativa que te lleva por el campo en un primer desvío y en un segundo te lleva a la vera de un río. Antes del primer desvío vi a dos peregrinos brasileños y se quedaron atrás de mi, pero los venía escuchando. Al llegar al desvío, lo perdí de vista y me seguí de frente por la carretera. Al poco rato ya no escuchaba las voces y me detuve y nada, no estaban atrás de mí.

Traté de consultar mi guía cuando vi venir a otra peregrina y le pregunté por el desvío del río y me dijo que no sabía de ningún desvío y le expliqué y ya que la pescó, me dijo que vio a una pareja dar vuelta a la izquierda más atrás.

Decidí regresarme y ella se regresó conmigo, al fin encontramos el desvío y continuamos, ella me liberó de seguir a su ritmo que era más lento y me seguí, se llamaba Oxana, de Rumania. Más adelante alcancé y rebasé a los brasileños y llegué al pueblo donde se tomaba el otro desvío, la guía recomendaba preguntar en el pueblo y comer algo ahí. Pues lo primero sí se pudo y lo segundo no porque abrían a las nueve el bar y ya había esperado casi veinte minutos y nada que abría.

Ni los empleados podían entrar. Decidí continuar con dos yemas, para no atrasar mi llegada a Burgos. El desvío valió la pena una zona boscosa, a la orilla de un río. Hasta conectar con un parque gigantesco que te lleva a la Ciudad y te encuentras mucha gente caminando y en bicicleta fueron como tres o cuatro kilómetros de parque. Por fin llegué a la ciudad, pasé a un centro naturista para ver que me daban para la gripa y llegué al Hostal (sic). El centro de Burgos es fascinante, en algunas calles parece que entras a la Edad Media.

Desayuné, me registré, me di un buen baño, y me fui a ver el museo de Burgos del cual ya puse algunas fotos. Hoy me fui a recorrer la ciudad y la Catedral que es gigantesca e impresionante como ninguna he visto. Van pues fotos de ayer y de hoy. Saludos y compartan. PD: Burgos es la Ciudad de Rodrigo Diaz de Vivar, El Cid Campeador."

Etapa 13: BURGOS – HONTANAS

11 de junio de 2017

31.37 km

A las seis y poco de la mañana ya estaba en camino, todavía había muchachos en la calle terminando la fiesta de la noche anterior. El encargado del hostal me recomendó caminar por un costado del río en lugar de hacerlo por las calles que señalaba la guía, en algún punto confluyen las dos rutas, así lo hice. Así sonaba mi audio de esta mañana: *"Ya estamos saliendo de Burgos, son las seis de la mañana, inicio mi camino rumbo a Hontanas, encuentro muchos muchachos que están de fiesta en la calle o terminando la fiesta del sábado, también en Burgos celebran muchas despedidas de solteros, hay bastante gente en la calle, me imagino que los acaban de sacar de los bares y de los antros, cough, cough (tos)… Me paré un poco, parece que la gripa ya se está quedando, aunque llevo tos, nada más, pero parece que la gripa se queda atrás, bueno, buen día".*

Como decía, me fui caminando por el costado derecho del río donde me encontraba grupetos de muchachos y muchachas que seguramente iban de regreso a sus casas. El andador que hay al lado del río es muy amplio con partes de tierra, partes arboladas y partes del jardín, mediría como unos con setenta metros de ancho, llegué al puente por el que tenía que cruzar el río y ahí iniciaba mi despedida de Burgos, ya para las siete de la mañana había dejado la ciudad atrás, dispuesto a caminar algo más de treinta kilómetros para llegar a Hontanas. El camino me volvía a ofrecer la oportunidad de estar conmigo mismo, rodeado de una naturaleza que te acaricia a cada paso. Casi sin darme cuenta llegué a Tardajos, que marcaba los primeros diez kilómetros de la jornada.

Debo reconocer que me gusta tanto caminar solo como caminar acompañado; si bien difieren ambas modalidades, las dos tienen sus cosas buenas. Al llegar a Rabé de las Calzadas, pude ver por primera vez unos enormes nidos en la parte alta de la torre de una iglesia, la iglesia parroquial dedicada a Santa Marina, más adelante pasé por una ermita donde se guarda una imagen de Nuestra Señora del Monasterio y ahí tomé una de mis fotos favoritas del camino.

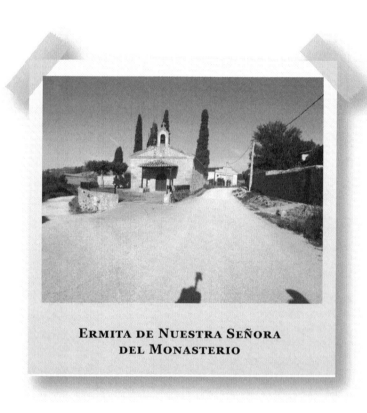

ERMITA DE NUESTRA SEÑORA DEL MONASTERIO

El calor era intenso y, como para ratificarlo, pasé por una población llamada Hornillos del Camino (y sí que parecía un hornillo). El poblado estaba solo, el sol caía a plomo y nadie salía de sus casas; las casas de adobe a ambos lados de la calle Real le daban un aspecto de poblado antiguo. Algunos peregrinos deciden cerrar su etapa aquí, yo tenía programado andar al menos dos horas más.

En una parte de ese camino árido, me tocó ver a una peregrina que despertó mi compasión y mi admiración, ya la había visto unos dos o tres días antes, iba sola, era alta y bastante pesada, calculo que al menos pesaba ciento diez kilogramos, llevaba una gran mochila verde como de setenta litros y por ello me llamó la atención la primera vez que la vi, por el tamaño y peso evidente de su mochila.

En esta ocasión iba caminando muy lentamente, sus botas colgadas por fuera de la mochila, iba andando con unas chanclas de baño de lo más inapropiadas, seguramente sus pies ya no admitían las botas, pasé junto a ella y antes de desearle buen camino vi su cara roja por el sol y sudando a mares, la saludé y su rostro se iluminó por instantes con una sonrisa y me contestó con un "buen camino" con acento europeo, se notaba que iba al límite, espero que haya podido continuar su camino sin mayores contratiempos.

La llegada al albergue fue un poco sorprendente porque estaba al inicio del pueblo, el ambiente se veía muy animado, había gente en el bar y ahí mismo te registrabas, en lo que esperaba me tomé una caña y ya que me asignaron mi litera observé que el albergue estaba construido a desnivel hacia abajo. Me tocó en el segundo nivel, justo abajo del comedor. Me instalé en mi litera y me fui a dar un buen baño, estaba empapado, el calor había apretado en serio.

UN DÍA PESADO

Luego de tomarme otra cerveza, que bien me merecía según yo, salí a lavar mi ropa en unos lavaderos que estaban a pleno rayo del sol, la ventaja es que la ropa se iba a secar muy rápido; mientras estaba lavando se acercó una señora española a hacer lo propio y me platicó que tenía varios caminos de experiencia y muy amablemente me hizo varias recomendaciones de lugares que ver y me recomendó mucho hospedarme en el Seminario Mayor en Santiago de Compostela. Le comenté que yo había reservado en el Seminario Menor y me dijo que estaba bien, pero que el Mayor era otra cosa, ya después investigué que el Seminario Mayor estaba casi enfrente de la catedral, pero las habitaciones no bajaban de cien euros la noche y casi siempre estaba lleno. Nos despedimos y me fui a la terraza a comer una ensalada y después me resguardé en mi litera hasta la hora de cenar, afuera hacía mucho calor.

En esta ocasión pagué la cena grupal del albergue y a la hora señalada me dirigí al comedor, un espacio pequeño con seis o siete mesas para cuatro personas y un arreglo de mesas para 12 personas que era el de la cena comunitaria. Me asignaron mi lugar en la mesa y poco a poco se fue llenando, habíamos personas de todos lados, me tocó sentarme, de un lado, con una pareja de Vancouver, que se llamaban Marie y Chris y cuando se presentaban decían que para no olvidar su nombre pensáramos en Merry Christmas (el truco funcionaba bien), frente a mí estaba sentado un señor de Dinamarca, y a mi lado derecho una señora francesa y enfrente su amiga también de Francia, también en el extremo opuesto de la mesa había dos vascos, con los cuales me encontraría después en varias etapas, y había personas de otros países.

Nos tocó un mesero un tanto rudo, yo diría que grosero, que no hablaba más que español y no hacía el menor esfuerzo de ayudar a las personas que no entendían el idioma, quizás había tenido un mal día. La cena transcurrió muy bien: primero, sirvieron ensalada, igualita a la que me había comido en la tarde; lo segundo fue una gran paella de pollo, bastante aceptable, acompañado todo con vino y agua; de postres había varias opciones, ahí me tocó hacerla de traductor con los canadienses, las francesas y el danés porque lo único que entendían de la carta era yogur, y el mesero parecía que tenía prisa. Cuando les expliqué las otras opciones que había de postre, todos cambiaron su decisión, cosa que no le gustó al mesero, al final de cuentas nosotros terminamos riéndonos, fue una cena agradable. De ahí me fui a caminar un poco para estirar las piernas y luego a preparar la mochila y a dormir.

Post de Facebook: *"Buenas tardes aquí y días allá y noches en acullá. Hoy fue la etapa de Burgos a Hontanas treinta y uno kilómetros programados que se convirtieron en treinta y dos en la realidad. La etapa inició muy bien, salí de Burgos a las seis de la mañana, porque era etapa larga y se esperaba calor, ambas cosas se cumplieron y con creces. Salir de Burgos es muy agradable en la ruta que me recomendaron en el Hostel, porque caminé a la orilla del río Arlanzón que divide la ciudad. Fueron como tres kilómetros por un bosque dentro de la Ciudad. Después se acabó la belleza. Salió el sol y el camino eran mesetas y mesetas de cultivos de cereales sin nada más que ver y sin sombra alguna. A los diez kilómetros paré en el primer pueblo a comerme algo de fruta y a rellenar mi botella.*

Había muchos peregrinos delante de mí y después me enteré de que algunos salieron a las cinco de la mañana o antes (y yo que me creía madrugador). La recomendación de la guía es que en estos caminos sosos, lo mejor es ir acompañado. Cosa difícil cuando cada quien lleva su paso y no quiere modificarlo. Como en el kilómetro once coincido tomando fotos con una muchacha de Italia de nombre Federica y nos acoplamos bien en el paso. Ella no hablaba casi inglés así que tratamos de hablar en italiano, jajaja.

Lo malo fue que más adelante alcanzamos a su papá y se quedó con él, así que continué solo. Descubrí que el calor excesivo no es bueno para pensar, la mente se me iba de un lado para otro sin poder enfocarme. En el siguiente pueblo (ahora solo hubo dos en 30 kilómetros) volví a parar a comer más fruta y rellenar mi ánfora. (Irónicamente el lugar se llama Hornillos del Camino) Los pies ya estaban tronados, más había que seguir. Así lo hice y por primera vez me llegó el pensamiento de qué diablos estaba haciendo ahí, con sol, con dolores, con gripa y tos si bien podía estar en casita leyendo ricamente.

Fue un pensamiento que se diluyó en cuanto levanté la vista y vi a una peregrina con una mochila impresionante, ella muy pesada también, con sus botas amarradas a la mochila y caminando con unas chanclas caseras poquito a poquito.

Ella debió haber salido a las cuatro de la mañana. Le deseé buen camino y me sonrió con una cara de cansancio tremendo. El pensamiento se fue o lo mantuve lejos, no sé. Después alcancé a otras dos italianas pero no pudimos acoplar el paso y me seguí solo de nuevo. El calor arreciaba, el agua se acababa, me comí mi último kiwi y esto se hacía eterno. Me imaginé que así pudiera ser el purgatorio. Faltando dos km encontré una sombra y me tiré en ella (agradecimiento a las sombras) iba a tomar mi último trago de agua cuando pasó un peregrino coreano y me lo pidió, se lo di. Al minuto llegó una de las italianas, Gloria, y se tiró en la misma sombra, ya no traía agua. Ella iba a esperar a su amiga que supuestamente traía agua y yo decidí concluir como fuera. Y concluí."

Vale la pena comentar que ese pensamiento de "qué diablos hago aquí" que en algún momento tuve durante esta jornada se debía a todas las condiciones que se conjuntaron ese día para hacerlo el día más difícil del camino hasta el momento. Comenzaba una onda de calor, sumamente irregular, que llegó a superar los cuarenta centígrados a la sombra, la escasez de sombras y de pueblos donde descansar, la falta de agua, los kilómetros acumulados, todo, todo parecía en tu contra, pero fue un lapsus que superé una vez roto el desencanto.

Etapa 14: HONTANAS – BOADILLA DEL CAMINO

12 de junio de 2017

28.39 km

Si bien la gripa se ha mantenido, ya no causa tantas molestias como la tos, que se ha incrementado. Anoche fue muy molesta tanto para mí como para mis compañeros de habitación, me sentía muy apenado con ellos. Hoy salí del albergue a las 5:40 de la mañana, porque se preveía un día con mucho calor y hay que ganarle un poco al sol. Estaba totalmente oscuro, opté por no sacar mi lámpara de minero, pero definitivamente fue un error.

Esto es lo que grababa ese día al salir: *"Cough, cough, buenos días, ahora saliendo de Hontanas, muy temprano, son las cinco cuarenta casi, que porqué tan temprano, para ganarle un poquito al sol, me toca una etapa larga de casi treinta kilómetros hasta Boadilla del Camino y será interesante porque vengo cansado, tuve mucha tos en la noche y no dejaba dormir a los demás ni a mí, pero llegaremos bien, buen día".*

Como me lo esperaba, en cuanto salió el sol, el día se tornó muy acalorado, antes de las siete la mañana ya estaba pasando por las ruinas del convento de San Antón, cuyos arcos se elevan sobre la carretera, dando lugar a una vista diferente a todas las construcciones que ya había visto en días anteriores, las ruinas son monumentales, el convento se fundó en el año 1146 y se trataban ahí a los enfermos de gangrena infecciosa, también fue un conocido hospital (se les llamaba "hospitales" a los albergues, "hospital" viene de "huésped") para los peregrinos que hacían el Camino de Santiago tanto de ida como de regreso. En sus muros exteriores se pueden apreciar unos grandes nichos que se usaban para dejarles alimento a los peregrinos que llegaban muy tarde al hospital y éste ya estaba cerrado.

El camino continúa para llegar a Castrojeriz, que yace a la falda de un cerro que está dominado en su parte más alta por un castillo que sólo pude ver de lejos. La carretera que me llevó a San Antón está dotada, en su costado izquierdo, por una gran hilera de enormes fresnos que se mecen al compás del viento y resulta una experiencia imponente caminar a un lado a ellos cuando sopla un fuerte viento, como fue mi caso.

Tristemente, uno de los fresnos está muy enfermo, sin una sola hoja, me detuve un rato junto a él y recordando a mi amigo, Noala Guerra, de Mexicali, le di un abrazo y le deseé que se recuperara.

Castrojeriz tiene varias iglesias importantes, mas no me detuve a verlas por dentro, me esperaba una fuerte subida y quería enfrentarla antes de que fuera mediodía y el sol estuviera todavía más fuerte. La subida fue intensa, los paisajes que se veían eran muy distintos a los que había visto en Navarra y en La Rioja, aquí prevalecía el amarillo sobre el verde, el cultivo de cereales se lleva las palmas y eso hace que todo cambie, inclusive hace que los kilómetros se sientan más largos porque al no cambiar el paisaje, uno siente que no avanza.

Ahí entrabamos a la temida y, famosa entre los peregrinos, zona de la meseta española: mucho calor, pocas sombras, largos caminos, sin pueblos intermedios. La subida me gustaba, puedo decir que son, un poco, mi fuerte y mientras iba subiendo y dejando peregrinos atrás, algunos porque no podían más y otros porque se detenían a tomar fotos, llegué a la parte más alta y un poco más adelante había una zona de descanso sombreada con árboles, tenía bancas y mesas de piedra, estaba llena de peregrinos descansando, comiendo algo y tomando aire, y vaya que había aire, el viento estaba intenso.

Me acomodé en una de los bancas, me quité la mochila y las botas y me dispuse a dar cuenta de lo que llevaba en mi bolsa, en eso estaba cuando una mujer se sienta frente a mí y nos saludamos en inglés, como ella no sacaba nada para comer, le ofrecí una manzana y la aceptó con gusto, nos presentamos y me dijo que su nombre era Gene, o al menos eso entendí y me comentó que era de Luxemburgo, también me presenté y seguí comiendo, luego me coloqué las botas, me eché la mochila a la espalda para continuar, y cuando me disponía a irme ella también se levantó y comenzamos a caminar juntos.

De inmediato nos acoplamos muy bien, platicábamos algo e igual teníamos largos tramos de silencio sin sentir incomodidad alguna, me platicó que ella estaba haciendo el Camino sola, pero que en Saint Jean se había formado un grupo de peregrinos con los que venía caminando, pero que desde hacía uno o dos días se habían venido quedando atrás. Así llegamos a la provincia de Palencia, cruzamos el puente del Itero del Castillo, que cruza el río Pisuerga y que fue construido en el siglo XII, y otro puente del siglo XVI, muchas de sus partes originales se conservan hasta la fecha.

En un tramo del camino, observamos que los sistemas de riego estaban operando y lanzaban unos chorros de agua enormes, algunos de los cuales caían sobre la senda por la que teníamos que caminar, por lo que Jeanne y yo nos preparamos para sortearlos sin mojarnos y cuando iniciamos la carrera, observé que se veía el arcoíris, y mi cuñada, Chuy, me había pedido uno o dos días antes que tomara una foto del arcoíris, así que le grité a Jeanne, *"Rainbow! Rainbow! I'm going to take a picture"* y me detuve a sacar el celular y hacer un par de fotos, ella solidariamente también se detuvo y obviamente ya no pudimos eludir el chorro de agua, nos moríamos de la risa, solo cubrimos como pudimos los celulares y a correr como chiquillos, risa y risa, fue un momento muy divertido.

EL ARCOÍRIS ARTIFICIAL

A la entrada de Itero de la Vega, hay una casa con una barda pintada con un muñeco representando un peregrino, una vieira y la flecha amarilla así como el saludo más bonito y significativo del camino: "Buen camino peregrino", del otro lado de la barda hay unos monos extraños comiendo hongos que no pude identificar (ni los hongos ni los monos).

Ambos dibujos son del mismo grafitero y nada que ver uno con el otro. En ese camino veíamos enormes sistemas de riego, un canal que corre a lo largo de toda la senda, todo bastante bien puesto para hacer la zona lo que se conoce como el granero de España y de buena parte de Europa.

Llegamos a Boadilla del Camino bajo un intenso sol, le comenté a Jeanne que tenía reserva en el albergue El Camino y hacía él nos dirigimos, el albergue está justo frente a la iglesia del pueblo y fuera de la misma está algo llamado Rollo Jurisdiccional, que es uno de los símbolos de esta población.

Llegamos al albergue donde a la entrada te reciben unas esculturas metálicas, una barda muy bien pintada como un mural y un jardín muy grande y bonito con una alberca de buen tamaño. Entrando, del lado izquierdo, están las habitaciones del albergue, pero nos dirigieron hacia el bar que es donde te registran, ya había mucha gente. Al llegar, le dije al encargado que tenía una reserva y una señora muy amable nos pide a Jeanne, a mí y a otros dos o tres peregrinos que estaban detrás que la acompañáramos, nos lleva al edificio donde están las literas y nos introduce en una de las habitaciones, como con quince literas dobles, nos permite escoger nuestras camas y yo elijo una cama de abajo y Jeanne prefirió una cama de arriba.

No nos pidieron documento alguno en ese momento, ni pago, ni la credencial, nada, solo nos dijo la señora aquí se instalan, se ponen cómodos y después se pasan al bar a pagar. Buena estrategia porque al ir a pagar lo primero que pides es una cerveza.

El ambiente en la terraza del bar y en la alberca era muy bueno, la gente platicando, muchos tomando el sol, salieron a relucir los trajes de baño y los bikinis y mientras me tomaba una cerveza, platiqué un rato con la pareja de Vancouver, Marie y Chris, que también estaba ahí.

Para comer, me senté con Amelia, la chica de Australia, y platicamos muy a gusto, me comentó que era de Melbourne, pero que ya no vivía ahí y le llamó mucho la atención que yo conociera Australia y particularmente Melbourne, le expliqué que mi hija había estudiado ahí un semestre en la universidad y eso me había dado la oportunidad de visitar su país.

Como el único lugar que tenía Wi-Fi era el bar y la terraza, casi todos nos manteníamos ahí o íbamos y regresábamos con frecuencia, yo salí a caminar un rato por el pueblo, pero no me encontré ni una sola persona y no había nada abierto, estuve un rato en un poyo (banca) fuera de la iglesia dándole mantenimiento a mis pies y más tarde encontré que la iglesia estaba abierta y pasé a conocerla y a que me pusieran el sello en mi credencial. Era una iglesia distinta a las otras que había visto, bastante rústica con el piso de tierra y bancas de madera también rústicas, la iglesia está dedicada a Nuestra Señora de la Asunción y fue construida en el siglo XVI. Charlé un rato con el encargado y me dijo que tenía que cerrar pronto y que abriría más tarde, después de las seis de la tarde.

Ya de regreso en el albergue les comenté a Jeanne y a Amelia para que se dieran la oportunidad de visitar la iglesia, ya que era lo único por ver en el pueblo, además del Rollo Jurisdiccional que estaba justo afuera del albergue. Este Rollo que es como una columna tallada en piedra, simboliza el poder jurídico que se le asignó a esa comarca para manejarse como un pueblo y ahí era donde los reos eran encadenados antes de ser juzgados.

La tarde se pasó lenta porque no había mucho que hacer, no recuerdo qué cené, lo que sí recuerdo es que compré algunas cosas de comer para el día siguiente: bananas, algo de beber y un poco de pan. En ese albergue me encontré con Federica, la italiana que estaba haciendo el camino junto con su padre y una tía, casi no platicamos porque ella dedicó toda la tarde a asolearse cual camaleón. Recogí mi ropa, preparé mi mochila y, para las nueve de la noche, ya estaba acostado buscando dormir.

Post de Facebook: *"Hola nuevamente, llegó la hora del relato de hoy. Etapa catorce (sic) de Hontanas a Boadilla del Camino. Hoy dejé la provincia de Burgos para entrar a la de Palencia. El recorrido se esperaba casi tan pesado como el de ayer, así que ahora inicié a las 5:30 de la mañana, para ganarle un poco al sol. Salir a oscuras no me gusta porque veo pésimo en la oscuridad. Afortunadamente salí con dos italianos que sabían el camino y me fui con ellos hasta una senda que no tenía pierde, ellos se alejaron, iban más rápido que yo. El día estaba nublado y con bastante viento, lo cual fue de agradecer, ya con luz, empecé a ver que había bastantes peregrinos delante de mí, eso significaba que habían salido mucho más temprano. Nos tocó enfrentar una subida como de dos kilómetros con pendiente de 11% promedio.*

Fue dura, al llegar a la parte alta la vista pagaba el esfuerzo. También fue muy interesante pasar por las ruinas de un hospital del siglo XVI, hospitales se les llamaba a los ahora albergues, porque trataban con hospitalidad a los peregrinos. Este tiene una particularidad interesante frente a él hay unas especies de alacenas donde los hospitaleros dejaban comida a los peregrinos que llegaban tarde y ya no podían entrar al hospital.

Casi en el kilómetro 20 tomé mi primer descanso, primera vez que camino veinte kilómetros sin descansar, ahí a la sombra de unos árboles hay unas bancas de concreto que te reciben muy bien. Comí algo de fruta y le obsequié mi manzana a una peregrina que se sentó junto a mí. A partir de ahí nos fuimos juntos, se llama Gene (Jeanne) y es de Luxemburgo. Ambos resultamos ser poco platicadores, así que nos acoplamos bien.

Paramos en el siguiente pueblo a desayunar algo y descansar los pies para el último tramo de ocho kilómetros bajo el sol, así lo hicimos y sufrimos el último tramo que resultó ser de piedra y eso lo hace más duro de andar. Llegamos al fin al albergue con la noticia de que ya estaba casi lleno. ¿A qué hora salieron todos esos peregrinos? Esto se está convirtiendo en una carrera por salir temprano a ganar albergue, no me hace feliz, jajaja."

Etapa 15: BOADILLA DEL CAMINO – CARRIÓN DE LOS CONDES

13 de junio de 2017

24.73 km

Iniciamos nuestro andar a las 5:30 de la mañana, Jeanne decidió salir conmigo, me volvió a platicar el detalle de que venía caminando con un pequeño grupo que conoció al inicio del camino, pero que por los ritmos del andar se habían separado. Toda vez que nos habíamos acoplado bien el día anterior, no tuve inconveniente en que continuáramos caminando juntos, menos ahora que íbamos a enfrentar la temida meseta, la cual se torna mucho más pesada si la haces en solitario. Esto fue lo que registré en mi grabación mañanera: *"Pisadas, pisadas, pisadas y más pisadas (ah, y canto de pájaros) treinta y cinco segundos si decir una palabra".*

El camino que tomamos este día corre paralelo a un amplio canal de riego, hasta llegar a la población de Frómista. El canal se construyó en el siglo XVIII y su finalidad era, en conjunto con la red fluvial, el transporte de cereales en barcazas tiradas por bestias de tiro que caminaban a las dos orillas del canal, función que concluyó con la aparición del ferrocarril, después se convirtió en un canal de riego.

Llegando a Frómista, se cruza el canal por un puente justo donde hay unas exclusas construidas para que las barcazas pasaran un desnivel de catorce metros, en ese punto el canal se ve impresionante cuando lo vas cruzando.

Aquí nos tomamos nuestra primera foto Jeanne y yo, ya para esos momentos teníamos claro, ambos, que nos habíamos acoplado bastante bien para caminar.

Nos tocó ver lo que yo llamaría un espectáculo mágico y otros, simplemente, llamarían un hecho de la naturaleza: en la parte alta de una torre metálica había un gran nido de cigüeñas y justo cuando estábamos tomándole una foto, el macho (supongo) inició una especie de danza en el nido, daba brincos y pequeños vuelos alrededor de su pareja, a mí me pareció de lo más bello y sorprendente, me encantaba que cada día nos recibieran las cigüeñas en los pueblos a los que llegábamos.

Amanecer en el Camino

A eso de las 7:30 de la mañana en la población de Los Campos, buscamos un lugar para desayunar y encontramos un pequeño hotel donde entramos, ofrecían un desayuno *buffet* muy sencillo: café, pan tostado, mermelada y jugo de naranja, lo tomamos con mucho gusto y ánimo y nos tocó ver una señora sola que me pidió ayuda para servirle su café y su jugo porque no le entendía cómo manejar las jarras que eran de bombeo, nosotros pensamos que se trataba de una huésped regular del hotel, calculo que tenía unos setenta y cinco años o más, la señora presentaba algunos problemas para hacer tareas relativamente simples, se le notaba inestable, no sé. Cuando nos despedimos, salimos al patio del hotel a tomar unas fotos de unos castillos en miniatura que tenían ahí exhibidos y al volver a pasar por la recepción para dirigirnos a la salida del hotel, vimos a la señora colocándose su mochila de peregrina y preparándose para salir, me dejó sorprendido y admirado.

Poco más adelante, pasamos por una gran arboleda que me dejó intrigado, llamó mucho mi atención porque era un rectángulo como de ciento cincuenta por cien metros con los árboles sembrados en perfecto alineamiento unos con otros, ambos pensamos que era una especie de estrategia para sembrar algunas cosas en los pasillos que formaban los árboles, quizás trufas, hongos, no sé. Varios días después otro peregrino, originario de Valencia, me dijo que esos sembrados de árboles se colocaban como rompe vientos.

Nos empezamos a encontrar tractores, equipo agrícola, carretas circulando por el camino, una muestra de la vocación campesina y agrícola de la zona, también en cada asentamiento humano veíamos cigüeñas o al menos nidos de cigüeñas. En algún punto, y casi sin darnos cuenta, ya íbamos caminando con otras dos muchachas, una era Federica, la italiana que se la pasó tomando el sol en el albergue anterior, y la otra era una americana, de Nueva York. La americana venía platicando con Jeanne mientras que Federica y yo veníamos por nuestro lado, pronto llegamos a un buen acuerdo: ella me hablaría en inglés porque quería practicarlo, había tomado un curso de inglés para aplicarlo en el camino, y yo le hablaría en italiano también para practicar lo que estaba estudiando, de esa manera nos corregíamos el uno al otro y mejoraba nuestra experiencia bilingüe. Nos gustó mucho platicar así, una divertida forma de practicar.

Federica me dijo que tenía dos hijas adolescentes de trece y quince años, que era maestra de yoga, y me volvió a decir que viajaba con su padre y su tía, pero cada quien caminaba por su lado y fijaban ciertos puntos de encuentro, de esa manera no se sentían obligados a andar todo el tiempo juntos. Llegamos a un lugar donde estaba la iglesia de San Martín de Tours, que tenía una zona con bancas y sombras donde nos detuvimos a refrescarnos y resguardarnos un rato, de ahí continuamos a Villalcazar de Sirga, donde nos tomamos una serie de fotos junto a una estatua de Pablo Payo, un mesonero que regentó un mesón y siempre les dio su apoyo a los peregrinos en los años 80, cuando la peregrinación en el Camino de Santiago comenzaba a salir de un período oscuro.

Desde ese lugar ya nos faltaban escasos seis kilómetros para llegar a Carrión de los Condes, en todo ese tramo no hubo una sola sombra y el sol ya estaba dándonos con todo. Justo a la entrada del pueblo, Federica se despidió porque iba a esperar a su padre, y la americana se despidió un poco más adelante, Jeanne y yo continuamos hasta el albergue del Colegio del Espíritu Santo, manejado por unas monjas, la mar de amables, y con unas instalaciones muy cómodas y muy limpias.

Fue el único albergue de los que me tocaron que no tenía literas, sólo camas individuales, y eso nos gustó mucho. La monja que nos recibió era muy pequeñita y agradable, ya bastante grande de edad, nos condujeron a una como sala de juntas, donde nos ofrecieron agua, nos pidieron nuestros documentos, nos estamparon el sello en la credencial, y nos explicaron cómo funcionaba el albergue. Un tema al cual le daban mucha importancia era que no se permitía salir antes de las seis de la mañana a efecto de evitar molestias a los peregrinos que querían dormir un poco más, y no se podía entrar después de las once de la noche.

Otra monja fue por nosotros para conducirnos a la habitación que estaba en otro edificio y nos explicó que todos los días había una misa para peregrinos, nos mostró las diferentes áreas de servicio que tenían: zona de lavado de ropa, cocina, área de tendido, etcétera y nos llevó a la habitación, nos mostró también en un patio, una puerta trasera que daba a la calle y que nos dijo que por ahí podíamos entrar y salir con toda libertad sin tener que pasar por la entrada principal del Colegio.

Como éramos los primeros en llegar, pudimos seleccionar las camas que nos parecieron mejor, cerca de las ventanas y con buró. Dejamos nuestras cosas y después de bañarnos y de lavar nuestra ropa (aproveché para lavar mis botas por primera vez, ya que estaban irreconocibles de tanta tierra y lodo), nos salimos a buscar que comer. Si mal no recuerdo ese día comimos juntos una paella acompañada de una fría cerveza. Después cada quien se fue por cuenta a conocer el pueblo. Yo fui a buscar el centro de asistencia médica porque seguía con gripe y tos; lo encontré cerrado, pero había un letrero que decía que de siete a ocho de la noche atendían a los peregrinos.

Anduve caminando muy a gusto y llegué a un río donde pude volver a remojar mis pies en agua bien fría y caminar sobre las piedras redondas del río, qué rico. Visité la iglesia de Santiago y la de Santa María del Camino, el pueblo me gustó. Según leí, en el medioevo llegó a tener más de doce mil habitantes, ahora tiene poco más de dos mil doscientos. En la tarde, mientras andaba buscando un super y una farmacia, encontré una barbería y decidí pasar a que me quitaran la barba, ya que no me había rasurado desde que salí de Villahermosa y no me gustaba mi desaliño.

Más tarde me encontré, sentada en la terraza de un bar, a mi amiga Amelia, de Australia, ella como siempre disfrutando de un vodka tónica. Como ya había hecho mis compras en la farmacia y en el super, me senté con ella un rato a compartir una cerveza y a charlar, disfrutaba mucho platicar con ella. Me comentó que había buscado "Villahermosa" en Google y que tenía mucha más idea de dónde estaba, abrimos un mapa y estuvimos platicando un poco sobre México y lo que había que conocer ahí, también nos asomamos al lugar donde vivía, como a unos mil cien kilómetros de Melbourne. A un lado nuestro estaban unos parroquianos jugando dominó con mucho entusiasmo, los acompañaba un quinto señor que al poco rato sacó una guitarra y empezó a tocar, lo hacía bastante bien y además se notaba a leguas que le encantaba tocar, parecía niño chiquito con juguete nuevo.

Amelia le mandó una cerveza en agradecimiento a que nos dedicara un par de canciones. Me despedí de Amelia y me fui al albergue a preparar la maleta y bajé a la cocina a cenar alguna de las cosas que había comprado.

Sin duda, esta jornada estuvo llena de personas, encuentros, charlas, despedidas y lugares hermosos y así lo sinteticé en mi *post* de ese día en Facebook: *"Hoy ha sido una jornada especial, no obstante lo cansado que pueda estar y la nueva colección de ampollas que tengo como resultado de los tres últimos días, he concluido que lo más importante es no permitirte tener ampollas mentales, pensamientos negativos que te causan molestia y no te puedes deshacer de ellos.*

Esos afortunadamente los he evitado y veo las cosas desde una perspectiva diferente. Un nuevo inicio tempranero a las 5:30, en esta ocasión comencé con compañía Jeanne (lo escribí Gene ayer) de Luxemburgo inició y continuó conmigo. Íbamos rebasando peregrinos más tempraneros y más lentos y nos rebasaban peregrinos más rápidos. Elegimos una ruta alternativa que iba por un canal de riego (que en el siglo XVII se usaba para transporte de granos) y por un río. Mucho más grato que ir a un lado de la carretera, menos poblaciones que ver, pero más campestre el recorrido. Paramos a desayunar café, jugo y pan tostado pasando el kilómetro nueve y poco después nos encontramos con Federica de Italia y Susan de NY y a partir de ahí nos fuimos juntos, intercambiando conversaciones y cada uno aprendiendo del idioma del otro.

En general había una sensación de bienestar, en lo particular yo me sentía muy satisfecho y agradecido de estar haciendo esto. Agradezco todo, aún la gripa, la tos y las ampollas. Ninguna me ha causado ampollas mentales. Hasta mañana".

EL SALUDO DE LAS CIGÜEÑAS

Etapa 16: CARRIÓN DE LOS CONDES – TERRADILLOS DE LOS TEMPLARIOS

14 de junio de 2017

26.13 km

Justo a las seis de la mañana (porque en teoría no podíamos salir antes) salimos del albergue, las calles estaban solas, algunos peregrinos se podían ver por ahí. La jornada sería larga, porque nos esperaban muchos kilómetros de meseta, sin sombras y casi sin referencias para ir midiendo el progreso mientras caminas, en este tipo de tramos se puede apreciar la bondad de venir caminando con una persona, que al igual que tú puede estar sin hablar por largos períodos, sin sentir incomodidad alguna, y de repente retomar la plática por un rato para volver a un silencio cómodo de nueva cuenta.

La grabación del día dice así: *"Bien, hoy salgo de Carrión de los Condes a las seis de la mañana, porque las monjas del Espíritu Santo no dejaban salir antes. Iniciamos nuestro camino, voy acompañado de Jeanne, y vamos a Terradillo de los Templarios, esperamos una buena jornada, quizás con calor, no está nublado, así que más tarde estará el sol desde temprano… Esperemos que sea un buen día como ayer".*

Son pocas las cosas que recuerdo de esta jornada, por una foto que veo me percato que decidí hacer una parte de la jornada, unos diez y doce kilómetros, con mis sandalias Teva, llevando calcetas, no estuvo mal, pero tampoco fue muy bueno porque tenía que detenerme con frecuencia a sacarme las piedritas que se metían debajo del pie. Nos encontramos varias veces con unos conocidos de Jeanne, dos de ellos eran los dos vascos con los que había cenado hacía unos días en uno de los albergues, los otros dos era una pareja de catalanes muy agradables y con una pinta de deportistas muy buena, caminaban muy energéticamente.

Llegamos al albergue de Los Templarios que se encuentra a la vera del camino, antes de llegar al pueblo. Un albergue relativamente nuevo, diseñado y construido para ese propósito, limpio y cómodo, tenía su propio bar con servicio completo de alimentos, una terraza muy amplia y fresca y las literas del lugar estaban bastante bien. Nos acomodamos, procedimos a la rutina diaria del baño y lavado de ropa. Antes, en esta ocasión, nos tomamos una rica y fría cerveza en la terraza, donde estaban los dos vascos y los dos catalanes en amena plática.

El resto de la tarde lo dediqué a descansar, la pareja de catalanes salió a conocer el pueblo y regresaron con la nueva de que no había nada que valiera la pena ver, así que yo ya no salí para nada, había que aprovechar cuando se pudiera para descansar un poco más.

Así narré en Facebook esta jornada:

"Caramba, como pasa el tiempo, ya una etapa más ¿o menos? No lo sé, depende la perspectiva desde donde lo vea, como todo en la vida. Ayer en Carrión de los Condes tuve la oportunidad de ir al río otra vez y caminar un poco con los pies sumergidos, rico, muy rico. Hoy no pudimos salir a las 5:30 porque el albergue abría su puerta a las seis. Reglas son reglas y hay que respetarlas si uno acepta quedarse en un lugar que las tenga. Todavía estaba oscuro y bastantes peregrinos fuera. Yo salí con Jeanne de nuevo.

SIGUE LA FLECHA

El recorrido se esperaba pesado, primero porque el primer pueblo estaba a diecisiete kilómetros del inicio. Así que había que ir cargando algo de comida y bebida. Fue largo y un tanto aburrido, suele suceder, en la vida también, en mi opinión. Llegamos al primer pueblo, no sin antes encontrarnos, en medio de la nada, un bar donde nos tomamos un café y yo me comí un bocadillo de salchicha con jitomate. Hicimos una parada breve para que Jeanne desayunara y continuamos, ya con calor. Heyy! No les he dicho que hoy caminé con sandalias para evitar que se lastimaran las ampollas, funcionó. Más adelante teníamos dos opciones, irnos por un bosque y caminar como un kilómetro y medio más o irnos al lado de la carretera y perdernos el bosque. Optamos por la vía más corta, ya queríamos llegar. Antes de entrar al pueblo, estaba nuestro albergue. ¡Fantástico! Ya habíamos llegado. Seis horas y media de recorrido para casi veintiocho kilómetros.

Registrarse, instalarse, bañarse, lavar la ropa etc. etc. creo que voy a hacerles un post de lo que sigue cuando uno llega al fin de la etapa. La parte práctica, necesaria. ¿Les interesa?".

Publicación de este mismo día en Facebook:

"¿Qué hace un peregrino después de llegar al final de su etapa del día? Seguramente hay tantas respuestas como peregrinos, yo les contaré qué es lo que hago yo regularmente. Al llegar lo primero, casi siempre, es ir al albergue a registrarte y que te pongan tu sello en la credencial de peregrino, debes tener dos sellos por cada día, uno es el del albergue.

Ya registrado, dejas tus botas en el espacio designado para ello, las botas no entran en los albergues o a los dormitorios, en algunos tampoco entran los bastones. Llegas a tu habitación de 4, 8, 12,

14 o más literas. Sacas tu cambio de ropa del día (la que lavaste el día anterior), yo llevo dos pantalones, dos playeras, dos trusas, una chamarrita ligera, una especie de sudadera (gracias Irene Hernández) tres pares de calcetas, un short deportivo y mi sombrero. Pongo todos mis fondos (que traigo en tres distintas carteras, la de diario me la hizo y regaló mi amigo Noala Guerra, gracias) en una bolsa impermeable, ahí meto el celular y busco la ducha para bañarme (la bolsa impermeable la llevas contigo siempre, solo en dos albergues ha habido taquilla de seguridad individual.

Importante es buscar donde cargar el celular. Terminando, a lavar la ropa y ponerla a secar. Normalmente lavo a mano, por cuestiones de costos. Luego a tomar una merecida cerveza y comer algo. Terminando, te duermes un rato, yo solo me he dormido en la tarde, y dependiendo del clima y de tus fuerzas, sales a conocer el pueblo. Te paseas, tomas fotos para tus amigos, actualizas tu Facebook en cada wifi que encuentras.

Regresas al albergue a recoger tu ropa y preparar tu mochila para el otro día. Yo le dedico un buen rato cada tarde a restaurar y proteger mis pies. Luego a cenar algo y algún día vuelves a salir a caminar o de plano te guardas en tu litera a tratar de descansar o a escuchar un tremendo concierto de ronquidos".

Etapa 17: TERRADILLOS DE LOS TEMPLARIOS – BERCIANOS DEL REAL CAMINO

15 de junio de 2017

22.99 km

A las cinco con cuarenta de la mañana, ya estábamos de nuevo en el camino, la gripa ya se había hecho parte de mí, al igual que la tos. Toleraba la incomodidad y lamentaba las molestias que causaba a mis compañeros peregrinos en las noches. La luna nos acompañaba en tanto salía el sol, primera vez que me tocaba verla. Ahora sí llevaba mi lámpara de minero, avanzamos y avanzamos hacia nuestro destino del día. La grabación del inicio de la jornada dice esto: *"Bien, iniciamos una nueva jornada, muy temprano este día saliendo a las cinco y media de la mañana de Terradillos de los Templarios, no está tan oscuro, el pueblo está muy bien iluminado, es un pueblo bien chiquito, tomé un par de fotos, no creo que salga nada. Pues ya estamos en el camino correcto, no tarda en amanecer, se empieza a ver más claro, nos espera un día calurosos otra vez, es una jornada como de veinticuatro kilómetros hoy, es una nueva etapa, que no tenía prevista, para poder reducir la distancia de la última etapa a León, en lugar de hacer sesenta y ocho kilómetros en dos días los voy a hacer en tres días, los voy a dividir para ir más tranquilo, hasta luego".*

Al pasar por Moratinos, observamos unas viviendas y bodegas muy curiosas excavadas dentro de unos pequeños cerros, como si fueran casas de *Hobbits*, nos detuvimos a observarlas con calma y algunas tenían hasta antena para TV. Un letrero explica que son bodegas para la conservación de alimentos y la fabricación casera de vinos. Su origen se remonta a la época romana, también se utilizan actualmente como lugares de encuentro y tapeo, de ahí las antenas de TV. Antes de llegar a San Nicolás del Real Camino, que es el último pueblo de Palencia, para después entrar a la provincia de León, encontramos un parque en el cual los troncos de los árboles estaban adornados con unas envolturas tejidas como tapetes multicolores y se veían realmente bonitos, no pudimos investigar si se trataba de alguna festividad especial o si era algo permanente. Otra vez la salida del sol nos ofrece un espectáculo digno de maravillarse.

Para este día, ya había lanzado en Facebook mi idea de vender pasos o las etapas completas con el propósito de recaudar fondos para la construcción y equipamiento de una ludobiblioteca en el municipio de Cunduacán, Tabasco. La idea se me ocurrió unos días antes mientras iba caminando y las respuestas de mis amigos y conocidos a mis narraciones del camino estaban resultando muy buenas y había que aprovechar esa inercia. El tema lo comenté con Jeanne y le pareció una muy buena idea, por lo que me decidí a lanzarlo a la red.

Al pasar por el pueblo de Moratinos, nos encontramos a Amelia, la chica de Australia, estaba sentada en una mesa afuera de un bar y tenía muy mal aspecto, nos detuvimos para saber cómo estaba y nos dijo que estaba muy mal del estómago, que tenía mucho vómito y se sentía muy mal, le ofrecí uno de los tés que yo traía, porque estaba tomando jugo de naranja, entré al bar para pedir una taza con agua caliente, le preparé té, y le di algunas bolsitas.

Ella estaba esperando un taxi que la llevaría a la estación de Sahagún para ahí tomar el tren con destino a León donde buscaría la atención médica adecuada, lamentablemente no intercambiamos información de contacto y le perdí la pista, ya no supe más de ella, una pena porque me caía muy bien y estaba muy entusiasmada con llegar hasta Finisterre, ojalá lo haya podido lograr. Durante algunos días anduve inquieto porque no encontré la forma de averiguar qué había sido de ella, la lección aprendida es que debo hacerme de los datos necesarios para mantener el contacto con las personas que me interese. Tardé demasiado en aplicar la lección.

¿Y LOS HOBBITS?

Más o menos en el kilómetro diez de la jornada, llegamos a la Ermita de la Virgen del Puente, que se encuentra precisamente después de pasar un antiguo puente de tres arcos, ya estábamos en la provincia de León y por entrar a la ciudad de Sahagún. Pasando la ermita encontramos un par de columnas de ladrillo que representan la línea que marca la mitad del camino desde Roncesvalles hasta Santiago de Compostela, hay una cinta de cemento con sobre relieves ya muy gastados que hacen esa mención. A cada lado de la columna hay dos estatuas, una de ellas corresponde a Alfonso VI "El Bravo", rey de León en el siglo XI.

En este lugar, me comentó Jeanne que tenía programado terminar su camino en Sahagún y regresar a Luxemburgo, pero que un par de días antes su esposo se había comunicado con ella para decirle que estaba en posibilidades de llegar a León y de ahí continuar el camino hasta Santiago con ella. Buen cambio de planes. Estaba muy emocionada con la idea de continuar y, ahora, caminar con su esposo. Me platicó que era militar y que ella también trabajaba como ingeniera en algo relacionado con el ejército.

Entrando al pueblo o ciudad de Sahagún, me encontré con mi amigo, Julián, el argentino que había conocido en Sansol cuando caminaba con Isabel, de Murcia, me llamó la atención verlo ahí porque yo sabía que iba mucho más adelante, pero me comentó que se tuvo que detener tres días en Sahagún a recuperarse de una tendinitis y que ese era el día que continuaba su camino, nos deseamos buen camino y nos despedimos.

En Sahagún pasamos por unos edificios muy interesantes: una ermita consagrada a los mártires Facundo y Primitivo; vimos la iglesia románica de San Lorenzo con arcos de estilo musulmán; también pasamos por los restos del Monasterio Cluniacense de San Benito, un portal enorme que pasa de un lado a otro de la calle, otro monumento destacando la mitad del camino y finalmente al salir cruzamos el puente del Canto que pasa sobre el río Cea desde el año 1085.

Había mucho que ver en Sahagún, pero nosotros queríamos avanzar porque el sol estaba apretando más y más. Más adelante aparecía la desviación para tomar hacia Calzada de los Hermanillos donde está la calzada romana de diecisiete kilómetros que yo tenía intención de tomar en mí programa original, en cambio tomamos la ruta que sigue hacia Bercianos del Real Camino y de ahí a Mansilla de las Mulas.

Jeanne decidió continuar conmigo con el mismo plan que yo traía y hacia Bercianos nos fuimos. Otra vez nos tocó caminar a un costado de la carretera por la terracería que ofrecía muy poca sombra, los árboles que había eran muy pequeños y cuando encontrábamos uno grande nos deteníamos uno o dos minutos para tomar agua bajo la sombra. Llegamos a muy buena hora a Bercianos, pueblo que se denomina así porque fue fundado por originarios del Bierzo.

Buscando bajo el rayo del sol, sin ver a nadie por las calles del pueblo, encontramos el albergue, un edificio de dos plantas, cuadrado, con techo de cuatro aguas y cerrado con un letrero en la puerta que decía que abrían hasta las 13:30 horas. Había un par de bancas afuera, pero estaban a pleno rayo del sol, dudamos entre irnos a buscar algún bar para refugiarnos o quedarnos para asegurar nuestro lugar en el albergue. Optamos por esto último, y afortunadamente la entrada al patio del albergue estaba abierta y tenía árboles y sillas para descansar bajo su sombra, había algunas sábanas tendidas secándose al sol y también estaban los lavaderos para la ropa disponibles. Jeanne y yo decidimos aprovechar el tiempo y nos pusimos a lavar algo de ropa, poco después llegaron unos peregrinos italianos y se unieron a nosotros, y así poco a poco fueron llegando más peregrinos y casi todos se iban al patio.

Así llegó un señor de unos setenta años, con la barba blanca, muy larga, vestido con una túnica café oscuro, como de monje, con la cabeza cubierta con su capucha y descalzo, cargando solo un pequeño morral. Se presentó como el padre Joyful, platicó que era de California y que también estaba haciendo el camino, todo un personaje que realmente llamaba la atención.

**ALBERGUE DE BERCIANOS
DEL REAL CAMINO**

Como a la una la tarde, llegaron tres muchachos y se pusieron a recoger la ropa que estaba en los tendederos (menos la nuestra) y pusieron
más ropa a secar, la traían en unas cubetas, supusimos bien que eran
los hospitaleros voluntarios. A los pocos minutos, anunciaron que ya
iban a abrir y nos dirigimos a la puerta, el orden en que habíamos
llegado fue respetado en buena medida por casi todos los peregrinos,
sólo unas chicas que estaban en la puerta se sentían con derecho de
pasar primero, no hubo mucha discusión porque el hospitalero no lo
permitió y avisó que había lugar para todos.

Nos hicieron pasar a la recepción por bloques, Jeanne y yo dejamos
pasar primero al padre Joyful. El hospitalero en jefe, un español, se
presentó y nos presentó a los otros dos: un muchacho de Barcelona
y una chica de Holanda que hablaba perfecto español y hacía de tra-
ductora a lo que iba explicando el hospitalero en jefe. Nos explicó que

entraríamos de diez en diez y que los primeros diez entregáramos nuestros documentos; ya registrados, nos pasaron a otro espacio a los pies de una escalera de madera, la chica holandesa nos informó el resto de las reglas: horarios de la cena y desayuno, los restaurantes disponibles en el pueblo, etc. y nos pasó al segundo piso que estaba lleno de literas hasta en los pasillos; nos asignó las nuestras, Jeanne eligió una alta y yo opté por la de abajo, me tocó a un lado del padre Joyful.

El albergue se saturó en pocos minutos y, por primera vez en el viaje, vi aglomeraciones para el baño. Fui de los primeros en bañarme, pero por cada ducha había dos o tres peregrinos formados para entrar enseguida, yo sentía la presión de bañarme y lo hice muy rápido; afortunadamente ya habíamos resuelto la lavada de ropa porque lo hicimos antes de entrar.

Salimos a comer a uno de los dos bares del pueblo, obviamente nos encontramos a muchos de los peregrinos, y entre ellos al padre Joyful, que a todo mundo le platicaba que practica todas las religiones del mundo, ya que se había dedicado a estudiarlas y para él todas eran una sola, ninguna mejor que la otra. También nos platicó que solo caminaba diez kilómetros al día porque si no sus pies se lastimaban, todo un personaje. Salimos a dar una vuelta por el pueblo, encontramos a una peregrina que llegaba muy tarde y estaba perdida, era muy pequeña, tanto de edad y de tamaño, e iba cojeando bastante, le indicamos dónde estaba el albergue y nos lo agradeció mucho.

Después de caminar por las asoleadas calles, nos fuimos al albergue a descansar un rato. Yo estaba acostado después de una siesta cuando escuché formas de hablar conocidas, y en efecto en la habitación adyacente (no había puerta) dos chicas y dos chicos platicaban con un fuerte acento de Monterrey, hablaban como 'niños bien' y estaban platicando, entre otras cosas, de lo bueno y caro que era el equipo que traían, sus mochilas, sus bastones de fibra carbón que los habían comprado en Houston, etc. Después, hablaron de que tenían pensado eludir el donativo del albergue porque no era obligatorio, hasta pena ajena me dio. Uno de los muchachos estaba cómodamente acostado en la litera de otra peregrina, ni se inmutó cuando ésta llegó, el muchachito sólo le dijo en un muy correcto inglés que estaba muy cansado y que por eso se había acostado en su litera.

Poco más tarde, salí para buscar un super para comprar algo de comer y beber. A la mañana siguiente, aproveché para comprar un jabón de baño para lavar mi ropa porque los papelitos enjabonados que llevaba ya se habían acabado. Puntualmente, a las ocho la noche pasamos al comedor para la cena comunitaria que ofreciera el albergue, eran varias mesas largas con bancos donde cabíamos como doce personas en cada mesa, nos tocó la última mesa donde ya estaban dos muchachos de Estados Unidos, poco comunicativos y poco amables.

También, era la mesa donde estarían los hospitaleros, los tres que nos recibieron y dos nuevas hospitaleras que relevarían a los primeros a partir del siguiente día. Una de ellas me explicó que sólo permanecían quince días en cada albergue y después los cambiaban, antes debían pasar por un entrenamiento para ser hospitalero. Una de las nuevas hospitaleras era una americana de origen latino, maestra jubilada, y estaba muy emocionada porque era su primera experiencia como hospitalera y a partir del siguiente día quedaba el albergue a su cargo.

El hospitalero español nos invitó a que dijéramos todos juntos una oración, misma que tenían escrita en la pared, luego nos repartió unas hojas con una canción llamada "La bamba del Peregrino", era una versión de La Bamba con la letra modificada al camino, la cantamos todos juntos a capela, fue un momento muy agradable y divertido. Vale la pena recordar la letra de esta adaptación:

La Bamba del Peregrino

Para ser peregrino
para ser peregrino se necesita
unos buenos zapatos
unos buenos zapatos
y andar y andar
por sendas y desvíos
por sendas y desvíos
caminaré, caminaré, caminaré...
Peregrino, peregrino; peregrino...

Los pies me estan matando
Los pies me estan matando
tengo una ampolla que me vooy curando
que me vooy curando con Betadine
y el alcohol de romero y el Ibuprofeno
y el Ibuprofeno,
me amaré, me curaré, me curaré
Peregrino, peregrino; peregrino...

A las 10 de la noche
A las 10 de la noche
se apaga la luz y sufren mis oídos
Sufren mis oídos sin los tapones
para las sonidos
son los ronquidos de los peregrinos
cansados del camino
cansados del camino
no dormiré, no dormiré, no dormiré
Peregrino, peregrino; peregrino...

Si no das donativo
Si no das donativo
tendras que dormir debajo de un pino
debajo de un pino
tendrás que pagar el menú peregrino
el menú peregrino, que ya vas pagando
para el bosillo,
para el bosillo, yo donaré, yo donaré
Peregrino, peregrino; peregrino...

Llegando a Compostela
Llegando a Compostela
recordarás todo lo que has vivido
todo lo que has vivido, junto con otros
muchos peregrinos
Buen camino, buen camino; buen camino!

Terminada la canción, Jeanne me pidió que se la tradujera para saber que habíamos cantado. Después procedimos a cenar, de primero nos sirvieron una ensalada y de segundo no recuerdo que fue, un guiso con pollo, creo. La comida fue preparada por los hospitaleros y algunos peregrinos que se ofrecieron como voluntarios, después pidieron otros tres voluntarios para lavar los trastes que de inmediato respondieron. Durante la cena, fue evidente la apatía de los dos americanos que compartían la mesa con nosotros, sus modales rudos y su negativa a interactuar con los demás miembros de la mesa era notoria.

Al terminar de cenar, el hospitalero en jefe invitó a uno de los muchachos peregrinos, que resultó ser uno los chicos de Monterrey, para que nos cantara algo con su guitarra, cantamos todos juntos la "Bamba del Peregrino" de nuevo, "Cantares" y "Cielito Lindo", otro momento mágico.

Terminando el postre, nos invitaron a todos a pasar al patio donde formamos un gran círculo, y la chica holandesa nos pidió que cada uno de nosotros nos presentáramos diciendo nuestro nombre, país de origen y razón o razones por la que estábamos haciendo el camino. Comenzaron las mexicanas explicando eso y más, lo dijeron en inglés y después lo tradujeron al español, hasta que la hospitalera los detuvo y nos explicó a todos que sólo habláramos en nuestro idioma, que no era necesario traducir nada, ya que lo importante eran los sentimientos y no las palabras. Eso me gustó.

Así continuó la ronda: escuchamos testimonios en ruso, japonés, español, coreano, inglés, y más. Los americanos que cenaron en nuestra mesa resultaron ser seminaristas, que junto con otros cuatro muchachos que estaban ahí, hacían el camino cómo parte de su preparación espiritual como curas.

Me tocó encontrarlos en más de una ocasión en los días siguientes y, salvo uno de ellos, los demás eran bastante pesados y muy poco amables, ni el saludo contestaban, sí que les hacía falta preparación.

Cuando tocó mi turno de presentarme, lo que dije, porque así lo sentí en ese momento y lo sigo creyendo ahora, es que yo estaba haciendo el camino para dar gracias, gracias por la vida, por lo que soy y por lo que tengo. De ello me di cuenta cuando entraba a alguna iglesia, sobre todo cuando estaba solo, lo que hacía era agradecer, yo no soy de rezos ni de liturgias, pero dar las gracias, a quien quiera que sea, era algo que yo sentía, que quería, y tenía que hacer.

La noche terminó con un abrazo a cada uno de los peregrinos y a los hospitaleros, todo fue una experiencia muy grata, y me quedé con muy buen sabor de boca. Lo único que me faltó fue una foto con el padre Joyful, pero había dejado el celular en la mochila. Antes de las 10 de la noche, ya estaba acostado, listo para dormir. Al otro día queríamos iniciar a las seis y no nos íbamos a quedar a desayunar porque iniciaban a las 6:30.

Post de Facebook: *"Son las 12:06, recién llegamos a Bercianos del Real Camino, el albergue está cerrado y abre hasta las 13:30, así que no queda más que esperar. En el pueblo no hemos visto ni una sola tienda, ni un solo bar. ¿Por qué paré aquí? Porque hice un cambio de programa. El anterior decía que hoy tenía que llegar a El Burgo Ranero y mañana a León, para tener un día de descanso, eso implicaba caminar mañana treinta y siete kilómetros y hoy treinta y uno.*

Revisando el todo, considerando el calor y mi estado físico, concluí que era demasiado. Entonces, en lugar de dos etapas voy a hacer tres. Hoy hasta aquí, Bercianos del Real Camino, mañana a Mansilla de las Mulas y pasado mañana a León. En mi programa original este tramo lo iba a hacer por una alternativa que utiliza una calzada construida por los romanos hace más de 2,000 años. Me parecía interesante y hasta romántico caminar por donde caminaban las legiones romanas, pero los tramos que hasta ahora hemos caminado sobre calzadas romanas me hicieron desistir de la idea, porque son caminos de piedra suelta y lastiman mucho los pies.

Así que aquí estamos en un pueblito en el que no se mueven ni las ramas de los árboles. La etapa de hoy estuvo muy bien, veinticinco, iniciados a las 5:30 am. Tenía su atractivo porque pasaríamos por Sahagún, población que tuvo mucha importancia en el pasado hasta que quedó prácticamente destruida en alguna guerra de hace muchos siglos.

También Sahagún representa la mitad del Camino de Santiago, considerándolo desde Roncesvalles, así que, como yo salí de SJPP en Francia, puedo decir que ya llevo más de la mitad del recorrido.

Paramos a tomar un café en San Nicolás del Real Camino y ahí nos encontramos a Amelia de Australia, lamentablemente se sentía mal de salud y decidió irse en taxi a Sahagún y ahí tomar el tren a León, para tratar de recuperarse ahí. Una pena.

Casi todo el camino fue al lado de la carretera nacional 120, y afortunadamente con algunas sombras que nos permitían refugiarnos del sol. Otra vez caminé con Jeanne de Luxemburgo, ella tenía programado terminar su camino en Sahagún pero su esposo le avisó hace unos días que había conseguido vacaciones, entonces, continuarán juntos desde León hasta Santiago. De las reflexiones de hoy, les platico después. Saludos y gracias a todos por sus comentarios y por sumarse al proyecto de la ludobiblioteca Ceiba, para los niños del Ejido Colima".

Etapa 18: BERCIANOS DEL REAL CAMINO – MANSILLA DE LAS MULAS

16 de junio de 2017

26.17 km

Nos levantamos a las 5:30 de la mañana, para las seis ya estábamos fuera del albergue, fuimos de los primeros en salir. Queríamos aprovechar al máximo la oscuridad para no enfrentar una jornada de puro sol, la ola de calor que estábamos viviendo era muy fuerte, no llevábamos ni un kilómetro, quizás un poco más. Cuando Jeanne se me queda viendo y me dice algo así como *"What about your hat?"* ¡En la torre! Lo había olvidado en el albergue colgado en la litera. Dado el sol que esperábamos, decidí regresar por él.

Ahora transcribo lo que grabé ese día antes del incidente del sombrero: *"Buenos días, estamos iniciando a las seis y cinco de la mañana porque el albergue solo dejaba salir después de las seis, no tomamos desayuno, vamos a tomar algo mientras andamos, vamos con destino a Mansilla de las Mulas, un recorrido de veintiséis kilómetros y medio que pinta tranquilo, plano, al lado de la carretera otra vez, que es la característica de estos lugares, esperamos que todo salga muy bien, nos estaremos reportando mañana, dejamos Bercianos del Camino, del Real Camino".*

Bueno, les decía que me regresé por mi sombrero, Jeanne se ofreció a esperarme cuidando mi mochila, me dio mucha pena dejarla ahí sola en el camino de tierra todavía a oscuras, pero con todo y pena me eché a correr de regreso al albergue, me topé con algunos peregrinos que me veían como si estuviera chiflado, afortunadamente llegué al albergue cuando estaba saliendo un peregrino y puede entrar sin problemas, subí y recuperé mi sombrero, todavía había peregrinos durmiendo, entre ellos el Padre Joyful.

Corriendo y caminando con cuidado para no tropezar, llegué al lugar donde me estaba esperando Jeanne, me monté la mochila, y reanudamos. Otra vez nos tocaba, un buen porcentaje de la jornada del día, caminar al lado de la carretera. A una hora de haber iniciado, ya estábamos en el Burgo Ranero, población que para la mayoría de los peregrinos es el cierre de la etapa del día anterior. Pasamos por la iglesia de San Pedro, coronada por los ya familiares nidos de cigüeñas, y volvimos a retomar el camino a lado de la carretera.

Llegamos a Reliegos, donde vimos varias casas estilo *Hobbit*, también pasamos por un lugar donde cayó un meteorito en el año de 1947 y tienen señalado exactamente el punto donde cayó en una de las calles del pueblo. Sin mucho más que comentar, con un intenso calor y una jornada un tanto aburrida, llegamos hasta Mansilla de las Mulas precisamente el día de los Manueles o de las mulas en México, al menos. Llegamos al albergue, el Jardín del Camino, que se encuentra antes de iniciar el pueblo y en la entrada tiene un gran jardín con mesas, sombras y flores, lo cual es de agradecer.

VIVIENDO BAJO TIERRA

El albergue estaba muy bien para pasar la tarde sin salir. Nos instalamos, me di un rico baño, y me salí a lavar mi ropa, para ello me llevé una cerveza helada que me hiciera compañía durante la faena, las mesas estaban distribuidas sin orden alguno en el jardín y eso le daba un buen aspecto y ambiente al lugar.

Cuando terminé de tender mi ropa vi que Jeanne estaba sentada con otra persona tomando una cerveza y me invitó a sentarme con ellos, su compañero se llamaba Pierre y era francés, él hablaba muy poco inglés y nada de español. Platicaban en francés y yo entendía muy pocas cosas: entendí que ya llevaba más de 30 días caminando y que había salido de no sé de qué parte de Francia. Después llegó otro señor que se sentó en nuestra mesa, él era de Holanda y nos comentó que había iniciado su peregrinaje en Ámsterdam, ya casi tenía cincuenta días caminando.

¡WOW! Yo estaba impresionado, ambos tenían más de sesenta años de edad. Poco tiempo después, mis paisanos mexicanos de Monterrey llegaron al albergue y se pidieron algo de comer mientras se acostaban a descansar en el pasto, solo estaban haciendo una escala porque ellos todavía seguirían hasta la siguiente población, una locura desde mi punto de vista, porque eran más de las dos de la tarde y el sol estaba durísimo, como a las tres se fueron.

Luego platiqué un poco con las dos chicas italianas con las que había coincidido el día que me quedé sin agua, y el resto de la tarde se me fue en descansar. Supongo que algo cenamos, no recuerdo qué fue ni con quién, y a dormir. Al otro día nos tocaba llegar a León.

Post de Facebook: *"¿Qué tal, como están mis cuatro seguidores? Hoy fue un día difícil ¿bueno, cuál no lo ha sido? Iniciamos a las seis, porque este alberge no permite que se moleste a los peregrinos antes de la cinco y media. La noche anterior, califica de especial, hubo una cena comunitaria, preparada por los hospitaleros y algunos peregrinos. Este albergue opera con dos o tres hospitaleros voluntarios, y aportas libre sea tu voluntad.*

Ofrecen le cena a las 20:00 y un desayuno a las 06:30. Antes de la cena, cantamos un rap del peregrino y La Bamba del Peregrino, cenamos, a Jeanne y a mí nos tocó sentarnos con dos estudiantes para cura en EU, poco amables y poco corteses y con dos hospitaleras nuevas, que se encargarán del albergue los próximos quince días. Cenamos y después un muchacho mexicano de Monterrey, tocó la guitarra y nos puso a cantar Cielito lindo, después la Bamba del peregrino y finalmente Cantares. Fue muy emotivo. Terminando la cena salimos al patio y los treinta y seis peregrinos más los hospitaleros nos dimos la mano en un círculo y dijimos nuestro nombre, país de origen y expusimos por qué hacíamos el camino.

Al término nos dimos un abrazo uno por uno, también muy emotivo. El recorrido de hoy de Bercianos del Real Camino a Mansilla de las Mulas (no se pongan el saco) era de veintiséis kilómetros y terminó siendo de veintinueve. Les decía, fue largo veintinueve kilómetros que incluyen el tramo que me tuve que regresar porque había olvidado mi sombrero. Y lo más destacado es que se hace más largo porque íbamos al lado de una carretera y casi nada que ver.

A veces también nos pasa en la vida, ciertos días o temporadas parecen sosas, sin sabor, en (sic) incluso, aburridas, pero tenemos que pasarlas, porque nos llevará de un lado a otro, al que queremos llegar. Lo importante a veces no es el recorrido, sino el destino al que vamos otras veces es el recorrido lo importante, en fin, no me quiero poner a filosofar.

Pasamos por el Burgo Ranero, una población que en el siglo XI se caracterizaba por tener un estanque en el que un padre se encargaba de cuidar las ranas y mandarle al Obispo de Burgos ancas de rana cada semana (ahora poeta, jajaja). Después de doce áridos kilómetros llegamos a otra población que se llama Reliegos, donde nos detuvimos a desayunar algo (tortilla de patatas) y los últimos seis kilómetros, ya bajo un sol tremendo nos llevaron a Mansilla de las Mulas, (espero no encontrarme a algún conocido aquí jajaja). El albergue muy bien, y con poca gente, muchos optaron por quedarse en Reliegos. Ayer pensaba en lo estresante que puede ser para mis pies un recorrido como este y también reflexionaba sobre lo curiosa que era la mente: cuando sé que me tocan caminar veintitrés kilómetros, por ejemplo, a los veinte o veintiuno el cerebro empieza a decirte que estás cansado, muy cansado; más cuando de origen sabes que te tocan treinta y dos el cerebro dice lo mismo, pero a los veintiocho kilómetros.

No quiero decir que esto aplique a cualquier distancia. Solo digo que el cerebro se adapta a lo que piensas hacer. Lo mismo pasa cuando pensamos que podemos hacer algo o pensamos que no podemos, en ambos casos tendremos razón. Así que ¿qué prefieres pensar? ¿Que puedes o que no puedes?"

Etapa 19: MANSILLA DE LAS MULAS – LEÓN

17 de junio de 2017

18.56 km

Ahora inicio con la grabación del día. Quiero destacar que en todas las grabaciones se escucha como sonido de fondo el canto de los pájaros y el sonido de mis pisadas, sobre todo cuando voy caminando sobre arena o piedra, y en ocasiones el canto de un gallo, como en este día: *"Seis de la mañana en punto, saliendo de Mansilla de las Mulas, camino a León, recorrido corto, dieciocho kilómetros, sí que deberá ser fácil, me siento muy bien, contento por llegar a León y emoción por lo que sigue, hasta ahorita ha sido una gran, gran experiencia, me siento muy complacido".*

A las seis de la mañana, como ya indiqué, todavía estaba oscuro. Llegamos propiamente al pueblo de Mansilla de las Mulas y pasamos por él, tomando unas fotos para el recuerdo. Como ya les había comentado, la llegada León la hice en jornadas más cortas que en mi programa original y sacrifiqué un día de descanso en León. Creo que fue una buena decisión. Ahora nos tocaba caminar solamente diecinueve kilómetros. Ello nos permitiría llegar temprano y disfrutar más horas de la ciudad.

Después de la primera hora llegamos a Villamoros de Mansilla, y ahí atravesamos un puente peatonal muy moderno que corre al lado de un puente medieval del siglo XII que atraviesa el río Porma. Este puente es de paso vehicular, y el peatonal lo construyeron para evitar que los peregrinos corrieran riesgos al caminar por el otro largo puente. Me di gusto tomando fotos del puente y del río, luego continuamos, afortunadamente sin necesidad de ir a lado de la carretera, lo que se agradece.

Río Porma en la Provincia de León

Seguimos pasando por pequeñas poblaciones, y en una terracería por la que íbamos caminando encontramos un puesto solo, con bananas, refrescos, agua y una pequeña alcancía atada a una pata y un letrero que decía "Toma lo que quieras y deja lo que quieras para que otros puedan beneficiarse". Buen detalle.

Llegamos a un lugar llamado Puente de Castro, donde todavía vimos cigüeñas en sus nidos, y desde ahí se veía la ciudad de León. Entramos a la ciudad y después de caminar unas cuantas cuadras, nuestros caminos se separaron. Jeanne y yo nos despedimos, con algo de nostalgia, porque los días compartidos fueron muy gratos.

Cuando estaba cruzando la calle, escuché que Jeanne le decía a Pierre, el francés, que se fuera conmigo y Pierre me alcanzó. Nos saludamos y con algunos trabajos le expliqué que tenía una reservación en una pensión y que me dirigía a buscarla, me dijo que iba conmigo porque no tenía reservación y la ciudad estaba llena por ser fin de semana. Anduvimos dando vueltas y vueltas buscando por las calles laberínticas del centro de León para encontrar la ubicación de la pensión, tuve que preguntar varias veces y al fin la encontramos. Al llegar subimos al segundo piso de un edificio y nos recibió la encargada, le dije primero de mi reserva de una habitación sola, y luego le expliqué que Pierre necesitaba un cuarto o una cama, no había cupo y la única opción que tenía para ofrecernos era que se quedara en mi habitación que tenía dos camas individuales, estuve de acuerdo y le expliqué a Pierre y solo entendió que le tocaba habitación compartida y estuvo de acuerdo, pero no había entendido que era mi habitación.

Cuando nos condujeron a la habitación y le indiqué a Pierre qué pasaba, se extrañó mucho y después se mostró apenado porque entendió que yo estaba perdiendo la oportunidad de quedarme solo y descansar un poco más. Le expliqué que era el único espacio disponible y que yo no tenía ningún problema en compartirlo, aceptó y nos dieron nuestras llaves a cada uno, tanto de la pensión como de la habitación. Me di un baño, lavé mi ropa, y me dispuse a descansar un poco antes de salir a conocer, era muy buena hora.

León resultó ser una ciudad fascinante, llena de gente, en algún momento muy llena, las calles del centro eran recorridas por varias comparsas y grupos de muchachos y muchachas que llevaban una playera o una gorra distintiva de algún color llamativo y con el nombre de alguno de los bares del lugar. Entendí que los bares funcionaban como una especie de estación de servicio: llegaban en bola al bar correspondiente, pedían sus bebidas, comían algo, y se lanzaban a la ciudad a caminar, a tocar su música y echar relajo, luego regresaban otra vez al bar, se surtían de nuevo, y continuaban; no sé si también eran despedidas de soltero o solo estaban festejando cierres de cursos, pero apenas eran las doce del día y las bandas de muchachos no dejaban de circular por todo el centro de la ciudad con vino o cerveza en mano.

Fui a conocer la catedral, y la explanada que se encuentra a su alrededor estaba ocupada por un gran tianguis, al más puro estilo mexicano. Mis primeras impresiones de la catedral estuvieron condimentadas por los colores, olores y sonidos de los compradores y vendedores del tianguis. Aunque no estábamos todavía en Galicia, tomé fotos de los primeros chorizos de Galicia que encontraba para mandárselas a mi prima, Manola, que me las había solicitado por mensaje.

Después de deambular un rato, fui a buscar algo para comer. Encontré un bar con mesas en la calle donde ya estaban comiendo algunos peregrinos con los que había compartido algunas jornadas, me senté en la última mesa exterior que estaba disponible y me preparé para elegir una comida de no peregrino. Tenían unas promociones muy curiosas, por ejemplo: pulpos a la Feira con cinco cervezas por diecinueve euros y otras por el estilo, todas incluían de tres cervezas para arriba. En eso estaba cuando veo pasar a Pierre y lo invité a sentarse conmigo, accedió de muy buena gana y ya con más confianza podíamos comunicarnos un poco mejor en su incipiente inglés y yo en mi incipiente francés.

Éttl pidió un plato de ternera que venía acompañado de tres cervezas, yo pedí el plato de pulpos. Comimos muy bien. Nos tocó ver pasar a dos comparsas muy escandalosas y tuve la visita de un enorme grillo verde que se paró en una mis piernas. Al final cambié dos de mis cinco cervezas por dos cafés.

CATEDRAL DE LEÓN
EN DÍA DE TIANGUIS

Pierre no me permitió pagar mi parte de la cuenta, me dijo que él me invitaba la comida por el detalle de haberle cedido un lugar en la pensión. Nos fuimos a conocer algo más de la ciudad y llegamos a un edificio que me gustó mucho, en contra esquina había otro edificio llamado Palacio de los Guzmanes, al cual entraba mucha gente, y decidimos pasar. Pierre al final se quedó en la entrada, yo me metí y era una especie de mercado, donde toda la gente de los puestos estaba vestida a la usanza medieval y muchos de los artesanos que ofrecían sus productos eran personas con síndrome de Down, había cosas muy bonitas y hasta pena daba no comprarlas, pero no era posible ir cargando cosas adicionales. Pierre seguía en la entrada y cuando salí después de recorrer los diferentes puestos, nos despedimos. Él se iba a descansar y yo quería seguir conociendo la ciudad.

Pasé por la basílica de San Isidro, y por la muralla que se levantó en los tiempos de dominación romana. León fue una ciudad fundada por los romanos en el año 74 d. C. Me tocó ver varios nidos de cigüeñas en la ciudad en lo alto de unas columnas tipo obelisco. La ciudad tiene muchas esculturas y lugares interesantes. Estuve paseando en una librería y volví a la catedral con la suerte de que ya estaban levantando el tianguis y la catedral ya estaba abierta. Pasé después de pagar mi respectiva cuota y el alquiler de la guía electrónica y me dediqué a recorrer, a mirar, a fotografiar, y a escuchar con mucha atención la fascinante historia de esta catedral llena de vitrales, llena de luces y colores donde en su construcción se emplearon nuevas técnicas traídas de Francia con las cuales los techos eran mucho más ligeros y ello permitía tener vitrales en prácticamente todas las paredes.

Su construcción inició en el año 1205 y estuvo inspirada en la catedral francesa de Reims, cuenta con mil ochocientos metros cuadrados de vitrales, todos los cuales tuvieron que ser desmontados durante una reconstrucción que fue necesaria hacer durante décadas porque la catedral se estaba cayendo.

Cuenta la historia que, por errores de origen en la construcción, el edificio estuvo a punto de derrumbarse, y contrataron en su momento a un supuesto gran arquitecto para su restauración, pero con los trabajos que hizo casi logró que se derrumbara. Hicieron traer a otro arquitecto que de inmediato comenzó a apuntalar toda la estructura y a desmontar todos los vitrales, para iniciar una reconstrucción que tomó más de cincuenta años, el resultado es espectacular, uno debe visitar esta catedral si se encuentra en León o cerca.

Vitrales de la Catedral de León

Ya terminada la visita, me fui a tomar una cerveza a un bar cercano y me encontré con un peregrino español al que ya había conocido en el albergue anterior de Mansilla de las Mulas. Era un señor muy platicador y muy conocedor del Camino de Santiago, el cual ya había hecho muchas veces y además había trabajado como agente comercial en la zona. Platicamos muy a gusto y luego ofreció llevarme a conocer el palacio de Gaudí. Cuando llegamos, resultó ser ese edificio que me había gustado mucho y que se llamaba Casa Botines, acompañé al español hasta su pensión para conocer otros lugares del centro de León y regresé a tomar unas fotos del palacio de Gaudí para mi cuñada, Tita. Después, regresé a la pensión a descansar un poco y prepararme para salir a cenar. Cuando salía a cenar, me encontré de nuevo a Pierre y nos fuimos juntos, recorrimos otra vez algunas calles ahora con mucha más gente, músicos, fiestas y más fiestas. Primero nos paramos en un bar donde tomamos una cerveza y unas aceitunas, y luego ya nos fuimos a la calle principal donde nos sentamos en una mesa exterior y ahí cenamos mientras observábamos todo el ambiente que se vivía en la calle. Vimos a varios peregrinos conocidos, algunos se paraban a saludarnos y a platicar un poco y otros inclusive se quedaban a cenar en el mismo bar. Ya como a las diez de la noche, decidí irme a dormir, toda esta zona de fiestas es conocida como el Barrio Húmedo y la pensión estaba dentro del barrio. La música de la calle penetraba por la ventana de la pensión, pero no me afectaba porque yo llevaba unos buenos tapones auditivos y pude dormir bien...Bueno, más o menos bien.

Post de Facebook: *"¡Por fin en León! Una de las ciudades más emblemáticas del camino de Santiago, llegar a León desde Mansilla de las Mulas, no debería representar mayor problema, dieciocho kilómetros y medio más o menos, casi todo plano con algunos columpios y una subida que te toma un poco por sorpresa.*

Sin embargo hay momentos que el cuerpo dice no, parece poco pero no es poco. Ayer hablaba de cómo se programa uno mentalmente para hacer más o menos distancia, pues hoy me falló la programación, a los nueve kilómetros, me sentía agotado, como si llevara veintinueve. Después cuando ves León y comienzas a imaginarte en el hostal, te percatas que aún faltan tres kilómetros y medio de ciudad. En fin, me costó trabajo y aquí estoy.

La Ciudad tiene muchas cosas para ver, su catedral, una casa construida por Gaudí, el Húmedo, zona de bares y de mucho ambiente que hoy está llena de chicos y chicas haciendo despedidas de soltero, San Isidro y su basílica, la muralla y sus puertas, etc. imposible de ver todo en una tarde y menos si ya no quieres caminar tanto, bajo un sol achicharrante. Pues con todo, vale la pena estar aquí. ¿Una ampollita mental? Quizás, pero ya está en tratamiento jajaja. Les pongo algunas imágenes y no dejo de comentar que ya me despedí de Jeanne, ella se fue a otro hostal y se reunirá con su esposo para continuar el camino. Le agradezco la compañía y las gratas conversaciones y muchos ratos de silencio en estos más de ciento treinta kilómetros que caminamos juntos.".

Etapa 20: LEÓN – SAN MARTÍN DEL CAMINO

18 de junio de 2017

24.50 km

A las seis de la mañana nuevamente ya estaba afuera de la pensión, listo para iniciar mi camino hacia San Martín del Camino. Pierre se quedó para salir más tarde, así que mi andar se reanudaría en solitario después de varios días de caminar en compañía de Jeanne. Disfruto tanto lo uno como lo otro, caminar solo te permite hacer retrospección y reflexiones sobre ti mismo, la vida y muchas cosas más, pero cuando vas acompañado, si bien también reflexionas, no lo haces con la profundidad y estás más atento a la interacción social que a la introspección, el equilibrio entre una forma y otra de hacer el camino, me parece lo más adecuado.

La ciudad estaba sola y bastante limpia para haber pasado toda una noche de fiesta. Me costó un poco de trabajo encontrar las flechas que indicaban el camino correcto. Esto es lo que registraba en mi grabación matutina: *"Bien, hoy iniciamos una nueva etapa, dejo León, me dirijo a San Martín del Camino, una población nueva... Como todas, son las seis de la mañana, empiezo a caminar solo otra vez, mi equipo, mi compañera de viaje se ha quedado ya aquí en León, ella va a salir hoy con su esposo para Santiago, y yo continúo mi andar solo, Pierre se quedó, creo que va a salir un poco más tarde, así que salgo, salgo solo, me siento bien de hacerlo de esta manera, estoy aquí medio oscuro en la ciudad buscando las flechas, pero no las encuentro, espero encontrarlas pronto".*

Ya para salir de la ciudad, pasé por el Hospital de San Marcos, ahora museo, y pude apreciar la ornamentación plateresca de su fachada.

Poco después crucé el río Bernesga y la ciudad fue quedando atrás, de nueva cuenta me encontré con más casas tipo *hobbit*, no dejan de llamarme la atención. Al llegar al poblado de la Virgen del Camino, tenía el encargo de mi cuñada, Tita, de fotografiar la virgen, pero no me fue posible porque tenía que internarme en el pueblo y como apenas eran las 7:30 de la mañana, era muy probable que la iglesia estuviera cerrada, así que decidí seguir las flechas y continuar con el camino, ya me disculparía con mi cuñada.

En la calle, me encontré un pequeño puesto de dulces que los regalaba un señor a los peregrinos y además te ponía su sello personal, donde se declaraba amigo de los peregrinos, me detuve un momento para obtener el sello y más adelante cuando estaba en una tienda comprando algo para beber, entra una peregrina que había visto en el puesto de dulces y me dice: "¿Eres mexicano?" Le dije que sí y me comentó que me escuchó hablar en donde estaba el señor y le había quedado la duda, ella también era mexicana y se llamaba Ximena, se despidió y se fue a muy buen paso. Más adelante, se llega a un punto donde hay una especie de guerra de flechas amarillas que pretenden atraerte por una ruta o por otra (la derrama que dejan los peregrinos es importante) yo ya iba prevenido por lo que había leído en mi guía, de otra forma no hubiera sabido hacia donde caminar.

Tomé el camino original que se dirige hacia Valverde de la Virgen y en el portal de una iglesia que se encontraba en bastante precarias condiciones, había tres grandes nidos con seis o siete cigüeñas ahí apostadas, me encantaba verlas.

Andando a un costado de la carretera, me encontré con un gran negocio que decía con un letrero enorme: "Jardinería" y más abajo: "Se hacen trabajos de jardinería", digo, por si hubiera alguna duda, curiosamente el nombre del negocio era Olivares, o sea que todo encajaba, me dio mucha risa y no pude dejar de pensar en los chistes que se hacen de los gallegos. El sol apretaba fuerte y no había sombras donde resguardarme, me detuve donde había una *vending machine* para tomarme un refresco frío y me senté en el suelo a la sombra de una de las mesas de concreto que había en el lugar, tratando de descansar un poco. En eso estaba cuando vi pasar a una pareja de peregrinos que me llamó la atención, porque el hombre llevaba un llamativo paraguas amarillo y una mochila roja y la mujer iba de negro y su mochila era negra también, había un gran contraste, nos saludamos con el ya tradicional "buen camino" y se alejaron.

Cuando ya había descansado un poco, me calcé mis botas y me eché a andar, al poco rato vi a lo lejos a la mencionada pareja y les hice un par de fotos para el recuerdo. Cuando los alcancé, los saludé de nuevo y cuando los rebasaba el señor me preguntaba: "¿De dónde eres?" y le contesto "de México". Al hombre le cambió la cara. Se dirigió corriendo hacia mí y me dice "yo soy de Valladolid" y empieza a cantar a toda voz "México lindo y querido", me toma de los hombros y sin necesidad de pedírmelo, nos pusimos a cantar a grito pelado. La señora que lo acompañaba nos veía con una enorme sonrisa y cuando terminamos de cantar me dice el señor "hermano, mexicano, yo adoro tu país". Caminé un rato con ellos mientras íbamos platicando de todo y de nada, resulta que la señora era de Argentina y estaba haciendo su tercer camino. En el primero de ellos, hacía cuatro años conoció a Javier y desde esa fecha han mantenido contacto, ahora que regresó a hacer su tercer camino, su amigo decidió acompañarla durante algunas etapas.

Javier resultó ser un tipo muy agradable, extrovertido y platicador, me dijo que le encantaban las películas de Cantinflas y que en España era un verdadero ídolo, también habló de las películas de Pedro Infante y del cine de oro mexicano.

Al llegar a Villandangos del Páramo, le pidió a una peregrina que estaba descansando que nos hiciera una foto y ahí quedó la foto del recuerdo, en realidad fueron las fotos porque nos tomó fotos con los tres celulares. Continuamos caminando charlando y al poco rato nos despedimos, ya que ellos iban a un ritmo bastante más tranquilo que el mío, y tuvieron la atención de decirme que podía continuar a mi ritmo, que no sintiera pena alguna por hacerlo.

Cuando ya nos estamos separando, Javier me dice "oye, Carlos, lee el libro de Martín Fierro, es muy bueno, a mí gustó, es mejor que 'El Quijote'". ¿por qué me lo dijo? No lo sé, no habíamos platicado de mi afición por la lectura, pero me lo dijo.

Antes de las doce del día ya estaba llegando al albergue Vieira, justo a la entrada del pueblo. Ya había un par de peregrinos ahí y cuando tocó mi turno para registrarme, lo hice y pagué de una vez la cena para esa noche que sería grupal. Mientras esperaba mi turno, en una pequeña sala de descanso que tiene el albergue había varios libros para los peregrinos, me acerqué a verlos y ahí estaba un ejemplar nuevecito de Martín Fierro, como si estuviera esperándome, ¿qué curioso, no? Lo tomé y me lo llevé a mi mochila para leerlo cuando tuviera oportunidad. Es práctica común en los albergues tomar y dejar libros, lo curioso es que la mayor parte de los libros que hay no son en español. Para no variar, lo primero que hice fue darme un rico baño y salir a lavar mi ropa, otra vez acompañado de una rica cerveza fría. Después de comer algo en el propio albergue me retiré a mi litera a descansar un rato. En la habitación estaba Dana, la chica de Rumania que habíamos encontrado medio perdida en Bercianos del Real Camino, estaba descansando y me platicó en su básico inglés que seguía lesionada de su rodilla y que no sabía si podría continuar, que se iba quedar ahí un par de días a ver si se recuperaba.

CON SUSANA Y JAVIER EN VILLANDANGOS DEL PÁRAMO

Le sugerí que solicitara un masaje, que a la entrada del albergue había unos teléfonos donde se podía pedir e iban al albergue a dárselo, también le regalé unas cintas kinestésicas por si la persona que daba el masaje sabía colocarlas. Más tarde durante la cena me comentó que sí había pedido el mensaje y que se sentía mucho mejor, que por lo menos ya podía apoyar la pierna, pero que no le habían sabido colocar las cintas y las iba a guardar para ver si se las podían poner en otro lugar. Estaba contenta.

La cena resultó muy agradable. La mayoría de los comensales eran brasileños, había una mamá muy joven con su hijo adolescente, María Inés y Tiago, estaban haciendo el camino juntos. Ese tipo de parejas me encanta verlas, me encanta que se den la oportunidad de compartir una experiencia como esa que necesariamente los va a hacer comunicarse, de una manera u otra. Toda la tarde me la pasé descansando y después de la cena platiqué un rato con Amelia, la hospitalera del albergue, una señora muy amable y atenta.

En Facebook se leía así mi relato del día: *"Hola a todos, que disfruten un espléndido domingo. Yo ya hice mi tarea y caminé de León a San Martin del Camino veinticinco kilómetros muy satisfactorios. Una vez más caminando solo, que también me gusta mucho. La salida de León un poco larga, como en todas las ciudades grandes, se pasan los suburbios y en este caso también la zona industrial, inicié mi recorrido descansado y con muy buen ánimo y así traté de mantenerlo todo el día, difícil propósito cuando el sol se empeña en perseguirte, implacable y las sombras de los árboles no aparecen, solo la mía.*

En un punto que me paré a descansar y a tomar un refresco me rebasó una pareja hombre y mujer, él llevaba un paraguas y ella me dice 'ciao', por lo que pensé que eran italianos, terminé mi soda y reanudé mi camino. Antes de alcanzarlos les tomé una foto para compartirla con ustedes, y cuando los estaba rebasando les pregunté '¿de dónde son?', y ella me contesta 'yo soy de Argentina y el es de España', y el dice '¡Soy de Valladolid!' y me pregunta '¿y tú?', le digo 'soy mexicano', y que me grita 'ven, ven' porque ya los estaba rebasando, me abraza y empieza a cantar México Lindo y querido, si muero lejos de ti, le hice segunda y cantamos a dúo la canción, la argentina estaba emocionada y el español más, yo también, por supuesto.

Les pregunté sus nombres, ella se llama Susana y él Javier. Se conocieron la primera vez que ella hizo el camino hace cuatro años (este es su tercer camino) y cuando ella iba a hacerlo, le avisó y él se une a ella por algunas etapas para acompañarla, ¡fantástico! ¿no creen? Caminé con ellos una media hora, nos hicimos una foto, por insistencia de Javier, vio a una peregrina y le dijo '¡joder, haznos una foto!' jaja y ella nos hizo como diez con los tres celulares jajaja. Al poco tiempo me despedí de ellos para seguir a mi ritmo y por fin llegué al albergue, que afortunadamente era la primera construcción que apareció, antes de entrar al pueblo y aquí estoy, tomándome una cerveza, que ya de me juntó con el vino de la comida y pues, vale, aquí estoy. Un abrazo a todos los papás que me leen."

Etapa 21: SAN MARTÍN DEL CAMINO – ASTORGA

19 de junio de 2017

22.92 km

Así sonaba mi voz al arrancar la jornada: *"Las cinco cincuenta horas del día diecinueve, saliendo de, ¿de dónde estoy saliendo? jajaja, me da mucha risa esto, saliendo de... Bueno, voy camino a Astorga, ahorita no sé ni en dónde paré, jejeje, pasé por la Virgen del Camino, etc., pero no me puedo acordar ahorita del nombre del lugar, que no lo he conocido porque mi albergue estaba a la mera entrada, entonces ayer ya no quise salir a caminar, a conocer el lugar, pero creo que no hay mucho que verle. De todos modos ahorita voy a pasar por el pueblo, el desconocido, porque ahorita no me acuerdo cual es. ¡Qué bárbaro! Bye".*

Salí del albergue a las cinco cincuenta de la mañana, confirmé de paso que no había mucho que ver en el pueblo, a las 6:20 ya estaba saliendo el sol, listo para acompañarme durante esta jornada. Antes de dar vuelta en un camino de tierra, una vez atravesada con mucha precaución la carretera principal, me tocó ver una planta de la empresa Seat, como me acordé de mi amigo, Ramón Santiago, le tomé una foto para mandársela, pero luego no la encontré. Ahora que escribo estas líneas y que reviso las fotografías del día, ahí está la fotografía, ya se la mandé a Ramón.

A la entrada del pueblo Hospital de Órbigo, hay una construcción muy llamativa que supongo es un silo, pero que está lo suficientemente alta y bien hecha, color ladrillo, con vivos crema, que llama la atención; una vez más las cigüeñas en las torres de la iglesia de Santa María me dan la bienvenida y antes de salir del pueblo me encuentro con el impresionante puente del Paso Honroso, el cual es famoso porque el caballero Suero de Quiñones retó en 1434 a todos los caballeros que pretendieran cruzarlo a competir en duelo para ganarse ese derecho.

Es un puente magnífico de 20 arcos, un peregrino me hizo una foto al inicio del mismo. Todo él está empedrado, cruza el río Órbigo, debe medir más de doscientos cincuenta metros de largo y unos doce o quince de ancho, según mis cálculos. Para mí fue toda una experiencia caminar sobre este puente donde se llevaron a cabo sendas batallas de caballeros, disfruté mucho estar ahí y recorrerlo con toda calma, imaginando lo que había sucedido.

Continué con mi camino y me tocó encontrarme de nuevo con esas arboledas simétricas colocadas, según supe después, para cortar el viento. Sus árboles tenían unos doce o catorce metros de alto y enfrente de ella había una nueva, recién sembrada que pequeños retoños que no alcanzaban ni siquiera el metro, seguramente en el futuro harán competencia o más bien sumarán fuerzas contra los vientos del lugar. Al poco tiempo llegué a Villares de Órbigo, los primeros diez kilómetros se habían cumplido, y el sol me seguía acompañando, así como la gripa, esa famosa gripa que ya casi se iba, ya llevaba dieciocho días con ella.

Yo me sentía bastante bien, el camino me compensaba con sus paisajes a pesar de las bajadas y subidas que tuve que afrontar, fueron una serie de columpios o toboganes, como les llaman por allá. Además comenzó a amenazar la lluvia y me detuve a cubrir la mochila, sacar mi rompe vientos y a preparar el poncho para tenerlo a la mano en caso de que fuera necesario. En una bajada bastante larga, desde la que se alcanzaba a ver a lo lejos el pueblo de Astorga, me dieron alcance los dos vascos con los que había compartido albergue unos días antes y decidimos continuar juntos. Comenzaba a llover.

ENTRANDO A HOSPITAL DE ÓRBIGO

Llegamos a un lugar donde se apreciaba una panorámica muy bonita de Astorga y había una rotonda que se prestaba muy bien para las fotografías, así que aprovechamos para hacernos unas fotos de despedida, ya que los dos amigos vascos terminaban su peregrinaje en Astorga. Ahí nos alcanzó Ximena, nos saludó y decidió no detenerse para las fotos.

Emprendimos una bajada empedrada y muy amplia, a cuyo paso nos encontramos con un cantante del camino que resultó ser de Bolivia. Me detuve a charlar un poco con él, al final de la bajada había un monumento representado por un peregrino tomando agua, la estatua muy bien lograda. Ayudamos a una chica japonesa a tomarse unas fotos y nos hicimos las propias, una foto mía me gustó mucho porque estoy posando tomando agua en la misma posición de la estatua.

CUALQUIER PARECIDO ES MERA COINCIDENCIA

Antes de llegar a Astorga volvimos a alcanzar a Ximena, la chica de Monterrey, se la presenté a mis amigos vascos. En el ascenso por las calles de Astorga, Jimena (me aclaró que su nombre se escribía con J) se separó de nosotros porque iba a otro albergue.

Astorga te recibe con calles muy empinadas que sustraen la última energía que llevas. Nosotros nos dirigíamos casualmente al mismo albergue, el de las Siervas de María. A pesar de que llegamos apenas pasando las once de la mañana, ya se veía mucho movimiento. Tuvimos que hacer fila para registrarnos. Delante de nosotros estaba formado un peregrino con rastas y un atuendo típicamente indio y se veía bastante enfermo, lo estaba, estaba formado porque iba a pasar una segunda noche en el albergue, pero por las prácticas que tienen en el lugar, lo hicieron levantarse, salirse, y volver a entrar para registrarse de nuevo.

Nos tocó observar de manera muy incómoda la mala relación que había entre los dos hospitaleros que nos recibían: la que llevaba el registro y cobraba y el que nos encaminaba a las habitaciones y mostraba el albergue. Fue muy desagradable verlos discutir y criticarse mutuamente. Ya registrados, nos asignaron una habitación para 4 personas y coincidentemente fue otro vasco quien llegó a ocupar la cuarta cama, amablemente me cedió la litera de abajo. Yo me dispuse a bañarme, a lavar, y a tender mi ropa antes de que siguiera nublándose más.

El albergue estaba localizado en una de las zonas altas de la ciudad y construido en desniveles, había que subir y bajar muchas escaleras para acceder a los diferentes servicios. Cuando estábamos en la habitación, entró una chica diciendo que nos había escuchado hablar en euskera (idioma del país vasco), y de inmediato hizo clic con Xavier, el tercer vasco con el que compartíamos la habitación. El resto del día los vi juntos por todo Astorga. Una vez acicalado y después de descansar un poco, me salí a conocer los alrededores; saliendo del albergue, a la izquierda, se entraba a un parque muy bonito y muy bien cuidado desde el cual se podía ver el edificio completo del albergue que en su tiempo había sido un convento. Había mucho que ver en Astorga y todo estaba relativamente cerca: la catedral de Santa María, el Ayuntamiento, el Palacio Episcopal que alberga el Museo de los Caminos, su muralla, los hallazgos de una casa romana aún con parte de sus mosaicos originales y acceso a sus habitaciones... En fin, había para entretenerse.

Mi primer recorrido, después de visitar el parque, fue para buscar dónde comer y me quedé en un restaurante al aire libre en la plaza donde está el Ayuntamiento. Comí el menú del peregrino, llegaron los amigos vascos, Zorión y Josu, y se sentaron en una mesa al lado de la mía, también recuerdo haberme encontrado a Pierre. Después de comer, caminé un poco por las calles de Astorga y regresé hacia el albergue, me detuve a ver la casa romana que tiene un audio que te explica la historia de ésta y de cómo fue descubierta y preservada.

Al poco rato volví a salir para dar otra caminada y cuando iba por la plaza del Ayuntamiento escucho que una persona se me acerca corriendo y era Jeanne, nos dio muchísimo gusto encontrarnos y nos dimos un abrazo. Me invitó a acompañarla a uno de los restaurantes al aire libre donde estaba su esposo y quería presentármelo, fui con ella y nos presentamos, me invitaron una copa de vino blanco en tanto les servían su comida, estuvimos platicando un rato y cuando llegó su paella negra, me despedí para que comieran a gusto. En una de las calles de Astorga encontré una churrería y me dio un antojo tremendo de unos churros con chocolate, lo malo es que las tres o cuatro veces que pasé estaba cerrada, tenía un letrero que decía que abrían desde las seis de la mañana, y me programé para pasar al otro día antes de salir del pueblo.

Tuve la oportunidad de visitar y conocer, sólo por fuera, el llamado Palacio de Gaudí, una construcción hermosa con todo el estilo de este genio arquitecto. Le tomé un montón de fotos que me había encargado mi cuñada, Tita, con la catedral y la muralla a un lado, las tres veces que pasé encontré todo cerrado así que me tuve que conformar con ver los edificios por fuera. Ya para la última pasada, hacía mucho frío y como estaba en el otro extremo del pueblo decidí mejor regresar para resguardarme en el albergue.

PALACIO DE GAUDÍ EN ASTORGA

Desde antes de llegar a Astorga, se veían muchos anuncios de un platillo llamado el "cocido Maragato", que es una sopa, pero que se sirve por separado en tres tiempos: Primero te sirven las carnes, que son diez diferentes tipos; segundo te sirven los garbanzos, las papas y las verduras; como tercer tiempo te sirven la sopa de fideo, líquida o espesa, como tú prefieras y, finalmente, como cuarto te sirven el postre, roscón de Maragato. No probé el plato, me parecía mucha comida, además el costo del plato era de más de veinticinco euros en el lugar más económico que encontré.

Al revisar mi programa para el día siguiente, observé que tomando una pequeña desviación de unos pocos kilómetros se podía visitar un auténtico pueblo maragato que se conservaba tal cual era en el siglo XVI. Me programé para visitarlo. Me dormí poco después de la hora acostumbrada, casi a las diez de la noche, mis tres compañeros de cuarto llegaron bastante tarde, ellos ya no tenían que madrugar porque ahí terminaba su camino este año.

Post de Facebook: *"Hola, ciao, hello. Hoy de San Martín del Camino a Astorga ha resultado ser una jornada rica de imágenes y pensamientos. Temprano, poco antes de las seis inicié mi andar y para ello era necesario cruzar todo el pueblo de San Martín del Camino, la primera revelación que tuve es que no me podía acordar de donde estaba, después de algunos o muchos minutos saqué mi guía y vi el nombre del lugar jajaja. Al inicio parecía que el camino sería igual al del día anterior, siempre junto a la carretera, más de repente y como queriéndome decir algo, el camino tuerce a la derecha, cruza la N-120 y se interna en una especie de bosque, al lado de un canal de riego, justo a la hora en que despertaban los pajaritos y las ranas y esos tres sonidos, el canto de los pájaros, el croar de las ranas y el fluir del agua me acompañaron durante unos 30 minutos, fabuloso, después, crucé el canal y continúe por un camino que parecía el bueno, más de repente vi letreros del otro lado y me puse a dudar, traté de caminar fuera del sendero hacia los letreros y lo único que logré fue llenarme de espinas. Desandé lo andado para ver si me había equivocado realmente y vi venir a varios peregrinos, los primeros del día. De cualquier forma me regresé al punto del cruce del canal y no había error, así que me encaminé de nuevo. Otra vez íbamos al lado de la carretera y yo estaba pensando en eso, porque más adelante del primer pueblo había dos opciones, seguir por la brecha al lado de la carretera otros dieciocho kilómetros o tomar otra ruta que se iba por el campo, pero había que caminar dos y medio km adicionales. En eso iba pensando cuando súbitamente en camino entra en otro tramo de bosque, muy curioso, porque la carretera seguía estando a un lado pero ya no se veía ni oía, otra vez era el sonido de las aves, grillos, viento.*

Y entendí que el camino me quería decir algo y ese algo es que la vida nos ofrece opciones y debemos inclinarnos por la que más queramos aunque ello represente un esfuerzo adicional. Lo mejor es que hay opciones o podemos construirlas. Continué el camino y llegamos a un puente maravilloso con una historia igual de maravillosa, en él un caballero retó a todos los caballeros del reino a romper lanzas con él o con alguno de los suyos si es que querían pasar por el puente.

No sé cuántos combates se dieron pero se habla de más de trescientos. Caminarlo fue genial. Y así, andando y descansando llegamos al último pueblo antes de Astorga, y digo llegamos porque me alcanzaron dos amigos del camino del país vasco, Josu y Zorión, y seguimos juntos los últimos cinco kilómetros y qué bueno porque ya estaba cansado e ir platicando ayuda.

Después se nos unió Ximena, una chiquilla de Monterrey que conocí ayer y que estaba haciendo el camino del Norte y decidió pasarse al francés en busca de calor. La llegada al albergue fue una tremenda subida y el premio fue que nos tocó una habitación para cuatro, tres vascos y yo. Astorga es una ciudad hermosa (un pueblo grande oí decir por ahí), en el pasado llego a tener obispo y arzobispo cuando ni en León lo tenían. Les dejo unas fotos del andar y de Astorga también. Espero les gusten. Pst pst todavía quedan etapas para aquellos que quieran cooperar en ayudar a los niños del Ejido Colima. También pueden donar libros infantiles y juveniles y juegos y juguetes en buen estado. No tenemos ningún ajedrez todavía."

Etapa 22: ASTORGA – FONCEBADÓN

20 de junio de 2017

25.19 km

Salí a las cinco cuarenta y cinco de la mañana con dos ideas en mente: que ese día llegaría a la Cruz de Hierro y que pasaría a ver un poblado Maragato. En las dos fallé.

Transcripción de mi grabación mañanera: *"Saliendo de Astorga, un poco antes de las seis de la mañana, como al cuarto para las seis, camino a Foncebadón, hoy es uno de los días especiales... Como casi todos, porque se llega a la Cruz de Fierro, la Cruz de Fierro es un monumento, una cruz, donde los peregrinos suelen dejar una piedra, que traen de su lugar de origen. Yo traigo mi piedra desde México, la pienso dejar ahí, se supone que uno deja ahí las cosas que no quiere estar cargando, a ver si funciona, voy entusiasmado, voy bien, son veinticinco kilómetros, pero prácticamente es pura subida, dicen que leve los primeros diecisiete kilómetros, ya más pesada los últimos ocho; también voy a aprovechar para pasar a ver un pueblo, hay una pequeña desviación que te lleva a un pueblo diferente muy clásico de la región, la región Maragata y ahí estaremos".*

Me sentía bien cuando salí, quería estar a tiempo para cuando abriera la churrería, mas al llegar al lugar todo estaba cerrado y ni señales de que fueran a abrir temprano.

La ruta de hoy era en ascenso constante y ello implicaba un desgaste mayor. Me sabía bien la salida del pueblo, porque el día anterior lo recorrí varias veces. Es distinto cuando ves un lugar casi de noche, sin gente por las calles y las siluetas de los edificios recortando un cielo azul oscuro. Ya a la salida pasé a un costado de una iglesia con estilo arquitectónico moderno, como si hicieran falta nuevas iglesias, y en uno de sus muros laterales, un enorme mosaico formando un rombo con letras que decía "Guía señor mi camino" y se leía lo mismo en todas las direcciones que uno lo viera.

Guía Señor mi Camino

Caminando por una avenida muy amplia vi un par de peregrinos con un pequeño perro chihuahua, que apenas le daban sus patitas para caminar al ritmo de sus amos, a ratos lo levantaban para llevarlo en brazos y a ratos lo bajaban para que caminara, algo curioso.

A la altura de Valdeviejas hay una ermita que se llama de Ecce Homo del siglo XVIII, recién restaurada en el 2007, y crucé la avenida para visitarla, puesto que estaba abierta e iluminada.

Había una señora mayor en el interior que te ponía tu sello y te hablaba de la Ermita si tenías tiempo de escucharla. Era pequeña y muy bonita, el ermitaño no estaba en ese momento. Continué mi camino a las 6:20 de la mañana. Cuando me reincorporo, veo a lo lejos a una persona que me resulta familiar, y así andando y andando le di alcance y era Jimena, la chica de Monterrey, nos dio mucho gusto volver a encontrarnos y continuamos el camino juntos; me platicó que ella venía del Camino del Norte que lo inició en San Sebastián y que le estaba gustando mucho, pero que se había cansado del frío y de la lluvia y decidió pasarse al Camino Francés a partir de León, iba sola con sus 22 añitos.

Al llegar y pasar por el pueblo de Nurias de Rechivaldo, como íbamos tan enfrascados en la plática, ni ella ni yo nos dimos cuenta de la desviación que nos llevaría a Castrillo de los Polvazares, el pueblo representativo de la maragatería. Cuando nos dimos cuenta había que regresar como dos kilómetros y luego tomar la desviación de otros dos kilómetros aproximadamente. Decidimos, con la pena, dejarlo ahí y continuar con nuestro andar y platicar. El día estaba bastante soleado y caminable, hubo tramos por carretera que aprovechamos para hacer unas fotos caminando por la línea blanca central, dado que no pasaba vehículo alguno, salvo algunos bicigrinos; así, fuimos pasando población tras población, donde todavía nos recibían las cigüeñas, en sus grandes nidos sobre las torres de las iglesias.

Desayunamos algo, ya con mucha hambre. Ahí por el kilómetro veintidós y medio llegamos a una fuente-abrevadero, que sólo invita para la foto, pero no para surtirse de agua ya que es utilizada por el ganado y los caballos.

Jimena se adelantó o se quedó en algún punto a descansar, no recuerdo si se encontró a unas amigas o qué pasó, pero en un pequeño vídeo que tengo ya voy caminando solo de nuevo en un ascenso pesado, con mucho sol y en un camino accidentado, lleno de piedras y lascas, no se ve fácil.

Aún iba con la idea de encontrarme la Cruz de Hierro, sin caer en cuenta de que en realidad ésta se ubicaba pasando el pueblo de Foncebadón y no antes. De hecho me di cuenta cuando llegué al pueblo y a la entrada hay una pequeña cruz a media carretera que, obviamente, no era la Cruz de Hierro sino una de bienvenida al "pueblo", se trataba de una cruz de madera con fecha 1 de abril de 2017, o sea muy reciente. La entrada a Foncebadón es sorprendente, se termina el pavimento de la carretera y la calle principal, única calle del pueblo, no está pavimentada. Las primeras casas que se ven están en condiciones deplorables, abandonadas y a punto de derrumbarse, parece que lo único que hay en condiciones de habitabilidad son los albergues, sin embargo las vistas son fenomenales. Estamos a una altura superior a los cerros circundantes donde se ven los generadores eólicos hacia abajo. Contraste tras contraste llegué a mi albergue.

Me recibió el dueño y encargado del mismo, Luis, creo se llamaba. El albergue era pequeño y estaba en proceso de ampliación, al frente tenían un despacho donde estaba la entrada, un pequeño comedor con un refrigerador lleno de refrescos, agua y cervezas, la cocina en la pequeña oficina y después un patio con mesas de madera al aire libre y solo una habitación con cuatro literas. El único baño, mixto, estaba en un cuarto por separado, y había que salir al patio para pasar al baño, otro pequeño cuarto estilo bodega era para dejar las botas y los bastones y, en la parte de atrás, estaba el tendedero y unas sillas con un techo, donde se sentaba uno para admirar el magnífico paisaje.

Fui el primero en llegar al albergue, escogí mi litera y me dispuse a cumplir con el ritual de limpieza y acomodo. Cuando estaba comiendo una hamburguesa en el patio, llegaron otros peregrinos y al poco rato se llenó el albergue. Desde el patio de atrás se alcanzaba a ver el albergue público al que llegó Jimena, pero no alcancé a verla. Esta vez no tenía sentido salir al pueblo a caminar, no había nada que ver más que casas en ruinas, así que no salí, me quedé a descansar y a platicar con otros peregrinos. Me tocó charlar un buen rato con una pareja de maestros, él argentino y ella paraguaya que daban clases en Dubái, él era consejero en la escuela y ella maestra de español.

Mi vecina de litera resultó ser una alemana como de 1.90 metros muy agradable y extremadamente fuerte, guapa también. Platiqué bastante con el hospitalero y me decía que en invierno llegaban a 20 ó 25° bajo cero y a veces con nieve, que solo muy pocas personas eran las que vivían en el pueblo, los empleados de los albergues iban y venían todos los días desde su lugar de residencia y sólo los hospitaleros-dueños de albergue viven ahí. Estaban tratando de impulsar al pueblo de nueva cuenta.

Descansé, le di mantenimiento a mis pies que ya estaban bastante adoloridos y lastimados, busqué mi piedra que llevaba desde México para dejarla al otro día en la Cruz de Hierro y no la encontré, seguramente en algún momento la perdí. Ni hablar, tendría que tomar otra piedra del camino apenas saliera de Foncebadón.

Post de Facebook de ese día: *"Caramba, no lo puedo creer, ya concluí una de las etapas que más temía, Astorga-Foncebadón, veinticinco kilómetros subiendo, leve al principio y más pesado en los últimos siete kilómetros. Salí de Astorga a las 5:45, con la esperanza de encontrar la churrería del lugar abierta, más nada, todo cerrado. Crucé toda la población y caminé por la banqueta de una calle que conectaba con la senda a seguir, tenía interés en ver una Ermita, la Ermita del Ecce*

Homo, del siglo XVII. Por un momento pensé que me la había pasado, porque hay pocas señales y como era muy temprano, pues no se veía bien.

Así iba cuando de repente volteé al lado opuesto de la acera y vi una construcción iluminada y una persona mayor en la entrada, crucé la calle y era la ermita, no estaba el ermitaño, más estaba una señora como de ochenta y cinco años muy amable, que me invitó a pasar y me ofreció el sello de la Ermita. Continué mi camino y vi que delante de mí iba Ximena, la chica mexicana que conocí en San Martín del Camino. La alcancé y nos fuimos platicando o no, el resto de la jornada. Justo al pasar la primera población olvidé desviarme para ir a conocer un pueblo Maragato del siglo XVII, en fin, me lo perdí. El camino iba un continuo ascenso apenas perceptible, sin embargo ayudaba mucho ir con los bastones. Hicimos dos paradas para tomar y comer algo ligero y continuamos ya con un calor intenso y un incremento considerable en la pendiente de la subida.

Jimena se adelantó un poco y yo continué a mi paso, más bien mi lastimoso paso porque era camino de piedras y con subida, uff los pies dolían a cada paso, pero ya no se quejan, ni gritan. Yo iba con la esperanza de encontrarme en algún punto la cruz de Hierro, que a mi entender estaba antes de Foncebadón, y no, llegamos a Foncebadón y la cruz no apareció, resulta que está como dos kilómetros después, así que mañana arranco subiendo y después la terrorífica bajada. Por cierto, en Foncebadón no hay nada de nada, es un pueblo casi muerto con muchas casas derruidas y que sobrevive gracias a los peregrinos. Así que hoy descansaré."

DESDE LO ALTO DE FONCEBADÓN

Etapa 23: FONCEBADÓN – PONFERRADA

21 de junio de 2017

26.78 km

Esto es lo que grabé al salir del albergue: *"Son las seis y cuarto de la mañana cough cough, ahora salí un poco tarde porque tomé el desayuno en el albergue que ya estaba incluido, estoy saliendo de Foncebadón... Subiendo de inmediato por la calle principal, por la calle Real del Poblado, desolado camino de piedra y tierra, el primer punto que vamos a encontrar hoy con mucha ilusión es la Cruz de Hierro, donde dejaré mi piedra que representa aquellas cosas que uno anda cargando y que ya no debería uno estar cargando. Mi piedra se quedará ahí, mis cargas se quedarán ahí. Veremos si puedo hacer una introspección y meterme en ese rollo. La cita hoy es en Ponferrada y esperemos llegar sin contratiempos porque es una bajada terrible, realmente terrible la que hay que hacer, bye".*

Todo lo demás era bajada, daba miedo, las bajadas en piedra lastiman mucho los pies, eso sí: los paisajes eran fenomenales, no hay ninguna foto que les haga justicia. Recogí una piedra y me la puse en el bolsillo del pantalón, estaba listo para la Cruz de Hierro. Esta se veía algo lejos, apenas una columna espigada como una aguja en medio del camino. Desde que la ves haces conciencia de tu proceso de reflexión o no, de lo que significa lo que vas a hacer cuando llegues a ella: dejar las cargas que uno viene arrastrando por años, días, meses, no sé, pero esa es la idea.

Desde lo lejos vi la cruz, alta, espigada como ya dije, sobre un montículo de tierra y piedras y con varios peregrinos alrededor. A lo lejos distinguí que ahí estaba Jimena con un amigo, cuando llegué ella ya se iba, alcanzó a tomarme unas fotos con su celular y se fue. Yo subí hasta la base de la columna, deposité mi piedra y observé el escenario; una chica de Argentina, que traía una rodillera, se ofreció para hacerme un par de fotos, cosa que le agradecí.

Si alguno de mis dos lectores espera que diga aquí qué dejé junto con la piedra, se va a quedar con las ganas.

Al bajar del montículo, me dirigí a observar una pequeña capilla levantada a un costado del camino y también un reloj analemático, que viene siendo un reloj de sombra donde uno mismo es el que genera la sombra que marca la hora. Recuerdo muy bien que en el *post* de ese día en Facebook hice una pregunta a mis lectores de qué era un reloj analemático y sí fue contestada por mi prima, Manola.

Hice varias fotos del reloj porque tenía muchos símbolos y mensajes. Ya que me retiraba, vi que Pierre había llegado y estaba subiendo el montículo, lo saludé de lejos. Él estaba con unos amigos franceses y yo continué mi camino. Unos 50 metros más adelante volteé y la escena con la salida del sol, la cruz, y las personas junto a ella, una de las cuales era Pierre, me gustó mucho y tomé varias imágenes, que después le hice llegar.

Había que seguir y seguí, después de pasar y estar en lugares como la Cruz de Hierro uno se sensibiliza más todavía y empecé a notar más detalles del camino: flores, cruces, letreros en las bancas y como que quería fotografiarlos todos. Una vez más pasé por un carrito con bebidas, fruta y ¡bordones! para la intensa bajada y sólo decía: "Donativo". Esto me encantó nuevamente.

LA CRUZ DE HIERRO

Caminando por la carretera a eso de las 7:20 de la mañana llegas a Manjarín, donde está el albergue o refugio más rústico del camino, manejado por Antonio, quien se llama a sí mismo el último caballero templario. Cometí el error de no detenerme a sellar mi credencial y conocer por dentro el pequeño refugio. Realmente es rústico.

Después supe que su dueño estaba fuera cuando yo pasé y que en ese momento el refugio estaba a cargo de un amigo. Más adelante y por seguir la senda que seguían otros tres peregrinos empezamos a ascender por un cerro y después nos percatamos que no llevaba a ningún lado, bueno, a ningún lado que nos fuera útil, y en lugar de regresarnos por donde habíamos caminado bajamos cortando camino como pudimos hasta llegar a la carretera y ahí tomamos la terracería correcta que sí correspondía a la del camino. Fue un poco emocionante porque la bajada era un tanto peligrosa, pero los paisajes que teníamos justo enfrente desde un punto de vista más alto qué los peregrinos que iban abajo valían la pena.

Al bajar por la senda correcta había que cuidar muy bien dónde se pisaba porque había mucha piedra suelta y no suelta, por lo que los bastones fueron de nuevo de mucha utilidad. Tuve la oportunidad de tomar mis primeras fotos pegando el celular (con estuche adherible con nanotecnología) a las señales metálicas de la carretera, funcionó bien y pude obtener mis primeras *selfies* de cuerpo completo.

Los ojos y la mente se llenaban con los paisajes que venía contemplando. Entramos a la región del Bierzo y ello generó otra pregunta en el *post* del día. Llegué al poblado de Acebo con sus pequeñas casas de piedra, algunas en malas condiciones y otras en venta, como en casi todos los pueblos por los que había pasado.

Al llegar a Riego de Ambrós, ya iba caminando de nuevo con Jimena y en ese pueblo nos encontramos descansando a la sombra de una escalera a Tiago, el muchacho brasileño, y a su mamá, con los que había cenado en un albergue unas noches atrás. Nos dio mucho gusto encontrarnos de nuevo, yo quiero insistir en que me parece muy interesante y valioso que un hijo adolescente haga este camino con su padre o su madre, seguro que compartirán cosas que los unirán toda la vida.

El pueblo muy bonito, con sus balcones adornados con geranios, llenos de flores de varios colores. Más adelante nos tocó ver a cuatro peregrinos que llamaban la atención porque los cuatro llevaban su paraguas para protegerse del sol, formaban una estampa muy curiosa.

Los paisajes se seguían sucediendo uno tras otro. Llegamos a Molinaseca y ya sólo nos faltaban ocho kilómetros para Ponferrada, llegaríamos

cansados y contentos. Continuamos nuestro camino dejando Molinaseca, atravesamos un puente que cruza el río Meruelo, aquí las fotos
las tomó Jimena y me tomó una foto que me gusta mucho. Otro peregrino nos tomó una foto a los dos, también muy bonita. Al final y ya
cansados llegamos al albergue, en esta ocasión sí coincidimos: el lugar
era una casa grande habilitada como albergue. Jimena dijo que se iba
quedar toda la tarde a descansar y yo tenía propósito de salir a conocer,
al menos, el castillo templario de Ponferrada.

PUENTE DE MOLINASECA

Después de comerme un estupendo plato de lentejas y algunas otras cosas, y ya que había lavado y tendido mi ropa, me fui a caminar. Hacía
mucho calor, los termómetros que señalaban las farmacias marcaban
39° y después de caminar dos o tres cuadras llegué a la avenida principal
y tomé camino hacia el centro, tratando de cubrirme con las pocas som-

bras que encontraba. El primer lugar al que entré, más por la sombra que por otra cosa, fue un recinto que presentaba una muestra de toda la utilería que utilizan en Ponferrada para la representación del vía crucis cada semana Santa. Resultó ser una exposición bastante impresionante, con piezas de la hechura muy fina y artística, además de que todas eran muy ilustrativas, realmente se toman en serio las representaciones del vía crucis, además, al final del local, había un salón con una maqueta enorme que representa todo el proceso del vía crucis desde la entrada a Jerusalén hasta la resurrección. Muy bien hecha.

De ahí continué hacia la plaza principal donde se encuentra el Ayuntamiento y la Basílica de Nuestra Señora de la Encina, pasé por debajo de un arco que tiene un reloj representativo del lugar, había también otras iglesias, pero lo más sorprendente era el Castillo de los Templarios. Antes de acercarme a él, entré a la iglesia de la Encina y como todas las iglesias de la Orden Templaria, su construcción es muy sencilla, sin adornos, sobria y muy bonita.

El castillo, por su lado, es imponente, enorme, rodeado ahora por la ciudad, con un río pasando por uno de sus costados, haciendo las veces de foso. Afortunadamente, tuve la oportunidad de entrar de manera gratuita y recorrerlo, no en su totalidad porque es enorme y el subir y bajar escaleras con el calor que estaba haciendo no tardó en pasarme factura. Disfruté mucho observando y haciendo fotos de la ciudad desde lo alto de las torres y los corredores utilizados para la defensa del castillo. Había pocos peregrinos, seguramente por el calor.

Cuando ya no podía más y todavía me faltaba ver las salas interiores que hacían las veces de museo, me rendí y decidí retirarme. Frente al castillo había visto desde lo alto que en un bar ofrecían churros con chocolate, a pesar del calor, yo seguía teniendo mi antojo y decidí ir por ellos. Los disfruté como niño chiquito. De regreso al albergue, quería encontrar la oficina de correos para comprar unos timbres o estampas postales para enviar unas tarjetas a Tere y a mis hijas, mismas que andaba cargando desde hacía ya algunos días. Cuando me dijeron donde estaba la oficina de correos y saber que tenía que regresarme bastante para llegar, preferí continuar hacia el albergue.

Llegué y me dispuse a descansar. Después de cenar empaqué mi ropa y algunos comestibles que había comprado para el siguiente día. Las hospitaleras me explicaron que todo lo necesario para el desayuno quedaba preparado y disponible tanto en la cocina como en el comedor y que podíamos bajar a tomarlo a la hora que quisiéramos, que la llave de la entrada principal la dejáramos en la cajita que tenían en un mueble para tal efecto. También las hospitaleras me explicaron una forma de entroncar con el camino sin tener que regresar hasta el centro, lo cual nos ahorraría más de dos kilómetros de caminata, situación que les agradecí mucho.

Post de Facebook: "Creo que la palabra 'especial' se me está agotando. Hoy fue una jornada muy atractiva, tanto en lo visual, como en el reto que implicaba. Salir de Foncebadón con la certeza de que uno va a encontrar la Cruz de Fierro, un lugar emblemático por varias razones: 1) es el punto más alto del Camino de Santiago, 2) la tradición dicta que uno debe dejar en la base de la Cruz una piedra (traída de tu lugar de origen o levantada del camino) esa piedra significa aquellas cosas que quieres dejar atrás, penas, preocupaciones, ofensas, cosas por perdonar, etc. el simbolismo es impresionante desde que uno asciende y asciende y se ve a lo lejos la cruz, 3) porque ahí hay una pequeña capilla en honor al Apóstol Santiago, y 4) (cosa que no sabía, hay un reloj analemático del peregrino) les dejo de tarea para que sirve, jeje. Después de la Cruz de hierro había que empezar a descender largo y tendido con unas vistas maravillosas, que mi cámara no puede capturar fielmente, y que, de cualquier forma les acompaño.

En algún punto del día me reencontré con Jimena, de Monterrey y caminamos juntos como la mitad de la jornada. Al final, sobre todo, nos vino muy bien venir acompañados. Lo de la piedra en la cruz de fierro, me recuerda una historia de dos monjes que van por el campo hacia su monasterio. Antes de cruzar un rio caudaloso, se encuentran a una mujer de la vida galante y ella les pide ayuda para cruzar. Uno de los monjes no duda y la carga en sus brazos y la lleva al otro lado del río. El otro monje se queda entre horrorizado y sorprendido. Ella le agradece al monje y continúan su camino. El monje sorprendido no dejaba de cuestionarle a su amigo, como se había atrevido a ayudar a una prostituta y menos a cargarla. Después de muchos kilómetros y de que el segundo monje seguía duro y dale con su cantaleta. El primero se detiene y le dice 'mira hermano, la ayudé y la dejé al otro lado del río, tú en cambio la has venido cargando por más cinco horas, eso sí que no lo entiendo'. Así la vida, a veces vamos cargando cosas que deberíamos soltar. ¿O no? Disfruten las fotos, yo disfruté mucho este día. Por cierto, la gripa se quedó en Astorga hace dos días y la tos se quedó en Foncebadón ayer ¡por fin!".

CASTILLO DE LA ORDEN TEMPLARIA EN PONFERRADA

Etapa 24: PONFERRADA – VILLAFRANCA DEL BIERZO

22 junio de 2017

24.67 km

Jimena y yo salimos juntos muy temprano, a las 5:30 de la mañana ya estábamos en la calle. Desayunamos lo que nos habían dejado preparado las hospitaleras: pan, mantequilla, fruta, jugo y cereal. Cuando salimos era literalmente de noche, la ciudad iluminada y el camino que tomamos, totalmente solo, íbamos siguiendo las indicaciones que nos dieron la noche anterior. Afortunadamente yo ya había descargado la aplicación que me recomendó Jeanne con la cual podías descargar el mapa de la etapa desde el albergue y ya sin conexión *Wi-Fi* te daba seguimiento de dónde estabas con respecto a la ruta marcada. De esta manera yo podía saber que caminábamos en dirección a encontrarnos con la ruta de ese día. A la altura del Museo de la Energía, poco después de las seis de la mañana, ya teníamos luz de día. Cuando llegamos al poblado de Columbrianos, lugar donde se cultiva como en toda la zona del Bierzo una excelente uva de la variedad Mencía, nos recibió una cigüeña en su enorme nido, con la variante de que éste estaba ubicado en una columna hecha ex profeso para ello. De esta manera evitaban que las cigüeñas invadieran las torres de la iglesia. Ya por el kilómetro diez, llegamos a Campo Naraya, población en la que cruzamos el río Reguera de Naraya, allí nos detuvimos a tomar un café caliente y a comer un bocado.

Recuerdo un mosaico en el bar donde paramos, hecho con trozos que formaban la palabra Naraya, al cual le tomé una foto para mandársela a mi amigo, Noala Guerra, que entre sus muchas habilidades está la de hacer mosaicos artísticos. Caminábamos rodeados de viñedos, me gustan mucho, lástima que no era el tiempo adecuado para que estuvieran cargados de uvas. Llegamos al poblado de Cacabelos, ahí Jimena se emocionó mucho al encontrar en la calle a un perrito muy parecido al suyo, tanto le gustó que se acercó a saludarlo muy entusiasmada, ahí también vimos un mural con un mensaje que decía "La humanidad sufre las consecuencias de su progreso incontrolado... ¿Cuándo conseguiremos armonizar ciencia y naturaleza?" Al salir del pueblo atravesamos el río Cua y pasándolo encontramos un lagar de vino del siglo XVIII, que es un artilugio de madera usado para prensar la uva y obtener el mosto, destinado por supuesto a obtener el vino.

El sol estaba fuerte y nos iba mermando fuerzas, llegamos a Pirros y los paisajes nos seguían regalando imágenes inolvidables, los poblados con sus casas rústicas, algunas en franco deterioro, le daban un toque muy especial al hecho de pasar por ahí, como entrar a un pedazo de historia del cual quisiera uno saber más. En muchos viñedos de esta zona pudimos apreciar los rosales sembrados en sus extremos, estos sirven como señal de alarma para saber si algo está mal con la tierra y poder tomar medidas oportunas para corregir el problema. Jimena decidió no ir a Valtuaille de Arriba y ya no continuamos juntos hasta Villafranca del Bierzo, quizás estaba considerando otra opción para los últimos seis kilómetros, ya que parte de ellos eran de subida y el calor estaba muy fuerte, había un camino un poco más corto y posiblemente por ahí se fue ella.

El camino que tomé a pesar de ser más largo, bien valió la pena, la subida, los viñedos, ver una casa solitaria en la cima de una colina rodeada de viñedos, todo eso me encantó. Iba yo fascinado, soñando con vivir en un lugar como ese.

LOS VIÑEDOS Y SU ROSAL

La llegada a Villafranca del Bierzo también me gustó mucho, a la distancia se veía un enorme edificio que resultó ser una iglesia, la Iglesia de Santiago, al pasar por un costado de ella te das cuenta o te enteras de que ahí está la famosa (entre los peregrinos) Puerta del Perdón, que es una puerta que si las pasas después de haber cubierto algunos requisitos (gracias, jubilares) la Iglesia Católica te otorga el perdón de todos tus pecados sin necesidad de llegar a Santiago de Compostela. Esta puerta se "habilitó" por allá en el año 1122 para aquellos peregrinos que, por algún impedimento de salud, no eran capaces de cumplir su misión de llegar hasta la tumba del apóstol Santiago. Esto es, pasar por la Puerta del Perdón, tendría el mismo valor que llegar a la Catedral de Santiago de Compostela.

Más adelante encontré el castillo de los marqueses de Villa Villafranca del Bierzo del siglo XVI. El poblado es muy bonito, con sus calles empedradas, estrechas, sus construcciones antiguas todas.

Yo llegué al albergue Leo, recuerdo que llegué muy temprano como a las once de la mañana, me permitieron pasar y me pidieron que esperara en el bar, el lugar estaba muy oscuro, había una señora de edad trapeando y un señor también mayor haciendo la limpieza del resto del lugar, se veían bastante ocupados. Vi que había una peregrina en la sala descansando, poco después me enteré de que esta mujer tenía una lesión en la rodilla y ya llevaba algunos días en el albergue y ese día se regresaba a Alemania para que le atendieran su lesión.

Después de esperar como cuarenta y cinco minutos llegó María, la hospitalera con la que había hecho mi reservación y me hizo el registro, asignándome una cama baja sin litera, lo cual me dio mucho gusto, charlamos un poco y me explicó que ella y sus papás se hacían cargo del albergue y que era un trabajo pesado porque no descansaban ni un solo día desde marzo que abrían, hasta noviembre que cerraban. Me regaló un mapa del poblado y listo, procedí con mi rutina de limpieza, higiene personal y acomodo de mis cosas.

Me salí a buscar algo para comer y aprovechar para conocer un poco de Villafranca, pueblo rodeado de cerros arbolados con un río cercano y una playa fluvial para las familias, que cuando la visité estaba llena de gente y niños divirtiéndose. Yo andaba deambulando de arriba para abajo, no tenía ganas de irme a encerrar en el albergue. Ya al anochecer, antes de irme a dormir, María, la hospitalera, me preguntó si ya tenía dónde dormir en O'Cebreiro. Le dije que sí, que ya había hecho una reservación, pero no me acordaba del nombre del lugar. Fui por mis papeles y ya que le dije el nombre del albergue que había reservado me comentó que ya sospechaba que algo fallaba y me aclaró que ese albergue estaba como a diecisiete kilómetros de distancia de O'Cebreiro, y que era un truco que utilizaban en algunos albergues de anunciarse como si estuvieran en el poblado y en realidad están, algunos, a mucha distancia.

Me explicó que en O'Cebreiro sólo había un albergue que casi siempre estaba saturado, los demás espacios eran hostales o pensiones, de inmediato se comunicó con algunas de estas y todas estaban llenas, hasta que encontró un lugar en un mesón a cuarenta euros la noche, para una habitación privada, con la advertencia de que era en un ático y el techo era muy bajo, acepté que me hiciera la reserva y le agradecí mucho sus atenciones.

Al otro día tuve la oportunidad de ver que a escasos diez kilómetros de Villafranca estaba el albergue que había reservado originalmente y que se anunciaba como si estuviera en O'Cebreiro. Aquí mi grabación de ese día, que no la hice temprano:

"Hoy no hice grabación temprano, porque salimos y empezamos a caminar y, platicando con Jimena, ya no hice mi grabación, además iba muy pendiente del camino porque hoy no íbamos a seguir la ruta marcada. Este es un pago por esa plática. Hoy salimos de Villafranca del Bierzo, no, llegamos a Villafranca del Bierzo. Salimos de Ponferrada, una bonita ciudad, y llegamos bien, cansados pero llegamos bien".

Post de Facebook: *"De Ponferrada a Villafranca del Bierzo, esa fue la etapa de hoy. Luego les platico como estuvo mi tarde de ayer, me salí a caminar, jajaja, había que conocer Ponferrada además hacía un calor tremendo 39 ºC a la sombra. Por lo pronto les cuento la etapa de hoy, que resultó de veintiséis kilometros y medio gracias a que la hospitalera del albergue me dio un tip para ahorrarme dos kilómetros* y medio de camino debido a que ya había visitado la tarde anterior el castillo. Salí a las 5:30 de la mañana después de un ligero desayuno. Era indispensable ganarle unos km al sol. La jornada resultaría rica en pueblos, paisajes, mensajes, viñedos y retos.

Las cigüeñas no dejaron de darnos la bienvenida aunque ahora en una base diferente para sus nidos. Subidas, bajadas, vuelta a subir y vuelta a bajar, bastante entretenido y un buen preámbulo para la etapa de mañana que algunos le llaman la etapa Reina, que es la llegada en alto a O'Cebreiro y la entrada a Galicia. Al entrar a Villafranca del Bierzo pasamos por la iglesia que tiene la puerta del Perdón, y que es la única además de la catedral de Santiago de Compostela en la que al pasar por esa puerta, cuando la abren, y cubriendo ciertos requisitos todos tus pecados son perdonados.

Se hizo pensando en aquellos peregrinos que por enfermedad, lesión o otra condición, no les era posible llegar a Santiago. Creo que también nosotros deberíamos abrir nuestra propia puerta del perdón y perdonar todo aquello que nos ocupa un espacio en el alma y no nos deja estar en paz con alguien o algo. Jimena volvió a ser mi compañera de jornada y a pesar de que hoy hicimos cuatro paradas de abastecimiento y descanso, llegamos agotados a nuestros albergues.

Estoy pensando en hacer un par de publicaciones especiales, ya veré si me da tiempo y las musas del camino me inspiran, jajaja. Agradezco de nuevo a quienes me siguen y a quienes hacen comentarios tan gratos sobre mis reseñas, también agradezco profundamente a quienes se han sumado a la compra de pasos y etapas para ayudar a que los niños del Ejido Colima tengan una ludobiblioteca que les brinde desarrollo, crecimiento, sana diversión y entretenimiento. Todavía hay pasos y etapas disponibles. ¡Aprovecha!

Ayer en la tarde me salí a hacer un poco de turismo en Ponferrada, hacía un calor de pensársela: 39 °C y el pueblo valía la pena, además era miércoles y ese día los museos son gratis en este lugar. Lo primero

que me encontré fue una exposición que exhibía parte de lo que uti-
lizan en Ponferrada para escenificar la pasión de Cristo en Semana
Santa. Impresionante. Además había una maqueta animada que re-
presentaba todo el Viacrucis. Les pongo fotos. Luego seguí caminando
y me encontré con el ayuntamiento y con una Iglesia templaría que se
caracterizan por ser muy sencillas, yo pensaba al principio que era
un castillo, pero bastó moverme un poco y vi una torre del verdadero
castillo de la orden de los Templarios. Solo con darle la vuelta para
buscar la entrada me cansé. Ya adentro fue un subir y bajar escaleras
que parecía penitencia. Finalmente desistí de verlo todo, es enorme.
Lo que vi, leí y oí fue bastante interesante. Ya de regreso pasé al súper
a comprar fruta y algo de comer para la cena y la jornada de hoy. Al
final le agregué algunos kilómetros a mi jornada. Bien gastados".

Etapa 25: VILLAFRANCA DEL BIERZO – O'CEBREIRO

23 de junio de 2017

28.79 km

Temprano a las cinco y media de la mañana inicié el camino hacia O'Cebreiro, un camino largo y en ascenso. Me despedí de Villafranca con otros peregrinos que también salían a la misma hora, nuevamente caminaría en solitario. Ya no supe qué fue de Jimena, una pena porque me hubiera gustado mucho seguir compartiendo con ella el Camino. Inicialmente caminé auxiliado con mi lámpara frontal, había la opción de tomar una ruta alternativa más larga y difícil, por la montaña, la cual descarté de plano. En mis planes originales elaborados en casa tenía seleccionado que caminaría por la vía opcional, como en muchos otros días, en la realidad iba descartando casi todas las opciones que implicaban caminar más, y decidí caminar por la ruta más corta.

Les comparto lo que grabé esa mañana: *"Hoy es viernes, estoy saliendo… De Villafranca del Bierzo, son las cinco treinta de la mañana, inicio mi caminar hacia O'Cebreiro, una buena ruta, pesada, casi treinta kilómetros casi toda de subida, al final, los últimos siete es una subida muy pronunciada, que será todo, todo un reto para el cuerpo, la mente, el espíritu, todo, confío llegar con bien y continuar este camino de fábula".*

Comencé a pasar poblaciones una tras otra Pereje a cinco kilómetros, Trabadelo cuatro kilómetros y medio más, la Portela de Balcarce a otros cuatro kilómetros y doscientos metros, Ambas metas a poco más de un kilómetro. Vega de Valcancera a un kilómetro y medio.

Cada una de estas poblaciones sin detalles que destacar o apreciar especialmente. En esta última hay un castillo, el de Sarracín, pero está en lo alto de un cerro, fue construido en el siglo XIV sobre los restos de una fortaleza anterior del siglo X. Sólo lo vi a lo lejos. Antes de llegar a Riutelan, se pasa por debajo de unos enormes puentes carreteros que están a gran altura. La modernidad invade el camino.

En este tramo, me tocó ver bastante ganado caminando por las carreteras. En la Herrerías hay un curioso lugar con un letrero que dice "¿Qué son tus sueños?" y hay una mesa con hojas de papel, colores y una especie de árbol donde hay cientos de pequeños papeles con los sueños escritos o dibujados por los peregrinos que van pasando. Cualquiera puede hacer el hacer el suyo y dejarlo. Yo no lo hice porque mi sueño, o al menos uno de ellos, lo estaba viviendo en ese momento.

Continué hacia la Faba, que está a cuatro kilómetros y medio, con el camino picando francamente hacia arriba y con el sol a plomo. Ya eran las once de la mañana, llevaba casi seis horas caminando y todavía faltaba lo más duro. Las vistas iban de muy bueno a mejor, el cielo estaba despejado, me sentía cansado y feliz. Llegué a la Laguna de Castilla y un poco después a un punto icónico del camino: La frontera entre León y Castilla con Galicia, me detuve, tomé fotos, un peregrino coreano que iba pasando me hizo una fotografía con un pie en cada lado, justo en la frontera de lo que anteriormente fueron dos reinos en pugna. Recordé a mis primos y a mi tía Chelo, que era originaria de Galicia, específicamente de Santiago de Compostela, fue un gran momento, además el paisaje era espectacular: kilómetros y kilómetros de bellos paisajes. Llegué a O'Cebreiro a las doce del día con dos minutos y ya había bastante gente en las calles y en los bares, además se veía mucha porque es un lugar pequeño, muy distinto a cualquier otro poblado por el que hubiera pasado. Éste es el poblado con mayor elevación del camino.

Encontré mi hostal, que era una cantina como del oeste, pequeña, con unas cuatro o cinco mesas, un gallego bastante mal encarado atendiendo la barra y una señorita bien encarada que me atendió y en lo que hacía mi registro. Me sirvió una jarra de cerveza y un pincho, le eché una mano para darle información a un inglés sobre las habitaciones, ya que ella no entendía casi nada de inglés. Me mostró mi habitación, me pareció bonita, bastante acogedora y pequeña, y lo mejor es que tenía baño privado. La jarra de cerveza y el pincho me los dejó como cortesía y en agradecimiento por los dos huéspedes ingleses que se quedaron con la otra habitación disponible.

Empecé bien en O'Cebreiro. Después de darme un estupendo baño y acomodar mi ropa como pude para que se secara, me acosté a descansar un poco, la ventana de mi cuarto daba a la terraza de otro bar, por lo que las conversaciones se oían claramente, pero no fue impedimento alguno para una siesta. Lo que no podía hacer era abrir toda mi ventana porque entonces me verían, y yo quería disfrutar del privilegio de andar en cueros.

Al poco rato, bajé al bar y comí mi primer plato de pulpos a la Feira que en ese lugar lo sirven con papas o cachelos, como les llaman los gallegos, una buena jarra de vino tinto y pan de la casa. Qué rico. Cerré con mi primera rebanada de una Tarta de Santiago, una especie de pastel hecho con almendras molidas, sin harina, riquísima. Creo que también me tomé ahí un caldo gallego también, súper rico.

De ahí me salí a caminar para reconocer el pueblo y para conseguir una nueva credencial de peregrino porque la primera ya se estaba acabando. Pude conocer las palozas, que son unas construcciones que sólo ahí puedes encontrar y que se distinguen por tener un techo cónico, como de paja. Visité el templo prerománico de Santa María la Real, de los siglos IX y X, la tienda del pueblo y varias tiendas de artesanías y, sin lugar a dudas, gocé de las magníficas vistas de lugar.

UNA PALOZA DE O'CEBREIRO

Un lugar muy especial, yo estaba muy contento de haber parado allí y muy agradecido con María por haberme conseguido hospedaje en tan poco tiempo. Recuerdo que, al ir caminando, unos peregrinos que me reconocieron me invitaron a integrarme a su mesa en la que estaban tomando cerveza, me acerqué a saludarlos, pero no me animé a quedarme con ellos, me excusé de alguna manera. Tenía más ganas de continuar solo. No recuerdo si cené en el mismo mesón donde dormí o qué fue lo que hice, lo seguro es que me fui a dormir temprano, quería disfrutar al máximo mi cama en solitario.

Post de Facebook: *"La etapa reina ha concluido, me encantó, me ha dejado molido y me encantó literalmente. Ya no tengo la menor duda de que me gusta subir, lo único malo es que luego hay que bajar y esa es creo la principal diferencia con los bicigrinos, ellos disfrutan las bajadas, los caminantes las sufrimos. Hoy partí de Villafranca del Bierzo (¿alguien ya investigó qué es el Bierzo?) a las 5:30 de la mañana, había que ganarle un poco al sol. No me gusta mucho porque está muy oscuro, hoy salí del pueblo en cinco minutos y de inmediato, había que caminar sobre la carretera, por un lado el río Valcarce y por el otro la montaña. No se veía nada de nada, afortunadamente bajé una aplicación nueva con un seguimiento del camino francés sin necesidad de usar datos y con ella me guiaba porque las flechas no se veían. Hoy ha sido el día que más poblaciones he pasado en una sola etapa, diez pueblitos.*

El camino te lleva por todos y en todos hay al menos un albergue y un bar para descansar y tomar algo. En los primeros todo estaba cerrado, a Trabadelo llegué poco antes de las siete y pasé por un bar, vi que estaban a punto de abrir, la encargada muy mal encarada y de malos modos (raro en realidad) me tomé un jugo de naranja y un colacao, me comí una empanada de carne que compré la tarde anterior. Cada vez que me paro me quito las botas para darles un respiro a los pies. La subida era constante y ligera, casi todo el tiempo al lado de la carretera y del rio, su sonido me acompañó buena parte del camino.

Volví a parar en las Herrerías y me desayuné (otra vez) un espagueti a la boloñesa y una gaseosa como les llaman aquí, a partir de ahí empezaba la subida fuerte, al principio sobre la carretera y después se desvió a un camino de tierra y piedra y empezó lo bueno, ya con sol en pleno, a subir, subir y subir. Por momentos me detenía a ver el panorama que estaba dejando atrás y seguía subiendo, cuando parecía que llegabas a lo más alto, había una subida y un pueblo más arriba.

Llegar al inicio de Galicia, fue muy significativo y emocionante para mí, recordé muchas de mis vivencias con mis primas y primos de España, como les decíamos. O'Cebreiro ya estaba muy cerca, me dio mucho gusto. En esta ocasión no me fui al albergue (solo hay uno) renté una habitación en un Mesón (para mí solito y con baño, un verdadero lujo).

Después de bañarme bajé a comer (en el mismo mesón) un caldo gallego, unos pulpos a feira y una tarta de Santiago, un vinito y un café (otro lujo esta comida). Listo para descansar. Abrazo a todos.

Reflexión (una de tantas): algunas de las personas que han dado seguimiento a mi peregrinaje me han comentado "ya falta menos" "ya vas a llegar" "ya casi terminas" como una forma de alentarme, de motivarme y la verdad es que yo quisiera que no terminara, es tan grande lo que estoy viviendo que me gustaría que siguiera y siguiera. Estoy muy consciente de que va a terminar, que me restan más de diez días de peregrinaje (recuerden o sepan que voy hasta Fisterra). En la vida pasa lo mismo, tanto lo bueno como lo malo es temporal. Por ello los invito a vivir su presente con intensidad, es lo único cierto. El pasado ya pasó y no hay nada que hacer al respecto más que aprender de él. Y el futuro llegará cuando sea presente. Por eso a los regalos les llaman presentes; el presente es un regalo. Disfruten su presente."

Etapa 26: O'CEBREIRO – SAMOS

24 de junio de 2017

36.57 km

A las 5:15 de la mañana estaba listo para salir, puse un pie fuera del hostal y cerré la puerta y de inmediato sentí que había cometido un error. La niebla estaba muy cerrada, muy, pero muy cerrada, ya no podía volver la entrada al hostal. Tenía que avanzar, prendí mi lámpara y la luz rebotó como si fuera una pared blanca, ¡uf! Impresionante, no se veía a más de un metro de distancia, comencé a avanzar muy despacio la calle, era empedrada y había que pisar con cuidado. Aquí lo que grabé en audio al iniciar: *"Bien, saliendo temprano, muuy temprano de O'Cebreiro, son las... Cinco y cuarto de la mañana, afuera hay mucha neblina, muy oscuro, la calle empedrada, dispareja, hay que caminar con cuidado, hoy vamos por treinta y uno kilómetros para llegar a Samos. Me encantó O'Cebreiro, es un lugar muy bonito que vale la pena conocer y visitar... Aquí tengo dos opciones, me voy a ir por la opción sencilla definitivamente, bye".*

Yo sabía por dónde ir porque el día anterior ya había revisado físicamente el recorrido de la salida. Al llegar a una bifurcación a la salida del pueblo, tomé el camino de la derecha que iba por el acotamiento de la carretera, el otro implicaba, según la guía, una subida de 300 metros que me quise evitar.

Fui avanzando con mucha cautela con la luz roja de mi lámpara, si yo no veía al menos que me vieran a mí si algún carro venía. Así avancé algunos cientos de metros hasta que vi una señal y una barrera en la carretera que indicaba que tenía que tomar una senda a la izquierda. La oscuridad y la niebla seguían en alto.

Descubrí que mi luz me servía para iluminar justo delante de mis pies, lo que me permitía ver el ancho de la senda y con ello yo podía ubicarme en el centro. Esto era importante, porque algunos tramos iban en ascenso y por el lado derecho de la senda se iba abriendo un precipicio. Es curioso ascender sin saber cuánto tienes que subir en cada tramo, la carretera iba quedando abajo a mi derecha, cuando pasaba algún vehículo me daba cuenta. Los sonidos comenzaban a aparecer y las primeras imágenes también, la niebla se despejaba y la oscuridad iba cediendo su lugar a la luz. Así llegué al alto de San Roque, donde hay una escultura de un peregrino medieval que avanza contra el viento, ahí me encontré a un grupo de peregrinas italianas que ya había visto antes. Eran como seis o siete, una joven como de veinte años y las otras mayores, como de cuarenta o cincuenta, nada amables. En nuestros previos encuentros era difícil que contestaran "el buen camino", no fue la excepción aquí, ni siquiera ofrecieron tomarme una foto cuando era lo que ellas estaban haciendo, es lo que había.

Continué el camino y dejé a las italianas haciendo sus fotos, de cualquier forma la luz y la niebla no permitían hacer buenas tomas.

Con sólo descender unos cuantos metros y entrar al siguiente poblado la neblina ya no estaba, el lugar se llamaba Hospital da Condesa, aquí ya no había cigüeñas, ¿sabrán ellas de fronteras? Al poco rato y después de descender de nuevo, nuestra nueva amiga, la niebla, vuelve a aparecer. Comienza un ascenso pesado hacia el Alto do Poio, exigente y maravilloso en sus paisajes de niebla y luz, caminar entre las nubes con el sol saliendo, el horizonte a lo lejos, respirando agitadamente.Es algo maravilloso. Me sentía realmente extasiado con la experiencia, paraba y paraba para hacer fotos y, al llegar al Alto, un bar te recibe, estratégicamente colocado, único y dispuesto a atenderte. Ya había peregrinos ahí, pedí algo de desayunar y una bebida caliente en tanto hacía unas fotos del impresionante paisaje.

Había un par de perrazos enormes con cara de buenos que se te acercaban a pedir comida a pesar de los regaños y advertencias de su dueño. Al poco rato subieron los seminaristas americanos, aquellos que conocí unos días atrás, sólo uno saludó, los otros pasaron como siempre, continúan acompañados de una chica. También pararon a desayunar, envolví la mitad de mi bocado y a continuar mi camino. Todavía me faltaban veinticuatro kilómetros para llegar a Samos y ya casi eran las ocho de la mañana.

Los paisajes seguían sucediendo. Se veían las nubes debajo de mí y el camino se internaba en ellas, hacía fresco y, cuando llegabas y comenzabas a caminar, literalmente, dentro de la nube, la sensación era única. Un detalle que observé es que en Galicia no hay letreros a la entrada de los pueblos que te indiquen en qué pueblo estás, al menos no tan claros como en el resto del camino, si acaso son las señales de tránsito que te ayudan en ocasiones para saber por dónde estás pasando.

Tal como indicaba una de mis guías, tuve la oportunidad de conocer a las rubias de Galicia, unas vacas enormes y güeras que andaban por el campo y por todos los lugares que puedas imaginar, muchas con sus becerros. Las nubes seguían acompañándome, ésta estaba resultando una de mis mejores jornadas.

Samos me recibió con el cielo un poco nublado. La entrada al pueblo es por una bajada rodeada de árboles y de repente se ve a lo lejos el Monasterio de Samos, la razón por la cual muchos peregrinos decidimos alargar más de seis kilómetros nuestro camino. El albergue resultó estar casi enfrente del monasterio. Ha sido el único albergue en el que la hospitalera no se levantó de su silla para nada, normalmente te llevan a tu cuarto o litera y te muestran las instalaciones del albergue.

CAMINAR ENTRE NUBES

Toda vez que en este albergue no tenían opción para lavar ropa a mano, decidí meter una carga a la lavadora y secadora y en ella metí toda mi ropa, salvo un *short* y uno de los rompe vientos que traía y me fui a comer. Cerca del albergue sólo había un par de bares con pinchos y yo quería comida de verdad, así que caminé un poco más y llegué al hotel A Veiga que tiene un restaurante en toda forma. Yo entré por el bar, estaba casi vacío, pregunté en la barra y me dijeron que sí había comida. Mientras, pedí una cerveza y me senté en una de las mesas, como no veía movimiento paré a una señora del hotel y le dije que quería comer algo. Me dijo "¿comer, comer?", y le dije "sí". "Entonces, ven conmigo", me contestó. La seguí por un pasillo lateral y me llevó a un gran salón lleno de familias y me asignó una mesa solo, ahora sí estaba en el restaurante A Veiga.

De inmediato me atendieron, pedí otra cerveza en lo que veía la carta, que era muy variada. Para picar pedí unos chiles Padrón y después un caldo gallego y un guiso con cordero.

Chiles me llevaron como medio kilo, la sopa me la llevaron en un perol y ahí me lo dejaron, eran como cuatro porciones y te lo dejan para que te sirvas a discreción. El perol la mantiene caliente. La sopa estaba buenísima, sólo me tomé dos platos, después llegó la carne y lo mismo: un perol como con cuatro porciones de carne y patatas y también te lo dejan para que te vayas sirviendo. Terminé bomba. Rematé con un flan y un *expresso* con un chupito de cortesía de la casa. ¡Qué comida!

De ahí, con toda calma, pues apenas eran las tres de la tarde, me dirigí al albergue, pero antes pasé por un supermercado para surtirme de algo para la cena y para llevarme algo al otro día. Me hice unas fotos en el monumento al peregrino que me encontré, hice varias tomas al Monasterio de Samos, la tarde ya estaba bastante soleada.

MONASTERIO DE SAMOS

Llegué al albergue y puse mi ropa a secar en la secadora, hasta el sombrero, y ese fue un grave error: el sombrero quedó hecho chicharrón. Cuando subí a descansar a mi litera, una de las italianas, la primera que llegó del grupo de cinco o seis, se mostró amable y estuvimos platicando un poco. El resto sus compañeras llegaron como dos horas después, o sea como cuatro horas después de que había llegado yo, y quedé rodeado por ellas. Lo que hice fue abstraerme de su cháchara y alrededor de las cinco salí a dar una vuelta, rodeé todo el monasterio y me fui a dar un paseo al lado del río Sarria, en un bosque de cipreses. Me encontré un sitio con una capilla del siglo IX, principios del X, de estilo mozárabe, y junto a ella un ciprés también milenario, de más de veinticinco metros de altura, catalogado como uno de los 50 árboles más importantes de España.

El lugar me transmitió una gran calma, me senté en una banca como a 30 metros de la capilla y estuve ahí un buen rato, pensando, meditando, escribiendo, me sentía muy a gusto. El tiempo se me fue y por ello perdí la oportunidad de visitar el monasterio por dentro. La señora italiana con la que hablé me dijo después que hubo un recorrido guiado a las 5:30 de la tarde y me lo perdí. Valió la pena ese rato de recogimiento que tuve en ese lugar.

Para las ocho de la noche ya estaba en el albergue de nuevo, me comí algo de lo que compré en la tienda: una ensalada de botecito y seguramente un colacao. Para las nueve, ya estaba en la litera con todas mis cosas listas: mi sombrero torcido, mis tapones para los oídos en su lugar y dispuesto a recuperar un poco de energía porque la siguiente era mi jornada más larga de las que tenía programadas.

Estas fueron mis impresiones del día plasmadas en el *post* de Facebook: *"Estoy sentado en una pequeña banca en un espacio hermoso, rodeado de cipreses, con el río Sarria enfrente (lo escucho) el Monas-*

terio de Samos atrás y lo que tengo más cerca es una pequeña capilla que data del siglo IX, ¡más de mil años! Y lo más curioso es que está construida junto a un ciprés que también tiene más de mil años. Se llama la Capilla del Ciprés. Así de mágico estuvo mi día hoy. Inició muy temprano, salí a las 5:15 de la mañana porque sabía que me esperaba un día pesado.

Por primera vez saqué mi lámpara de minero y me sentía listo para la oscuridad, una vez fuera del Mesón me di cuenta de que había una niebla bastante densa, ni tardo mi perezoso prendí mi lámpara de no sé cuántos leds y la luz rebotó en la niebla como si fuera una pared blanca, no se veía casi nada.

Avancé con las debidas precauciones, la tarde anterior ya había caminado para conocer la salida de O'Cebreiro y de las dos opciones que había me incliné por la que el mismo Concello de O'Cebreiro recomendaba, por la carretera (aparentemente) ya en la carretera prendí la luz roja de la lámpara, para ser visto y yo me guiaba por la línea blanca (caminando por la línea blanca Noala) la oscuridad era total y la niebla se respiraba.

Como a trescientos metros o un poco más se abría una senda y tenía una flecha amarilla, había que seguirla, rodeado de plantas avanzaba muy lentamente y descubrí que si orientaba la luz apenas adelante de mis pies, podía ver el piso y darme una idea del ancho de la senda, sobre todo porque empezaba a ascender, qué diferente es subir y bajar sin ver inclinación y distancia de la subida o bajada. Solo había que hacerlo y por el centro, porque a la derecha el desnivel con la carretera era ya de más de 50 metros (calculé al ver las luces de un auto al pasar) pues así fueron los primeros 3.8 km y así es la vida también a veces no vemos más adelante de nuestra nariz y sin embargo debemos avanzar, no tenemos toda la información que quisiéramos y debemos avanzar, quisiéramos más luz y no la hay y tenemos que avanzar.

*Pensé mucho en esto y tenemos que avanzar. Al llegar a la prime-
ra población ya estaba clareando un poco y eso me hacía sentir más
tranquilo, un letrero que indicaba Samos a veintinueve kilómetros.
me recordaba que faltaba aún mucho tramo por caminar. Así que no
me detuve, no había a que, y continué y empezaron a aparecer escenas
mágicas, ya verán lo que pobremente pudo captar mi cámara, llegué
a un monumento al peregrino, que está en el alto de San Roque, había
un grupo de italianas con las que he venido coincidiendo desde hace
días, más no hay buena química y no hubo foto completa solo selfie.*

*Los escenarios iban cambiando el ascenso al alto del Poio fue
agotador, lo reconfortante son las vistas, increíbles. En la parte más
alta hay un bar estratégicamente ubicado y me detuve, como casi
todos, a tomar aliento y comerme algo (no entiendo por qué a los
bocadillos de jamón serrano solo les ponen jamón serrano, ni aceite
de oliva ni jitomate ni nada, pan y jamón serrano) parece que la
amabilidad no es el fuerte de algunos gallegos (ampollita mental,
jeje). Las subidas y bajadas me iban agotando poco a poco. Tuve que
parar otra vez en un espacio de descanso, me quite las botas unos
minutos, le di un par de mordidas a la mitad de mi bocadillo de jamón serrano y a seguirle.*

*Estaba fascinado por los paisajes y no tanto por los pueblitos mi-
núsculos por los que pasaba, es obvio que se dedican a criar ganado
por el estado de las calles y los sonidos que salían de lo que parecía
el garaje de una casa. Yo iba preparado y emocionado por ver a las
güeras de Galicia, me habían dicho que eran muy bonitas y me tocó
ver casi casi un desfile de ellas y sí están bien bonitas, grandotas, ya
verán las fotos, después una que otra posó para mi.*

*Al llegar a Triacastela, que era la parada original tomé la desvia-
ción para Samos y los primeros kilómetros fueron sobre la carretera.
Me tuve que volver a detener a descansar y a acabarme el famoso
bocadillo todo seco (jajaja sigo cargando alguna que otra piedrita)*

me pasaron algunos peregrinos y me dio gusto porque hacía más de cuarenta minutos que no veía a ninguno. Reanudé y volví a rebasar a todos menos a la primera que iba muy rápido. Los últimos seis kilómetros fueron duros con subidas y bajadas otra vez, cuando vi. el monasterio desde lo alto sentí un gran impulso para llegar. Ha sido y sigue siendo un día genial. Las italianas llegaron cuatro horas después y son mis vecinas de cuarto, a ver si duermo."

LAS RUBIAS DE GALICIA

Etapa 27: SAMOS – PORTOMARÍN

25 de junio de 2017

36.57 km

Desperté temprano y desayuné algo en la cocina del albergue, a las 5:40 de la mañana ya estaba en camino. La calle Compostela estaba sola, había bastante oscuridad, pero también en algunas partes la iluminación artificial era suficiente. Hacía fresco y yo llevaba mi lámpara frontal preparada y, en efecto, unos metros más adelante del hotel A Veiga, la calle se convierte en carretera y deja de haber alumbrado.

Aprovecho para insertar lo que grabé esa mañana: *"Buenos días, iniciando mi recorrido, son las 5:40 de la mañana. Estoy saliendo de Samos, hoy es un día retador. Salgo para recorrer treinta y seis kilómetros y medio hasta Portomarín, esta decisión me va a permitir estar dos días en Santiago antes de ir a Finisterra. Espero que sea una buena decisión. El clima está fresco, con niebla, la calle está sola, bastante iluminada, afortunadamente. Estoy contento, emocionado, y pues sí, un poco temeroso por la jornada de hoy que va a ser muy, muy larga, gracias".*

Pasé por un lugar que decía que era el Museo de la Roca, sólo pude tomar foto a una roca que estaba en la entrada. Después de una hora vi la primera iglesia del día, una iglesia mediana y muy vieja, unos minutos después encontré otra en medio del bosque, pequeña y mucho más vieja y en mal estado de conservación, comparada con la anterior, además en medio de la niebla daba una impresión especial, como si se estuviera en otra época. Para las siete de la mañana, estaba pasando por el mojón que indicaba que me faltaban ciento veintitrés kilómetros para llegar a Santiago de Compostela, difícil de creer.

CAPILLA DE NUESTRA SEÑORA
DEL CAMINO EN PERROS

Era curioso ver que las villas o poblados que iba pasando a veces estaban constituidos por una sola casa, en medio de la nada, eso sí, con su
calle y número al frente. Sivil 1 fue un caso, el "poblado" y la calle se
llaman Sivil, con una sola casa, grande, imponente, con el número uno.

Así, con mi sombrero maltrecho, continuaba mi marcha dejando atrás pequeñas iglesias y cementerios, y ya cerca de las nueve de
la mañana llegué a Sarria, poblado que es muy conocido por ser el
punto de partida de la mayoría de los peregrinos que quieren obtener
su Compostela y no tienen el tiempo o la disposición para caminar
muchos kilómetros, porque saliendo de ahí se cumple el mínimo de

cien kilómetros andando que se requieren para obtenerla. Sarria está a ciento doce kilómetros de Santiago.

Entrando a la ciudad comienza uno a ver múltiples negocios de artículos para peregrinos, llega uno a un paseo al lado de un río que es un afluente del río Sarria. Después, te recibe una larga escalera que a esa hora estaba vacía, sin gente, al llegar al final de ésta iba ya bastante cansado y hambriento, ya había caminado como veinte kilómetros. Me detuve en un bar y me senté en una mesa exterior para observar el ambiente.

Pronto te das cuenta de que las cosas son distintas a partir de ahí: me tocó ver a varios "peregrinos", no sé de qué país, que estaban terminando la juerga de la noche anterior y aventaban cosas desde la ventana del albergue o pensión dónde estaban a la calle y viceversa. No eran muchachos, tenían ya como cuarenta años, y el espectáculo que daban era vergonzoso.

Poco a poco, la calle se fue llenando de gente, por la escalera empecé a ver que subían familias completas con sus atuendos de peregrinos, ahí vi a los primeros niños del camino. Sin duda, el camino sería distinto a partir de este punto. Además, estaba el agravante de que al siguiente día comenzaban las vacaciones de verano de las escuelas en España y ello explicaba por qué me iba a encontrar con tantas familias, grupos de estudiantes, *scouts*, congregaciones, etc., saturando el camino.

Terminé mi desayuno, me armé de valor y continué andando, todavía tenía que caminar unos minutos para terminar de atravesar Sarria, dejé atrás el convento de la Magdalena y crucé el Ponte Áspera, que cruza un río pequeño.

En esta larga bajada, antes de llegar al convento y al puente, charlé un poco con dos niños y un muchacho que se habían adelantado a su familia, iban muy emocionados. Llevaban sus bastones, sus mochilas, y toda la intención de llegar a Santiago, "buen camino" nos deseamos y continué a mi paso.

PEREGRINOS SALIENDO DE SARRIA

Al llegar a unas vías del tren, las primeras que veía, se abría un camino de tierra a la derecha y por él continué hasta internarme en una especie de bosque con unos árboles de formas tan extrañas que parecía el bosque de Blanca Nieves. Más adelante, las rubias de Galicia volvieron a ser parte de mi camino.

El camino, con una mucho mayor afluencia de peregrinos, caminantes, paseantes, turigrinos, o lo que sean, lo digo en estos términos porque muchos de ellos ni siquiera contestan el saludo, otros van tan metidos en su relajo que parece que van de fiesta. Era notorio el incremento de gente, eso hacía indispensable tener asegurado el albergue para el resto de las etapas. Cada día llamaba para confirmar mi reserva del día siguiente o para hacer una reserva si no la tenía, de plano desistí de los albergues públicos.

El cansancio ya iba haciendo presa de mí, hacía calor, los pies me dolían bastante y todavía me faltaban muchos kilómetros, los poquísimos bares que había en el camino estaban atascados de gente.

Después de seis horas y media de haber partido, llegué a Ferreiros, ahí encontré un mojón que indicaba que faltaban cien kilómetros para Santiago. En Mirallos se encuentra uno con la iglesia románica de Santa María, que se bajó piedra a piedra desde Ferreiro en 1790. Al mojón del kilómetro cien, como era de esperarse, le faltaba su placa de latón, los peregrinos arrancan las placas que señalan los kilómetros en los mojones, según ellos como recuerdo del camino. Absurdo. Para mí, eso es vandalismo.

Agotado, hambriento y adolorido iba buscando un bar o un lugar tranquilo donde poder tomar algo fresco y nada, todos llenos hasta el tope, y de repente en la puerta de una cochera estaba una señora bastante mayor atendiendo un puesto en el que se veía algo de comida y fruta. Le pregunté si tenía cervezas y me contestó que sí, sin decir más se voltea y se encarama con mucho esfuerzo sobre un refrigerador cervecero, el cual apenas alcanzaba, la señora muy pequeñita. Cuando me quité la mochila y regresé al lugar donde estaba para ayudarle, se negó a aceptar mi ayuda y me dijo que ella podía sola.

FALTAN 100 KM PARA SANTIAGO DE COMPOSTELA

Finalmente, pudo sacar la cerveza y me la dio, bien fría, me ofreció un asiento para que descansara, aproveché para quitarme las botas. También entraron otros peregrinos, más bien a curiosear, y la señora les repartió buñuelos que estaban muy ricos, en eso llegó una peregrina muy guapa y se sentó a descansar un rato. La señora María, que así se llamaba, le decía que no era correcto que señoritas solas hicieran el camino porque era muy peligroso y la chica le decía que no era peligroso, que había muchas mujeres solas haciéndolo y la señora insistía y me pidió mi opinión, le dije que yo había visto a muchas mujeres solas desde Sant Jean y que todo parecía muy seguro, afortunadamente.

La chica se fue y ahí me di cuenta de que la señora no vendía las cosas, sino que las ofrecía a cambio de un donativo. Todavía me dio más buñuelos, me dio fruta y un *sándwich* para el camino, super linda la viejita.

Ya un poco recuperado y habiendo dejado mi donativo, le agradecí a doña María sus atenciones y me sumé a la horda de caminantes que se veían por la calle. Unos treinta minutos después alcance a esta chica que había parado en la cochera y me platicó que venía de Madrid y que estaba iniciando su camino ese mismo día desde Sarria. Nos fuimos caminando juntos hasta llegar al río Miño, donde ella tomó camino para su albergue que estaba en las afueras de Portomarín y yo crucé el puente del embalse de Belezar para llegar al poblado. El lugar se veía muy bonito, el embalse le da un ambiente de tranquilidad vacacional e invita a navegar y a nadar como se veía desde el puente. Levantando la vista se ve Portomarín en lo alto, consulté mi *Garmin* y ya llevaba treinta y nueve kilómetros caminando, con razón iba cansado. Ahora a buscar el albergue. Traté de guiarme con la brújula de la *app* Buen Camino, como lo había hecho en otros poblados, y también con un letrero que encontré cruzando el puente que señalaba Portomarín a medio kilómetro a la derecha.

Al final del puente había una escalera-puente que cruzaba la carretera y había algunos peregrinos haciéndose fotos en ella, yo seguí la flecha y continúe hacia la derecha detrás de otros peregrinos. Pasé por un lugar donde se hallaba la alberca pública, una alberca olímpica en muy buenas condiciones, y continué ascendiendo por diversas escaleras hasta que encontré la calle del albergue, pero la numeración estaba muy loca. Yo ya estaba agotado así que llamé al albergue y me dieron las indicaciones necesarias para regresarme, porque ya me había pasado.

Regresé y, batallando un poco, llegué como a las 2:30 de la tarde, nueve horas después de haber salido de Samos, sin duda, mi jornada más larga, me sentía orgulloso y agotado (una vez más). Llegué al albergue, me registré, me instalé, y luego luego a bañarme y a lavar la ropa para irme a comer antes de que cerraran los bares o las cocinas de estos más bien.

Las vistas afuera del albergue eran muy bonitas, ahí platiqué un poco con el hospitalero y me contó que cuando hicieron el embalse todo el pueblo se trasladó a la zona alta, inclusive la iglesia, que se movió piedra a piedra. Yo descansé un buen rato antes de salir a caminar.

El primer punto obligado a visitar era en la iglesia de San Nicolás, que ya la había visto a mi llegada, es un templo-fortaleza levantado entre los siglos XII y XIII de gran belleza en su estilo, con un gran rosetón al frente. La plaza en la que está se llenó de grupos de chicos y chicas que celebraban el haber iniciado el camino. Había un gran ambiente en el pueblo y mucha gente por las calles, tuve la oportunidad de entrar a la iglesia, muy sencilla y austera, me gustan más así, y después seguí paseándome con toda calma. Renové mis provisiones para el día siguiente y, a pesar de lo cansado, me sentía muy bien porque con esta jornada larga me había regalado un día extra en Santiago de Compostela.

Ver el embalse desde lo alto de la ciudad, con sus veleros y botes navegando, fue muy bonito. La ciudad (si es que califica como tal) está salpicada de espacios de gran belleza, de jardines, de monumentos y capillas que, como dije, fueron trasladados todos en 1962. Aquí en Portomarín se agotó mi primera credencial de peregrino, ya la había llenado de sellos por los dos lados, el último fue el de la iglesia de San Xoan o San Xoaquin o San Juan.

El albergue que elegí es el albergue Aqua, acabo de ver en Internet unas fotos de éste que me llevaron en un recorrido mental desde mi llegada hasta mi litera, el cuarto de baño con regadera múltiple y masaje, al cuarto de lavado en la parte baja, superbién, me refrescó la memoria. El albergue que elegí es el albergue Aqua, acabo de ver en Internet unas fotos de éste que me llevaron en un recorrido mental desde mi llegada hasta mi litera, el cuarto de baño con regadera múltiple y masaje, al cuarto de lavado en la parte baja, superbién, me refrescó la memoria.

ENTRADA A PORTOMARÍN

Ese día por la noche tomé dos fotos de mi credencial de peregrino con todos sus sellos para mandárselas a Tere, ahí aparecen los nombres de muchos de los peregrinos con los que he tenido contacto en el viaje y que he mencionado en estas líneas, como los dos vascos que se llaman Zorión y Josu, la alemana alta, que se llama Catherine, la pareja de maestros de Foncebadón, que se llaman Carmen y Andy, algunos que lamento no haberlos anotado porque he olvidado sus nombres.

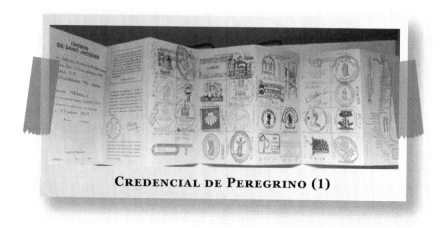

CREDENCIAL DE PEREGRINO (1)

CREDENCIAL DE PEREGRINO (2)

Esto fue lo que escribí en Facebook al día siguiente: *"Samos-Portomarín la etapa más larga de mi programa, treinta y seis kilómetros y medio según la guía treinta y nueve kilómetros y medio según mi realidad, midiendo de albergue a albergue (incluye una pequeña per-*

dida que ya se enteraran). Tenía mis temores de esta etapa, inclusive llegué a considerar la posibilidad de enviar mi mochila por separado, decidí no hacerlo y no me arrepiento. Hoy inicié a las cinco y media, creo que es la última vez que inicio tan temprano, no me gusta ir en la oscuridad. La niebla era mucho menos espesa que en O'Cebreiro la oscuridad igual. Como al kilómetro y medio de la salida había dos posibilidades una por la carretera y otra por el campo. La primera implicaba dos kilómetros y medio menos y dada la distancia total me pareció la mejor opción.

Estuve a punto de tomar para el lado equivocado más rectifiqué a tiempo y según mi app estaba en la ruta correcta y seguí avanzando, más adelante vi uno de los letreros oficiales que señalaban que tenía que cruzar la carretera y tomar una senda. Lo hice y de inmediato me interné en la profundidad del bosque, la niebla más densa y más oscuro todavía, no me sentía muy confiado sin embargo continué. Mi app señalaba que estaba fuera de ruta, pero se veía que el camino reconectaba con la carretera. Llegué a una T y busqué las flechas y nada, vi mi app y di vuelta a la izquierda cada vez se distinguía menos la senda, había más maleza, tenía que caminar con los bastones frente a mi cara para ir rompiendo las telas de araña, el mapita de la app me decía que iba bien y lo corroboré con el cruce de un río. De pronto el camino por el que tenía que seguir estaba cerrado con alambre de púas.

Tenía que decidir para donde continuar y di vuelta a la derecha la brecha llena de troncos y maleza, el mapa me señalaba que me estaba alejando de la carretera, me regresé y di la vuelta a la izquierda, casi no había senda, muy tupido todo y súbitamente cerrado el paso. ¡En la torre! (Bueno no fue precisamente torre lo que pensé) ¿y ahora? Pues a regresarme por donde llegué, ya iba de regreso, el mapa me decía que estaba en otro lado, continué y a lo lejos vi una luz que se acercaba: dos peregrinos. Les pregunté si sabían la ruta y me dijo uno de ellos en italiano 'si, io lo so'. Les expliqué que yo había dado vuelta a la izquierda y sacó su celular (el sí traía plan de datos) y me mostró que la vuelta era a la derecha.

Llegamos al punto de la T y dice, 'a la derecha' y la chica (Dina de Dinamarca) dice 'no, aquí está la flecha' y señalaba para enfrente, yo no había visto esa senda por lo oscuro que estaba. Me dice el italiano yo tengo 36 años ¿tú cuantos? Le digo 56 y comenta: 56 más 36 y dos celulares y nos guía una chica de 20 sin tecnología jajaja nos botábamos de la risa. Continuamos ascendiendo una hora y después de 20 ó 30 minutos conectamos con una senda más amplia y ahí pude ver en mi app que era la que yo no quería tomar, jajaja.

A veces suceden cosas que no van de acuerdo a lo planeado y deseado, más no se trata de buscar a quien echarle la culpa, yo era el único responsable de mis decisiones y omisiones, no fue la app, no fueron los letreros, no fueron los dos peregrinos que me ayudaron. Fui yo y solo yo el responsable y aprenderé esta lección como otras muchas que he recibido. Acepté esa situación y continué con mi camino me despedí de los dos y avancé a mi ritmo, tenía un largo trecho que recorrer. Los paisajes muy bonitos, unas sendas entre árboles viejísimos y rarísimos como los del bosque de Blancanieves.

Población y población (en realidad muchas son caseríos y no más. Una 'población' era una casa y ya. Los kilómetros sucedían hasta llegar a Sarria. Sarria es una población que muchos eligen para iniciar su camino porque cumple el requisito de que al menos sean cien kilómetros caminando. Y el cambio fue notorio, montones de personas grupos de quince o veinte, familias completas, un gentío de gente. El ambiente cambió radicalmente, el peregrino se convierte en un excursionista, la mayoría no te contesta el saludo ni el 'buen camino'. No me gustó, es lo que hay y así será de aquí a Santiago. Lástima. Cuando cumplí los treinta kilómetros me sentía merecedor de un descanso pero los pocos lugares que había visto estaban saturados de pasean-

tes. Iba pasando por una población y en un portón abierto estaba una señora bastante mayor de unos ochenta años y me dice pase, pase, entré y tenía una mesa con frutas, buñuelos, sándwiches, y le pregunto tiene cerveza y me dice '¿fresca?'

Le digo sí, y que se trepa a un refrigerador a buscar una y me la da con una sonrisa en la boca, luego me da un buñuelo y también le da a una muchacha que ahí estaba y la señora le decía hacer el camino sola es muy peligroso e insistía y me dice ¿verdad que sí? Le dije que yo había visto muchas mujeres solas en el camino y estaban muy seguras pero ella insistía.

La chica se fue y yo seguí descansando un poco más, cuando le pregunté cuánto le debía me dijo 'lo que sea tu voluntad, es por donativo' y me dio un sándwich. Le di mi donativo a la Sra. María y arranqué mi último tramo como a los veinte minutos alcancé a la chica que resultó ser de Madrid y se llamaba Patricia y estaba iniciando su camino ese día. Más y más gente pasábamos. Al llegar al puente de Portomarin nos despedimos porque su alberge estaba en las afueras. Platicar el último tramo me lo hizo más ligero. Encontrar mi albergue me costó porque el pueblo está lleno de escaleras y desniveles. Llegué y soy feliz. ¿Les pareció muy largo el relato? A mí también la etapa, jajaja."

Nota: El peregrino italiano con quien me encontré me platicó que él había iniciado su camino en Roma y ya llevaba más de cincuenta y cinco días caminando, y yo quejándome.

Bosque de Blanca Nieves cerca de As Paredes

Etapa 28: PORTOMARÍN – PALAS DE REI

26 de junio de 2017

24.67 km

Nota: Cuando escribí lo que sucedió en esta etapa habían transcurrido ya seis meses exactamente de lo que narraré a continuación, parece mentira cuán rápido se pasa el tiempo, ahora que lo estoy pasando en limpio ya ha transcurrido casi un año.

Ahora, la grabación al iniciar mi camino del día: *"Saliendo un poquito después de las seis, de aquí... Portomarín, un lugar muy bonito, realmente muy bonito, me gustó mucho... Después de las seis porque el hospitalero dijo que no dejaban salir antes de las seis, así que aquí estamos. Hoy vamos a Palas de Rei, son veinticinco kilómetros, pinta para una jornada tranquila, ya veremos, espero que sí lo vaya a ser, sigo muy contento, ya estoy más cerca, no quisiera que esto acabara... Claro que va a acabar, pero así es".*

A las 6:13 de la mañana, inicié mi jornada de veinticinco kilómetros hacia Palas de Rei. Ya empezaba a tener sentimientos encontrados, por un lado estaba contento de lo que estaba haciendo y de lo que había logrado, y por otro estaba triste porque ya me estaba acercando al final de esta aventura.

Tomé mi camino y crucé el puente del embalse, ya se veían peregrinos caminando, el día pintaba un poco nublado, al menos al amanecer, encontré una mojonera, sin su letrero de kilometraje, pero suigeneris porque en lugar de tener un cúmulo de piedras a su alrededor o arriba como acostumbran dejar los peregrinos, ésta tenía piñas de pino, se veía curioso y le tomé fotografía para Tere, que le gustan mucho las piñas de los pinos, y si es piñonero, mejor. El día continuaba y cada vez se veían más peregrinos y andantes con la misma temática de no saludar e ir por la suya.

Pasando Castromayor, había una desviación opcional después de una exigente subida de 700 metros. La desviación era para ver unas ruinas pre románicas y en este caso había que seguir subiendo. En ese punto no se veía nadie, decidí tomar la desviación y seguir ascendiendo, continuaba haciendo fresco, la senda estaba bien marcada.

Observé una especie de entrada y, a un lado de la entrada, una rampa que llevaba a una especie de muralla, desde este punto elevado pude observar los restos de una Villa de más de 2,000 años de antigüedad. Estábamos solo mi alma y yo, la pude apreciar desde lo alto y después bajar e internarme en ella, era como una especie de laberinto de piedra con muros como de dos metros de altura. Fue algo especial caminar por ahí, ya que concluí seguí la senda que me conectaba de nuevo con el camino y a lo lejos vi a un peregrino que ya había saludado más temprano, era un *boy scout*, cuando le di alcance lo volví a saludar y continuamos el camino juntos, era un jovencito de nombre Pasquale, de diecisiete años, originario de Calabria, justo enfrente de Sicilia. A pesar de que no hablaba inglés ni español, nos entendimos muy bien con mi incipiente italiano. Llegamos a Ventas de Marón, donde vimos una vieja capilla restaurada, Pasquale me platicó que venía con un grupo de nueve *scouts,* pero que no se les exigía caminar juntos. Un amigo de él venía adelante, luego estaba él y atrás el resto del grupo, se mantenían en contacto con sus celulares. Pasamos por un bar muy curioso con esculturas gigantes de hormigas, llamaba mucho la atención, pero estaba cerrado; más adelante paramos a desayunar, pedí un café y un bocado de huevo con jamón serrano (¿no que ya no más jamón serrano?). Le invité un café a Pasquale, porque no había pedido nada, y nos sentamos un rato, le ofrecí la mitad de mi bocado y lo aceptó con algunos trabajos. Al final concluí que venía limitado de dinero para sus gastos. Nos tomamos otro café y continuamos en el camino, encontramos más adelante a una señora italiana con la que conversamos un rato, le expliqué el uso correcto de los bastones porque los traía demasiado cortos, lo agradeció porque ya venía con dolor de espalda y nadie le había explicado la altura correcta de los mismos.

Pasquale y yo continuamos y hablamos de todo: de su escuela, de su novia, de novelas de Andrea Camilleri y, por supuesto, de ciclismo y del Giro de Italia, ah: y también de la Toscana. Me mostró un pequeño vídeo tomado desde la ventana de su recámara donde se ve pasar el pelotón del Giro de Italia de hacía apenas dos meses. También me platicó que éste era su segundo Camino y que ya había hecho también la peregrinación a Fátima y a Lourdes. Me pareció muy buen muchacho. Antes de llegar a Palas de Rei, nos tocó ver a un perro peregrino con sus alforjas y toda la cosa. A la entrada de la ciudad, nos despedimos, cada quién se fue a buscar su albergue.

Mi albergue se llama Outeiro y está en una calle solitaria a la que llegué en pocos minutos e hice la rutina de todos los días: ropa, baño, etc., para prepararme, ir a comer algo, y regresar a descansar un poco.

Cuando estaba en mi litera acomodando algunas cosas en mi mochila, llegaron dos peregrinos, un muchacho y una muchacha, muy alegres y platicadores, de inmediato el muchacho se presentó como Jordi, de Valencia, y me dijo que era un *youtuber* y que estaba documentando su Camino. Ni tardo ni perezoso sacó su cámara y me hizo una pequeña entrevista de la razones por las que yo estaba haciendo el Camino. Me cayó muy simpático.

PERRO PEREGRINO CON ALFORJAS

Luego, se puso a platicarme que en otro albergue su compañera, que es de Argentina, se cayó de la litera porque estaba mal colocado el barandal y se me ocurrió hacer una broma al respecto, sugiriendo que sería conveniente poner un colchón en el suelo por si se volvía a caer, a la peregrina argentina no le pareció la broma y como que se disgustó un poco, hasta me reclamó y a partir ese momento sentí que había cierta animadversión de esta chica, que luego se sumó a la de otras dos amigas argentinas que venían con ellos y que se habían quedado en otro albergue. (Semanas después del viaje, se dio la oportunidad de conversar con ella y aclarar que no había existido eso de la supuesta animadversión). Así pasa, también, no le puedes caer bien a todos, ni todos te pueden caer bien a ti.

Estaba bastante nublado y no había mucho que ver en Palas de Rei. Comí muy rico, descansé y salí de nuevo, hay una pequeña iglesia que no es antigua, lo único antiguo es su portal románico y párenle de contar. Cuando andaba por ahí eran cerca de las seis de la tarde y me encontré con Patricia, la peregrina de Madrid del día anterior, ella iba llegando. Platicamos un poco y me dijo que su estrategia era llegar al final de la tarde porque de esa manera ya todo mundo se había bañado y nadie ocupaba los baños, mi estrategia era exactamente lo contrario, pero con el mismo propósito: llegar temprano antes de que llegaran los demás, nos despedimos y me fui a encerrar al albergue como tarde de reposo y recuperación, que buena falta hacía.

Post de Facebook: *"Siguen los pasos y sigue la aventura y el descubrimiento. Más de mí mismo que de cualquier otra cosa. Hoy inicié de Portomarín a las seis de la mañana, se pronosticaba tiempo nublado así que no era necesario salir antes, de cualquier forma fue necesario usar mi lámpara porque estaba oscuro, ya que lo cerrado del bosque no dejaba pasar la poca luz del amanecer. Ya había bastante gente caminando, no hubo muchas cosas que destacar, una de ellas y que me encantó es que había una desviación para visitar un sitio arqueológico prerromano que estuvo habitado del siglo IV A.C. al I D.C.*

Un agasajo estar ahí, en lo alto de una colina, completamente solo y caminar por el interior del lugar, otra cosa que me han encantado. Al reincorporarme al camino y a veinte kilómetros del destino alcancé a un muchacho que ya había saludado antes y que me había contestado el saludo peregrino. Comenzamos a platicar y así se nos fue toda la jornada hasta llegar.

Se llama Pasquale, es italiano y hace el camino con un grupo de nueve scouts. Todo el tiempo hablamos en italiano, ¡imagínense! Paramos a desayunar algo a la mitad del recorrido y así fuimos avanzando pueblo a pueblo paso a paso, platica y platica.

Él tiene diecisiete años y es la segunda vez que va a Santiago, la primera lo hizo en autobús con su familia. También ha hecho otras pe-

regrinaciones a la virgen de Lourdes, a la de Fátima, a Roma. Toma-
mos un buen paso y llegamos a destino a muy buena hora 11:30 fue
de veintiocho kilómetros. Nos despedimos para buscar cada quien su
albergue. La lección de hoy para mí es que los juicios sin fundamento
no tienen sentido. Me encontré con un buen muchacho, que viene en
grupo y que se toma en serio su peregrinaje. Me gustó mucho poder
comunicarme en italiano (llevo un año estudiando por mi cuenta y de
algo ha servido). Aaah, vi otro perregrino, con sus alforjas. Hoy estoy
en Palas de Rei a tres días de Santiago de Compostela".

CASTRO PRERROMANO EN CASTROMAIOR

Etapa 29: PALAS DE REI – ARZÚA

27 de junio de 2017

28.13 km

Minutos antes de las seis de la mañana, ya estaba fuera del albergue para iniciar la jornada. El día estaba nublado y con pronóstico de lluvia, así que iba preparado para ello.

Así me parecía ese amanecer en mi grabación matutina: *"Estoy saliendo de Palas de Rei rumbo a Arzúa, el tiempo está muy nublado, el pronóstico de lluvia es... Fuerte... Veremos qué tal nos... Nos pinta. Si llueve, pues, ni modo, 'buenos días, buen camino', saludo a unos peregrinos, 'buenos días', me contestan... Estoy listo para continuar mi... Mi jornada, mi Camino... Antes tengo que ver mis flechas, porque ya no se donde están, bye".*

De salida, pasé por el Ayuntamiento (Concello) de Palas de Rei, un pequeño edificio blanco, y también por una escultura de unas peregrinas danzantes. Continué por un bosque bastante cerrado y oscuro hasta llegar a San Xulián do Camiño, con una iglesia románica del siglo XII.

De nuevo, entré en un bosque denominado de Fangorra, con rocas y ramas retorcidas que te hacen sentir en otro lugar, como de fantasía. Rayando las ocho de la mañana, llegué al poblado de O Coto, donde encontré un Cabazo, que es como una enorme canasta, como los hórreos, se utilizaba para conservar el maíz u otros granos. Obviamente, en el pueblo hay una iglesia románica, en este caso dedicada a Santa María de Laboreiro. Luego, crucé el río Seco por un pequeño puente medieval, no sé qué fascinación me causan los puentes, pero me encanta verlos, pararme en ellos, cruzarlos, y fotografiarlos.

Poco más y ya estaba cruzando el parque Industrial de Melide, donde me encontré con una curiosa escultura modernista que resultó estar hecha en honor a los peregrinos que han fallecido en el Camino. Llego a otro río, ahora el Ulla, y lo cruzo por otro puente medieval, éste bastante más largo, al menos tenía cinco arcos, es también la entrada a Furelos del Camino que, a su vez, es la antesala de Melide, la capital del Concello y mejor conocida y esperada por todos los que pasamos por ahí por sus pulpos a la gallega (se dice que es el mejor lugar para comer pulpos en toda España).

Dejé atrás la capilla de San Roque (una más) y entré a Melide, tenía dos opciones para comer (desayunar) pulpo: la primera era la casa de Ezequiel, que la había visto recomendada por varios peregrinos, y la otra no recuerdo el nombre y me dije: "la primera que aparezca" y apareció la otra. Eran las nueve y quince de la mañana y yo estaba sentado ante un plato de pulpos a la feira sin cachelos (patatas), como se deben comer según me dijeron ahí, y un tazón de vino tinto, no una copa, un tazón, así lo sirven ahí. Deliciosos, había varios peregrinos haciendo lo mismo, me lo tomé con calma y dediqué más de media hora a disfrutar el momento antes de continuar. Más adelante pasé por la casa de Ezequiel, estaba vacía y no me pareció tan atractiva como aquella en la que desayuné. Atravesé todo Melide, no me detuve a visitar ninguna de sus iglesias porque pintaba mal tiempo y prefería avanzar.

Salí de Melide y crucé un arroyo por un cruce de piedras, mi enfoque estaba puesto en llegar a mi destino, prácticamente ya no ponía mucha atención a los poblados que iba pasando, lo que quería era llegar. En un poblado, que debe de ser Bonte, me detuve a descansar frente a una fuente, comí algo de lo que llevaba en mi bolsa, y descansé mis pies de las botas. Yo veía cómo pasaban muchos de los peregrinos que había rebasado más atrás.

EN PULPERÍA A GARNACHA EN MELIDE

Adelante de este pueblo, me esperaba una subida bastante pesada, los ciclistas que no tenían suficiente experiencia tenían que detenerse y subir empujando la bici. Me tocó ver a una pareja de ciclistas, parecían marido y mujer, la subida les venció poco después de rebasarme, sin saludar, al menos venció a la mujer. Cuando los estaba alcanzando discutían y luego el hombre iba empujando las dos bicicletas con todo y alforjas mientras que su pareja lo seguía con una cara de pocos amigos, también los bicigrinos sufren. Después, en la bajada me dejaron atrás fácilmente.

En otro tramo me tocó ser testigo de un acto que ya había leído en alguno de los sitios relacionados con el camino, creo que en el grupo de Facebook en el que estaba: Un peregrino francés acompañado por un burro supercargado con tremendas alforjas y además tirando de un remolque lleno de cosas. El reporte que leí era una petición para que lo detuvieran y pusieran bajo protección al burro, por lo que pude apreciar ambos seguían caminando sin impedimento alguno, pobre animal (y me refiero al burro).

ABUSO ANIMAL

A Arzúa debí haber llegado poco después de las doce del día, quizás después de las 12:30. No tengo ninguna fotografía del lugar y no recordaba nada en el momento de escribir esto, ni siquiera del albergue al que llegué. Ya que revisé mi programa e identifiqué que llegué al Albergue Casa del Peregrino de Belén, y busqué fotografías en la web, llegaron a mí los recuerdos: antes de llegar al albergue me encontré con Patrizia Saputo, una compañera peregrina de Suiza con la que había coincidido en algunos albergues, y me acompañó en la búsqueda del albergue. La brújula me volvió a jugar una mala pasada porque me señalaba cierto lugar y no veía nada del albergue, por fin me paré a preguntarle a un señor que salía de un despacho de abogados y, muy amablemente, nos acompañó hasta la esquina y nos indicó que el albergue estaba en la calle paralela, justo atrás de su despacho. Enfrente se localizaba el albergue municipal, estaba lloviendo y los peregrinos hacían fila bajo la lluvia, esperando que lo abrieran, yo me dirigí al mío que era donde tenía reserva y Patrizia se fue conmigo y también consiguió lugar ahí y se evitó formarse bajo la lluvia.

El otro dato que encontré en mi credencial de Peregrino es que comí en un restaurante que se llama Casa Teodora, porque tengo el sello del lugar. Como llovió toda la tarde y las calles estaban en obra, decidí quedarme a descansar en el albergue. Recuerdo que un grupo de muchachas adolescentes llegó y se apropió de la pequeña cocina y única mesa del lugar. Se comportaron muy bien a la hora de ir a dormir, no hicieron nada de ruido.

Post de Facebook del día: *"Hoy cumplo veintinueve días de haber iniciado mi peregrinación, ha sido una experiencia maravillosa, estoy muy emocionado en este momento que escribo esto. Gracias a todos por su aliento y generosidad. Los abrazo desde aquí. Hoy el trayecto de Palas de Rei a Arzúa lo esperaba (por no poner atención suficiente) de veinticinco kilómetros y relativamente tranquilo. La primera situación que se presentó fue que la lluvia, que era inminente, se hizo realidad (un día después Manola Becerra). Salí a las diez para las seis, ya había bastantes peregrinos y paseantes (sigo con eso en mi cabeza) al principio había luz artificial y después ya no, pero tenia peregrinos delante de mi, así que mi luz no era necesaria, en algún momento me quedé solo (rebasé a los de la luz) y de nuevo el bosque oscuro, cerrado y ahora con lluvia, con relativa frecuencia revisaba mi app y gracias a ello me di cuenta que había omitido una vuelta a la izquierda y oportunamente corregí antes de perderme como ayer (gracias Jeanne Ebling). La lluvia no te permite apreciar bien lo que vas viendo, más bien, te concentras en avanzar y en no caerte. Así iba avanzando y pensando en mi siguiente parada, había una población a trece kilómetros (más de la mitad, según yo). Dos kilómetros. antes vi un bar con mucha gente y decidí continuar hasta pasar la mitad del camino. En Galicia tienen por costumbre poner cada quinientos metros, en las señales del camino cuantos kilómetros faltan para Santiago, tristemente los peregrinos o lo que sean se han robado la mayoría de esas cifras, que vergüenza. Yo quería mandarles foto del kilómetro cien ayer y del kilómetro cincuenta hoy, pero no existen ya en el camino. Llegué a Furelo, donde se suponía iba a parar a desayunar algo y me di cuenta de que Melide estaba a un kilómetro y medio y Melide se distingue por tener las mejores pulperías de ¿España? ¿Galicia? Así que me animé a seguir, llegué a Melide y encontré una de las pulperías recomendadas y que me pido, a las 9 de la mañana, unos pulpos con aceite de oliva y una taza (sí, una taza de vino tinto) ¡ambos deliciosos! Estaba muy animado, según yo ya llevaba más del 50% de la etapa y ya no llovía, amenazaba pero no llovía a la hora más o menos revisé lugares y distancias y algo no checaba de acuerdo a una de mis guías faltaban casi ocho kilómetros para el albergue, según yo deberían faltar menos de cinco, eso me desanimó y contrarió un poco ¿un poco?! Ya me sentía bastante cansado mi cerebro se había programado para veinticinco kilómetros y resultaba que eran veintiocho kilómetros y cuatrocientos metros. Las subidas y bajadas no cesaban.*

En un punto me rebasaron dos ciclistas, hombre y mujer, y ni hola dijeron, menos 'buen camino'. Noté que ninguno de los dos traía su asiento a la altura adecuada y empezaba una subida que pintaba para larga. Pasando una curva vi a la mujer empujando la bici, más tarde vi a la pareja empujando su bici, después, vi a su pareja empujando la suya y ya que iba más cerca, el hombre empujaba las dos bicis, cuando los pasé les dije "buen camino", ninguno me contestó jajaja. Yo trataba de recomponerme, de asimilar que me faltaban tres más de lo que pensaba. Cuando chequé la distancia que faltaba hasta el albergue, la brújula me indicaba que eran dos adicionales, ¡uff! Eso me afectó.

Me empezaron a dar calambres en los muslos, nunca me habían dado, los pies estaban insoportables, nuevas ampollas del día, los letreros con teléfonos de taxi casi en cada barda, más me empeñé en continuar y al final me encontré a una chica que ya había visto varias veces y habíamos coincidido pero no habíamos platicado. Se llama Patritzia y es de Suiza, ella no tenía albergue reservado y le platiqué lo difícil que fue conseguir litera cinco días antes. Así que decidió acompañarme a mi albergue a ver si había lugar para ella.

Al fin llegamos y sí consiguió lugar. Los contratiempos a tus planes se van a presentar, tarde que temprano, lo importante es cómo los abordes, con que actitud. El objetivo está por arriba de los obstáculos, siempre. Enfócate en el objetivo y actúa ante los obstáculos. Actúa, acciona, haz algo, llámale como quieras".

Etapa 30: ARZÚA – PEDROUZO

28 de junio de 2017

19.41 km

Mi grabación matutina me dice muchas cosas, algunas sin decirlas: *"Iniciamos una etapa más… Ahora voy saliendo de… Arzúa para dirigirme a Pedrouzo, la penúltima etapa antes de llegar a Santiago; parece mentira, pero ya faltan menos de cincuenta kilómetros, treinta y ocho o treinta y nueve, más o menos. Los voy a hacer en dos días para tomármela con calma, los pies ya están bastante lastimados, toda la noche me impidieron dormir por el dolor, me duelen casi por todos lados y ya no sé ni por dónde… Va a ser un buen día, va a llover, estamos preparados para eso y todo, voy saliendo más tarde porque no quise salir más temprano porque estaba lloviendo y ahorita ya no está lloviendo y eso es buena señal. Me siento muy contento, cada día me siento más contento, esta ha sido una decisión brillante, haber hecho este camino, este recorrido, este peregrinaje esta aventura, este encuentro conmigo y con muchas cosas, gracias".*

Salí a las 6:30 de la mañana porque antes de esa ahora estaba lloviendo. Pasé muy mala noche, no por los ronquidos o la lluvia, sino por el dolor de mis pies. Los pies me dolían por todos lados y no me dejaron dormir casi nada, ya están bastante lastimados. Apesar de eso, me sentía muy bien, muy contento de haber tomado la decisión de hacer el camino, de todo lo que el mismo me iba a dejando: lo visto, lo escuchado, lo pensado, lo comido, todo, todo se conjuntaba en una experiencia única e irrepetible porque nunca más habría un primer Camino para mí.

Es interesante vivir una aparente o real contradicción: el dolor de pies me parecía por momentos insoportable, y al mismo tiempo me sentía muy bien. Lo que pienso de esto es que la mente, tus pensamientos están y pueden estar más allá de las molestias físicas que puedas estar experimentando. No es que disfrutara con el dolor, para nada, lo que disfrutaba era la experiencia en su conjunto y esa me daba más de lo que me quitaba el dolor, no sé si me explique.

Pedrouzo era mi destino y para allá me dirigí, con una amenaza continua de lluvia que se materializó muy pronto. Para las siete de la mañana, ya me había encontrado a Jordi, el *youtuber*, y nos fuimos caminando juntos un rato. Más adelante alcanzamos a sus amigas argentinas y después de saludarnos yo continué a mi paso hasta llegar a un punto lleno de mensajes escritos, llamado "El muro de la sabiduría". Me detuve a leer algunos de los carteles, muchos eran de cuestiones religiosas que realmente no me interesaban. "Hola", me alcanzaron Jordi y las argentinas que se detuvieron también a leer algunos de los mensajes. Yo continué con la lluvia en pleno, lo que me llevó a sacar mi poncho para evitar empaparme. Pasé por un bar que me llamó la atención porque la parte superior de su muro delimitador estaba repleto de envases vacíos de cerveza, qué mejor publicidad para el luga. Los hórreos de distintos materiales, madera, piedra, metal etc. se venían sucediendo en el camino.

Me detuve a desayunar en un bar-restaurante denominado Boavista, construido de piedra, con aspecto rural, acogedor por donde se mirara. Estaba desayunando cuando vi entrar a dos peregrinas ya mayores, con las que había compartido albergue esa noche y otras anteriores. Por la mañana las rebasé en el camino, quiere decir que ellas iniciaron mucho más temprano que yo, quizás un par de horas antes. Yo había notado que una de ellas generalmente tenía un gesto muy adusto y que no hablaban casi nada de inglés. No sé porque se me ocurrió la idea de pedirles que se tomaron una *selfie* conmigo y aceptaron de muy buen modo. La tomamos, ambas salieron muy sonrientes y me dijeron que eran de Dinamarca, una se llamaba Lizzy y la otra Mary Ann. Luego me pidieron tomarnos una *selfie* con el celular de Lizzy y la tomé yo porque ellas no sabían cómo hacerlo. Me dio mucho gusto ver la transformación del rostro de la que siempre la había visto adusta, me despedí y continué mi camino, ya estaba muy nublado de nuevo.

Hubo un momento en que el aguacero era muy fuerte, yo iba caminando con una chica colombiana, misma que no traía poncho, sólo una chamarra que no le protegía mucho, yo con mi poncho estaba empapado, buscamos un refugio bajo techo y había otros dos o tres peregrinos refugiados ahí también. Aproveché para quitarle la parte baja a mis pantalones convertibles que ya llevaba absolutamente empapados. El estado emocional de casi todos los que ahí estábamos era especial, no obstante, las condiciones climáticas del día, faltaba poco para llegar a Santiago, para muchos, para la gran mayoría, el fin de su recorrido. Los mojones con sus kilómetros marcados se turnaban más significativos no importando que algunos de los tramos del camino estuvieran completamente anegados.

Me volví a encontrar a Jordi, ahora solo, y caminamos acompañados por la lluvia y las corrientes de agua que corrían a nuestros pies.

Más adelante, después de pasar un tramo de bosque, volvimos a encontrarnos a las argentinas y Jordi se quedó con ellas en un bar, estábamos en Santa Irgue. Pasando el bar, iba caminando sobre un andador de cemento, ya me había quitado el poncho y vi y saludé a un muchacho que estaba junto a una camioneta tipo *van*, me contestó el saludo y continué caminando. Unos cuarenta metros más adelante, debajo de un espacio techado vi una mesa con un sello y unos cuantos libros nuevos, me detuve por unos segundos, pero continué. Avancé unos cien metros o un poco más y decidí regresar para ver de qué se trataba, los libros estaban solos, y leí que el libro se llamaba "La Soledad compartida" y la portada no mencionaba al autor, en eso estaba cuando se me acercó un perro con una pelota en el hocico con ganas de jugar, tomé la pelota y se la lancé en corto, el perro fue por ella y regresó queriendo jugar más, también se acercó el muchacho que había saludado antes, el de la camioneta, y me comentó que el protagonista del libro era el perro, que se llamaba Flan. Me puso el libro en la mano, me dijo que lo había escrito él, que hizo el Camino hacía cuatro años, y que al terminarlo regresó a Argentina, vendió su casa, renunció a su trabajo, y se regresó a vivir al Camino con su perro.

Yo le pregunté si el libro se podía conseguir en alguna librería porque andarlo cargando en la mochila era un problema y me dijo inteligentemente, "el libro no se vende, se lleva por donativo" y complementó para dejarme sin argumentos "el peso de las cosas está en tu mente". Con esto me mató, estábamos platicando y se acercó otra peregrina, de Australia, creo, y le dijo en inglés "yo te vi aquí mismo el año pasado" y él no le entendió y me preguntó que si yo hablaba inglés, le traduje y ella volvió a decirle que tenía una foto con él en ese mismo lugar del año anterior y buscó la foto en su celular. Yo mientras, dejé mi mochila en una banca que estaba enfrente y saqué diez euros y los puse en el plato que había junto a los libros, el muchacho tomó un libro y me lo dedicó y me lo entregó.

La chica le mostró la foto y él de inmediato le dijo que sus ojos eran más alegres ahora que el año pasado, ella se puso muy contenta con el comentario y me pidió que les tomara una foto igual a la del año anterior para poder tener una segunda versión de esta, también le pedí que nos tomara foto, lo hizo y se fue. Le comenté a Walter, que así se llamaba el muchacho, que cuando pasé frente a los libros me había seguido de largo y que decidí regresarme para verlos con más calma y me pregunta "¿hasta dónde avanzaste?". Y le señalé más o menos hasta donde lo hice y me dice "nadie se regresa en el Camino por nada, seguramente tú tienes que revisar algo que pasó en tu vida hace unos cuatro años, piensa en ello." Me dejó por lo menos intrigado, lo más relevante que había pasado mi vida en ese tiempo era mi jubilación. Así que pensaría en ello.

Guardé el librote en mi mochila, ya traía dos libros conmigo, el de Martín Fierro y éste. Mientras platicaba, me volvieron a rebasar Jordi y las argentinas que no se detuvieron, y qué lástima porque les hubiera encantado charlar con su paisano y a Jordi le habría caído muy bien una entrevista para su vídeorreportaje. Cuando me iba le comenté a Walter que no notaba ninguna diferencia en el peso de la mochila y se sonrió.

Ya muy cerca de Arzúa, alcancé a Patrizia, de Suiza y continuamos juntos hasta llegar a Pedrouzo, donde cada uno tomó camino para su albergue (ella se quedaría en la siguiente población, un poco más cerca de Santiago. Hacía fresco, me costó un poco de trabajo encontrar el albergue, y cuando llegué era el primero en llegar, una vez más.

Era un albergue con instalaciones nuevas y muy bien puestas, sin opción de lavar a mano y con la lluvia menos, seleccioné mi litera baja junto a una ventana que daba a la calle, lejos de la puerta, era una habitación con seis literas.

CON WALTER Y FLAN

Me bañé, lavé mi ropa y la puse a secar, otra vez en lavadora y secadora. Me salí a comer algo y a comprarme un sombrero nuevo porque el mío ya no servía para nada, me dolió dejarlo porque tenía muchos años con él, ya había cumplido su ciclo.

El albergue se llenó, me tocaron de vecinos de cama un par de españoles malheridos de los pies en apenas dos jornadas de camino y ya no podrían andar. Un grupo de Andalucía, muy escandaloso, no dejaba dormir porque llegaron muy tarde, ya que se pasaron de Pedrouzo y casi llegan al aeropuerto de Santiago y se tuvieron que regresar, por lo que llegaron como a las 21:30.

Luego salieron a cenar y regresaron cuando ya estaba cerrado el albergue y empezaron a llamar a sus amigos por celular hasta que uno les abrió y, no contentos con eso, llegaron al cuarto haciendo ruido y hablando como si fueran las cinco de la tarde. Ahí queda en su conciencia.

En Facebook publiqué lo siguiente respecto a ese día: *"Hoy me embargan sentimientos encontrados, ya mañana llego a Santiago de Compostela (campo de estrellas) y aunque sé que voy a continuar unos días más hasta el fin del mundo, también sé que esto se está acabando para dar lugar a algo más. Haber decidido hacer este camino ha sido una de las mejores decisiones que he tomado en mi vida, en un principio lleno de incertidumbres y de dudas, ahora con más certezas y más incertidumbres y dudas. Lecciones me llevo muchas, reflexiones también, ¿regalos? Todos los días, coincidencias o diosidencias, ¡todas! ¡Me siento bien! Como decía James Brown: I feel good! Tururururururú!*

Hoy ha sido otro día ¿mágico? ¿especial? ¿trascendente? No se, pónganle el apodo que quieran. Desde anoche decidí salir un poco más tarde, por dos razones: la mitad de mi ropa estaba mojada todavía a las diez de la noche (la otra mitad la traía puesta) y el pronóstico de lluvia decía que había 80% de probabilidad a las cinco de la mañana. Salí a las seis y treinta, había parado de llover. No es igual tomar la decisión de salir lloviendo a que te toque lluvia cuando estás ya caminando, quizás sea parte del instinto o de la razón. En fin, salí sin lluvia, ya no estaba tan oscuro como en los días anteriores, ya había bastantes peregrinos caminando (los paseantes inician más tarde jeje).

Todo pintaba muy bien, me encontré con Jordi el youtuber que conocí en Portomarín, iba con sus amigas de Argentina (3) nos adelantamos un poco caminando a un ritmo medio (entre el mío y el de las argentinas) cuando la batalla del día comenzó: el sol vs las nubes aliadas con el viento. El sol se veía en su apogeo al amanecer, tanto que Jordi y yo paramos a quitarnos capas de ropa, nos alcanzaron las chicas de Argentina (me parece que no les caigo bien) y decidí adelantarme, a los pocos minutos comenzó a llover, el sol perdió la primera batalla. Me paré, me puse mi poncho y continué, tratando de no mojarme mucho (que intento tan inútil), la lluvia no era fuerte pero sí persistente. Cuando iba por el kilómetro nueve (casi la mitad de la etapa) el sol volvió a salir, el cielo estaba azul y de premio me metí a desayunar. Saludé a una peregrina de Colombia que ya había visto un par de veces y a dos señoras, vecinas de albergue, con las que me tomé una selfie, y se llaman Lizzy y MarieAnn de Dinamarca, les dio mucho gusto que les pidiera la foto y ellas me pidieron otra con su cel porque no sabían tomar selfies, bellas. Saliendo del desayuno, el sol había perdido la batalla de nuevo y empezó a llover de nuevo, alcancé a la colombiana, platicamos un poco y me dijo: los mexicanos no saben lo maravilloso que es su país, creen que todos son iguales y la verdad es que México es maravilloso.

Que gusto escuchar esas palabras. A los pocos minutos teníamos un diluvio, el poncho servía para dos cosas, decidí resguardarme en un techo y me quité la parte baja de mis pantalones convertibles, solo acumulaban agua. Reanudé y me volví a encontrar a Jordi, iba solo, sin sus amigas argentinas, platicamos un buen tramo, la lluvia era ligera y corrían riachuelos en el camino.

En un cruce con doble señal volvimos a encontrar a las chicas de Argentina y Jordi junto con ellas pararon en un bar. Yo me seguí y al pasar frente a una Van, vi a un muchacho y lo saludé, más adelante, pasé por un lugar abierto con música y había unos libros y un sello para peregrinos, me seguí y como a los cien metros, decidí regresar a ver de qué se trataba. Cuando estaba viendo el libro se me acercó un perro con una pelota en el hocico y quería jugar, le tuve que quitar la pelota a la fuerza y se la lancé, estaba contento. Se acercó el muchacho que había saludado y me dijo que el perro era el protagonista del libro. Le comenté que era muy complicado ir cargando el libro, que yo no había querido comprar nada para no cargarlo y me dice 'el peso está en tu mente', le comenté que me había regresado y me dice 'regre-

sarte en el camino significa que quieres regresar a revisar algo de tu vida, ¿hasta dónde fuiste?' me dice y le comento 'como cien metros, un poco más', y me dice 'regrésate unos cuatro años de tu vida y ve que quieres revisar' ¡órale! Me comentó que el perro se llamaba Flan y que juntos habían hecho el Camino hace cuatro años y que decidió dejar todo en Buenos Aires e irse a vivir al camino. Interesante.

Me comentó que el libro no estaba a la venta en librerías y que él tampoco lo vendía, sino que era por donativo. En eso llegó una chica y le dice, en inglés, 'hace un año me tomé una foto contigo aquí mismo'. le traduje porque el argentino no hablaba inglés y me pidió Jazmine que les hiciera otra foto igual a la del año pasado. Ella nos hizo una a nosotros y se fue. Yo decidí quedarme con el libro y Walter me lo dedicó. Y la verdad es que no pesa. Más adelante, ya sin lluvia encontré a Patrizia, de Suiza, la recuerdan de ayer, volvimos a pasar a Jordi y las argentinas, que no supe en que momento me rebasaron y la lluvia se volvió a soltar en alta, ya ni tiempo de ponerme poncho, faltaba poco más de un kilómetro para el albergue. Le pedí una foto a Patrizia, porque ella se iba a acercar más a Santiago y nos despedimos. En el albergue tuve que esperar una hora a que lo abrieran pero pude escoger mi litera, metí a lavar y a secar mi ropa y me di un rico baño sin prisas ni presiones. Mañana: ¡Santiago de Compostela!".

EL LIBRO DE WALTER

Etapa 31: PEDROUZO – SANTIAGO DE COMPOSTELA

29 de junio de 2017

19.16 km

Estuvo lloviendo toda la noche y amaneció lloviendo, mi intención era salir como a las 5:30 de la mañana, pero la lluvia estaba fuerte y decidí esperar en unas sillas que están a la entrada del albergue. Mientras esperaba a que amainara la lluvia, aproveché para comer algo de pan que llevaba y tomarme un chocolate, seguramente colacao. A las 6:15 me decidí a salir, ya había parado la lluvia, la calle principal de Pedrouzo estaba muy bien iluminada, de inmediato entré en un bosque oscuro, muy oscuro, y gracias a mi lámpara frontal pude seguir el camino, en tanto iba aclarando poco a poco el cielo. Seguía muy nublado y la lluvia estaba garantizada, lo bueno es que no fue constante.

¿Qué decía en mi grabación matutina de audio? Aquí va: *"Son las seis dieciocho voy saliendo para... Llegar a Santiago el día de hoy, una jornada interesante por lo que significa, emocionado, claro, acaba de dejar de llover, así que es una buena señal (casi ininteligible), está haciendo frío y estoy contento, muy contento. Son veinte kilómetros hoy, la única dificultad puede ser la lluvia y otra vez, y como todos los días casi, los pies, pero estos se tendrán que aguantar. Ya falta poco, veinte kilómetros para llegar a Santiago; bien, no se qué decir, no me expreso muy bien con este aparato en la boca, pero son varias cosas que me embargan. He vivido una o estoy viviendo una, porque no ha terminado todavía, una gran, gran experiencia, y la estoy disfrutando mucho...*

*Mis soledades, mis compañías, mis aislamientos también los dis-
fruto, ese soy yo, no puedo estar integrado todo el tiempo en grupos,
(jadeos) riéndose y echando relajo, no, no es lo mío eso, ya me queda
más que claro y no tengo mucho interés en cambiar, de vez en cuando
está bien, pero no todos los días...".*

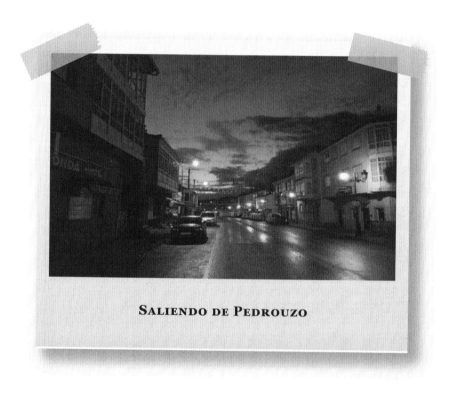

SALIENDO DE PEDROUZO

A eso de las ocho de la mañana, vi a un peregrino a lo lejos que se me
hizo conocido, mas no estaba seguro de quién era. Conforme íbamos
avanzando, me acercaba poco a poco y apretando un poco el paso lo
alcancé y me cercioré de que era Jordi, el *youtuber*. Ya nos faltaban
pocos kilómetros para llegar a Santiago, ambos estábamos cansados
cuando abordamos el ascenso al Monte del Gozo. Jordi se sentía fati-
gado y sólo pensaba en llegar, en la parte más alta le dije que si no iba
a ir al mirador. Primero me dijo que no, que ya no quería desviarse,

yo decidí ir porque sí tenía intenciones de ver la catedral desde arriba así que comencé a desviarme a la izquierda para seguir una senda que te conducía a donde estaban las esculturas enormes de dos peregrinos mirando y, señalando hacia la catedral, Jordi finalmente decidió acompañarme y continuamos juntos. Casi no había peregrinos.

Como a medio camino hacia el mirador, nos encontramos a dos peregrinas que venían de regreso y Jordi conocía a una de ellas, una chica de color. Les dio mucho gusto verse, se abrazaron muy contentos y emocionados, platicaron algo y continuamos nuestro camino. Llegamos al lugar y estaba solo, lo pudimos contemplar a gusto, ya no llovía, el cielo se estaba despejando, las estatuas que son muy altas, como de cuatro metros, nos parecían gigantes. Nos hicimos algunas fotos, Jordi hizo un vídeo y tomamos registro de que al pie de cada estatua se podían observar todo tipo de ofrendas que dejaban los peregrinos: piedras, mascadas, pañuelos, aretes, gorros, botas... Imagino que con cierta frecuencia alguien va a recoger lo que van dejando para despejar el lugar.

Cuando ya veníamos de regreso, vimos que unos trescientos o doscientos metros a la derecha, había otro monumento relacionado con el camino, ya no quisimos desviarnos porque era en sentido opuesto al camino que teníamos que seguir para entrar a Santiago. Solo fotografía de lejos y continuamos avanzando. Estábamos ya muy cerca y con los pies muy adoloridos, pasamos por una especie de museo al aire libre con varias esculturas en piedra, en apariencia muy antiguas y raras. Cruzamos un puente de madera al lado de la carretera y entramos a Santiago, donde un parque con el nombre de la ciudad nos recibe. En esta ocasión el letrero estaba lleno de ofrendas de peregrinos, sobre todo botas, zapatillas y sombreros. He visto fotos del mismo letrero donde no tiene ninguna ofrenda.

EN EL MONTE DEL GOZO

Una cosa que me llamó la atención de Santiago es que sus banquetas, todas, por lo que he visto, son empedradas, y eso es una tortura
para el peregrino que llega cansado. Yo hubiera agradecido mucho
que hubiera banquetas lisas, sin protuberancias, pero creo que el
estilo puede más que la empatía con el adolorido. En cierto punto de
la ciudad nos separamos, Jordi fe a buscar su hostal y yo mi albergue
que estaba como un kilómetro y medio de la catedral.

Llegué al albergue antes de las once de la mañana, pude cambiar mi reserva de una cama en habitación compartida por una habitación individual con lavabo. El albergue es grandísimo, bajé al sótano para dejar mi mochila, quitarme las botas y el poncho, y dejar todo en una taquilla que me costó dos euros, porque la habitación la podía ocupar hasta las 13:30 horas.

Otra cosa que me gustó de este albergue es que me podía quedar dos noches sin ningún problema. El albergue Seminario Menor está en una zona alta, junto a un parque muy grande, y desde ahí se podía ver la catedral a lo lejos. Sin la carga de la mochila y sin las botas me dirigí a la catedral, estaba a tiempo de llegar a la misa del peregrino, la ciudad me estaba gustando conforme la caminaba, pasé por un mercado muy interesante, el mercado de abastos, al cual habría de regresar. Dando vueltas y vueltas, por fin pude dar con la entrada de la catedral, había una gran fila para entrar, pero avanzaba muy rápido; en el interior había mucha gente, algunos ya instalados en las bancas y otros deambulaban de un lado para otro, yo me puse a deambular como otros, pero era difícil por tanta gente que había y decidí salir para buscar la oficina del peregrino que yo creía que estaba a un ladito de la catedral.

Pasé por la Plaza Obradoio desde donde se ve la fachada principal de la catedral, que está en reparación desde hace años, y ahí me volví a encontrar a Jordi, que estaba entrevistando peregrinos para obtener sus primeras impresiones a llegar a la catedral. La chica de color que habíamos visto antes, estaba en el suelo llorando, Jordi me comentó que llevaba más de diez minutos emocionada y sin poder dejar de llorar, ahí comencé a preguntarme si a mí me pasaba algo, porque yo no sentía ninguna emoción especial. Sí me sentía satisfecho, contento, pero hasta ahí, no había ninguna emoción significativa en mí.

ENTRANDO A SANTIAGO DE COMPOSTELA

Le comenté a Jordi que iba a ir por mi Compostela y me dijo hacia dónde tenía que caminar, también me preguntó que si no iba a entrar la misa de peregrinos, le dije que sí, que iba por mi Compostela y regresaba, sí, cómo no... Llegué a la Oficina de Atención de Peregrinos y había una fila enorme, me formé, y tardé más de una hora para hacerme de mi Compostela y mi certificado de distancia. Ahí mismo hay una pequeña capilla a la que entré a dar gracias y luego me fui a buscar algo para comer.

Cuando estaba esperando en la fila de la Oficina de Atención al Peregrino, escuchaba diversas conversaciones entre los que ahí se encontraban, cada uno entendía su aventura de una manera distinta y especial, hay de todo. También me tocó observar que en un patio central había un gran bote donde los peregrinos podían dejar su bordón o sus bastones, si ya no pensaban seguir utilizándolos o no querían llevárselos a su lugar de origen, había bastantes.

Cuando llegué a la ventanilla de atención todo fue muy sencillo, me dieron un formato para registrar el motivo de mi peregrinación, había las opciones de: religioso, espiritual y otro, yo elegí espiritual. Entregué mis credenciales selladas, la chica que me atendió, una jovencita como de veinte años, me preguntó que si quería obtener la constancia de distancia tenía un costo de tres euros y le dije que sí; me preparó mis documentos, me los entregó, y me indicó que pasara a la caja donde pagué y compré, también, un tubo de cartón para proteger los documentos. Salí y me senté en una banca a las que le daba el sol, estaba sentado otro peregrino que me dijo que ya no aguantaba los pies porque había caminado seis días seguidos, solo le sonreí y le deseé que se mejorara. Tomé una foto a cada uno de mis documentos, aprovechando el sol, y pasé a la capilla; después, como ya dije, salí a buscar dónde comer.

Encontré un lugar pequeño en la esquina de esa misma calle (hay muchos lugares para comer), en éste tenían menú de peregrino y lo disfruté con toda calma. Al terminar de comer, anduve recorriendo el centro de Santiago, empapándome del ambiente de peregrinos gozosos de haber llegado a su destino, de haber cumplido su meta. La plaza Obradoio estaba llena de gente, el hotel Parador de los Reyes Católicos es muy bonito, con una puerta principal super ornamentada. Me sentía muy contento, pero no sentía una emoción embargadora como la que veía en otros peregrinos. El cielo se comenzaba a nublar, la música de los gaiteros sonaba por aquí y por allá, lo que le daba un sabor muy especial al lugar. Yo iba de un lado para otro hasta que decidí regresar al albergue a descansar un poco, eran las tres de la tarde, en el cielo se libraba una batalla del sol contra las nubes y el viento. Desde mi habitación, tenía tres ventanas verticales que me permitían ver los cambios que sufría el cielo, una delicia.

Aproveché para escribir algunas cosas para mis amigos de Facebook, actualicé la información de la campaña para recolectar fondos para la construcción y equipamiento de la ludobibloteca, contacté a Pierre y acordamos vernos para tomar una cerveza y me dio el nombre de una plaza y quedamos de encontrarnos ahí. Calculando mi tiempo, iba de regreso al centro a localizar la plaza cuando me encontré a Patrizia, que regresaba del centro con una gran bolsa llena de *souvenirs*. Ella regresaba a Suiza al otro día temprano, nos despedimos y yo me fui al encuentro con Pierre y nos metimos a un bar a tomar una cerveza porque comenzaba a llover. Platicamos un poco, literalmente, un poco, aunque cada vez con más soltura.

Me comentó que él se quedó en un pequeño hotel muy bonito del centro y que estaba feliz porque terminaba su peregrinación después de casi sesenta días caminando, yo apenas llevaba treinta. Decidimos celebrarlo yendo a cenar a un restaurante donde no hubiera menú de peregrino, y nos fuimos a una calle que está llena de restaurantes, principalmente de mariscos, con grandes vitrinas exhibiendo lo que te podías comer (en lo particular no me gusta ese tipo de exhibidores). Elegimos uno y entramos, todavía era temprano, antes de las siete de la noche, yo estaba batallando bastante para explicarle el menú a Pierre en francés o inglés, algunas cosas quedaban descartadas de inmediato por el precio, me paré a preguntarle algo al mesero y me ofreció una carta en francés y se hizo la luz para Pierre.

Pedimos de cenar. Pierre tomó vino rosado y yo tinto, comimos un arroz caldoso con mariscos, a mí me gustó mucho; a Pierre no tanto, pagamos como treinta y cinco euros euros cada uno y creo que bien valió la pena porque era una cena especial. Nos salimos a caminar otro rato, ya se había ido la lluvia, Pierre se compró una caja de galletas de almendras recién hechas, se veían y olían deliciosas, yo seguía sin comprar nada porque todavía me quedaban algunos días de caminata.

Nos fuimos a despedir frente a la catedral, eran las nueve de la noche, pero parecían las cuatro de la tarde por la luz y la cantidad de gente que había. A mí me seguía sorprendiendo eso. Yo me quedé paseando un rato más y luego me fui al albergue a descansar después de un excitante día, mi siguiente día era descanso.

LA CATEDRAL DE SANTIAGO DE COMPOSTELA

Post en Facebook de este gran día: *"Estoy ya en el Albergue Seminario Menor de Santiago de Compostela, la que pintaba como una etapa sencilla, no lo fue tanto, quizás era la excitación del día, o quizás fuera el cansancio acumulado. La noche fue regular, tirándole a mala, unos vecinos de habitación, de no sé que parte de España, bastante escandalosos y desconsiderados para con el resto de los peregrinos (y no eran unos muchachos, bastante adultos, como de treinta y cinco, cuarenta años y por otro lado dolores intensos en ambos talones me hicieron no descansar bien. A las seis y quince ya estaba caminando a las seis y veinte, ya estaba en el bosque oscuro y cerrado. La amenaza de lluvia ahí estaba, afortunadamente tardó en llegar. Yo iba empeñado en avanzar para separarme de un grupito que hablaba mucho y mal hablado y quejándose de todo. Cuando parecía que los había dejado, volvía a escuchar sus voces. Así pasamos tramos de bosque, cada vez con más claridad, algunos con lodo, y ninguno con lluvia, de cualquier forma, yo iba con mi poncho, preparado.*

Al llegar a la parroquia de San Pelayo me detuve a obtener el sello y ahí me alcanzaron los del grupito del que venía huyendo. Así sucede algunas veces, no te puedes despegar de algunas situaciones que no te gustan, por tanto es mejor no permitir que la situación te afecte, es cuestión de como reacciones a la situación y no de la situación en si, con esa idea continué detrás de ellos y más adelante identifiqué que Jordi iba como a ciento cincuenta metros de distancia. Traía su cámara de fotos afuera (creo que ya les comenté que es un youtuber) lo alcancé con algún trabajo y continuamos juntos hablando y hablando de múltiples temas. Así el camino se hace más leve. Tuvimos varias subidas hasta que llegamos a un punto en que le dije, mira es Santiago de Compostela, no le pareció a él que lo fuera, más bien pensó que eran los suburbios de Santiago. Luego vi la flecha que decía Alto del Gozo y le digo yo sí voy a ir (había que desviarse un poco) al final se decidió a subir conmigo y valió pena. Una vista padrísima y la escultura de dos peregrinos en bronce como de tres metros o más. Santiago estaba a tiro de piedra, casi.

Retomamos el camino la lluvia nos pilló, como dicen aquí, y al entrar a la ciudad nos recibió un tipo de piso que es nada amigable para el peregrino y parece que es común en toda la Ciudad. Cada quien se fue a su albergue a descargar un poco de peso y pronto a la catedral.

Entré a la catedral y estaba llenísima, faltaba media hora para la misa del peregrino, salí a buscar la oficina de atención al peregrino para obtener mi Compostela y la fila fue de más de una hora y cuarto, creo que fue la última penitencia. La obtuve y salí a comer algo, moría de hambre. Ya con más calma regresé a la Catedral, pero pintaba para lluvia de nuevo y decidí regresar a mi albergue que está como a un km del centro. ¡Y llovió de nuevo brrrrr! ¡Que frío! Ahora descanso un poco. Observo desde la ventana la batalla continua entre el sol y las nubes con su aliado el viento. Traen un muy buen agarrón. Un rato gana uno y se siente la luz y otro ganan las nubes y descargan su contenido. Para mañana iba a contratar un tour a varias poblaciones y un paseo en río, más cambiaron programa e iniciarán hasta julio, ni hablar. ¡El camino de Santiago ha concluido! Mañana conoceré más de Santiago. El sábado inicio el epílogo a Muxía y a Finisterra".

SANTIAGO DE COMPOSTELA
30 de junio de 2017

Después de la cena y del paseo nocturno me fui a dormir al albergue. La comodidad de una cama solo y la certeza de que al otro día no hay que pararse temprano a caminar son sensaciones extrañas que en tu vida regular no tienes por qué notar que son especiales; sin embargo, aquí lo son, y mucho. Al otro día me levanté como a las ocho de la mañana, la lucha de nubes y lluvia con el sol continuaba, bajé a la zona del comedor y cocina y desayuné algo, había bastante movimiento ahí. Regresé a la habitación a organizar mis cosas y me acosté unos minutos, luego me paré para ir a desayunar algo más sustancioso y cuál fue mi sorpresa que las puertas de acceso y salida del piso estaban cerradas. Cuando estaba en el cuarto escuché voces de personas que supuse que era las chicas de la limpieza, inclusive oí que se reían mucho. Cuando salí no había nadie, recorrí todo el piso, intenté abrir cada una las puertas que me encontraba, inclusive las de emergencia y nada: todo estaba cerrado.

Recordé lo que me dijeron cuando llegué el día anterior: que no había acceso a las habitaciones hasta la una y media de la tarde y era algo literal. No había acceso, ni salida tampoco.

No me quedó otra más que regresar a mi cuarto, en el pasillo me encontré una mesa donde algún peregrino o peregrina había dejado cosas para quien las pudiera necesitar: jabón, crema, bloqueador para el sol y había un bote de jabón líquido para baño, éste lo tomé porque me sería muy útil para bañarme y para lavar mi ropa los siguientes días. Me fui a descansar un rato más hasta que volví a escuchar voces en los pasillos y eran las chicas de la limpieza, ya era casi la una de la tarde. Salí y le pedí a una de ellas que me permitieran salir y me indicó con quién dirigirme para que me abrieran, por fin salí y me fui a buscar dónde comer. El cielo con sus contrastes: nublado por un lado y clarísimo por otro. Encontré un restaurante en las cercanías, sin tener que ir al centro; aunque todavía no era la hora de la comida, tuvieron el detalle de abrir antes su cocina para atenderme.

De nuevo a caminar un poco y regresar al albergue porque comenzaba a llover y no tenía intenciones de mojarme. A eso de las tres de la tarde volví a salir y me dirigí al centro de nuevo, pasé por el mercado de abastos, es algo pequeño, pero muy pintoresco, tomé fotos de los chorizos de Galicia que me había encargado mi prima, Manola, y anduve recorriendo plazas y monumentos del centro. Ahora sí me di tiempo para recorrer con toda calma la catedral y sus alrededores; vi dos de los botafumeiros que se utilizan durante las misas especiales; vi la tumba del apóstol Santiago; también pasé a la parte trasera de la escultura donde los devotos dan un abrazo por la espalda al santo, había bastante gente y valió la pena hacer el recorrido.

Para las cinco de la tarde ya estaba de regreso, el cielo se despejó y había unas vistas muy bonitas desde mi piso del albergue (cuarto piso). Supongo que volví a salir, mas no lo recuerdo con claridad, ya no tengo más imágenes de ese día ni recuerdo qué fue lo que cené, eso sí: recuerdo muy bien que quería seguir descansando mis pies porque al otro día tenía que reanudar mis pasos hacia Muxía y Fisterra.

Como tuve tiempo de sobra, mi *post* en Facebook de ese día fue algo mas extenso que los anteriores:

"Son las nueve de la mañana de este viernes 30 de junio, mí día de descanso en Santiago de Compostela y es la primera vez, desde que inicié esto, sin haber salido del albergue a esta hora. Las razones son sencillas, cielo nublado, algo de lluvia, más ahora parece que está cambiando se ve un poco de azul entre las nubes, la otra razón es que mis pies necesitan descanso, han dolido toda la noche a pesar del ibuprofeno. Así que aprovecho mi flojerita para escribir esto. Cada vez que escribo mi reseña diaria, se me quedan cosas en el tintero, no es posible escribir todo lo que yo quisiera, así que ahora escribiré algunas cosas que no he comentado o que si lo hice, fue muy por encimita. Veamos:

1. Una de las cosas que me han encantado es ver caminando a un padre o a una madre con su hijo o hija adolescente. Me parece que es una manera fabulosa de tejer, restaurar, reforzar, abrir, no se, una relación que es muy difícil que se dé en el entorno normal de vida, con todas las influencias y distracciones de las obligaciones y compromisos diarios (por ambas partes).

2. Lo mucho que se parece la vida al Camino de Santiago o el Camino de Santiago a la vida, es lo mismo pero no es igual, hacer el camino es permitir que el camino te haga, es compactar un sinnúmero de vivencias en poco más de 30 días, es avanzar y retroceder muy poco, es tener encuentros y despedidas, y luego reencuentros, es sonreír y agradecer así como tomar decisiones a cada momento, con señales o sin ellas, con una visión clara o en plena oscuridad, es equivocarse y aprender y corregir, es saber pedir ayuda y ofrecerla sin esperar nada a cambio, es escuchar a tu cuerpo y hacerle caso algunas veces, otras no, si no, te detienes. ¿Verdad que se parecen la vida y el camino? La vida es caminar, caminar es vivir.

3. La cantidad de señales que tenemos que seguir para llegar al lugar deseado, pueden parecer muchas algunas veces o escasas

otras, otras veces están ahí y tú no las ves y te vas por otro lado, muchos se han tomado la molestia de dejar señales, que para mí es inexplicable que existan personas (¿personas?) que las mutilan, roban, destruyen, sencillamente no lo entiendo. ¿Qué puede hacer una persona con una placa de los kilómetros faltantes para llegar a Santiago? ¿Presumir que se fue a peregrinar, a hacer un viaje espiritual y que aprovechó para robarse algo que está ahí para ayuda de todos los que vienen atrás? ¿Cómo podrías presumir eso?

4. *Ver a personas mayores, de más de 70 años, haciendo el camino, solas, acompañadas, en pareja, verlas ir paso a paso, cargando su mochila, saliendo muy temprano porque saben que les tomará más tiempo su andar, es algo que me llena de respeto, admiración y orgullo por ellos.*

   Recuerdo a una señora que vi en un bar de un hostal en el que paramos Jeanne y yo a desayunar, tenía cerca de 80 años, no podía servirse el café ni el jugo de naranja, le ayudé a hacerlo, de hecho yo no pensaba que era peregrina y antes de irme, las vi esforzándose por ponerse su mochila para reanudar, admirable, sencillamente admirable.

5. *A mí parecer, el traer el atuendo de peregrino es como traer una licencia que no solo nos permite ser más amables, saludadores, espontáneos, sino que también les permite a los otros, peregrinos o no, a comportarse de igual manera. La gran mayoría más del ochenta y cinco por ciento de las personas con que te topas en el camino te sonríe y te contesta con un "buen camino" o al menos con un "hola" cuando te quitas la mochila, los bastones, las botas, el sombrero, y sales a la calle o deambulas en el propio albergue, esa licencia se perdió y la gente ya no te sonríe, ni te contesta. Algunos sí, pero será un diez o quince por ciento. Curioso ¿no?*

6. *Los mensajes que encuentras en el camino son muy abundantes, leerlos y algunos entenderlos es parte del enriquecimiento del peregrino. No es lo mismo leer una frase x en Facebook o en WhatsApp que leerla en el camino, escrita en una piedra, en una banca, en un muro, en un poste, en un trozo de papel, quizás sea porque vienes más sensibilizado, o quizás porque vienes cansado y adolorido y buscas de donde agarrarte para continuar, quizás sea porque sí y ya. Les pongo algunos.*

7. *Los turigrinos son esos paseantes que quieren hacer turismo barato, aprovechan las ventajas que se ofrecen a los peregrinos y no quieren hacer los sacrificios, les llevan la mochila, los llevan en vehículo, llevan personas de apoyo, etc. Está bien que lo hagan como quieran pero que no le quiten posibilidades de hospedaje y comida a los verdaderos peregrinos.*

8. *Los hospitaleros, personas voluntarias (en los públicos) o contratados (en los privados) hacen la diferencia en los albergues, pueden hacer tu llegada mucho más grata o pueden echártela a perder. He tenido la suerte de contar con hospitaleros de lo más amables y serviciales. Algunas excepciones que se van por la vía del menor esfuerzo y no se quieren ni levantar de su silla.*

Otros, acompañan a los peregrinos a su cama, les muestran el albergue, les explican sus reglas, y se muestran dispuestos a ayudar en lo que se te ofrezca. Basta ya por hoy, me he extendido mucho y hay más que decir. Sigue lloviendo. Ya es casi la una de la tarde".

MENSAJES DEL CAMINO

Etapa 32: SANTIAGO DE COMPOSTELA – NEGREIRA

1 de julio de 2017

20.47 km

"Son las seis y veinte de la mañana, estoy saliendo del Seminario Menor, para iniciar el epílogo de este viaje... Hoy me dirijo a Negreira, son veintiún kilómetros, estamos a nueve grados; está nublado, pero no llueve, y eso ya es muy buena noticia. Una nueva etapa recomenzamos 'gracias, hasta luego', saludo a unos peregrinos. Iré con calma, los pies me duelen mucho, el descanso no fue suficiente y lo iremos dosificando: el dolor, poco a poco, las pomadas no me han servido de mucho, tampoco el Voltaren, ni el Advil, pero tendrán que aguantarse, sobre todo el pie izquierdo tendrá que aguantar, no tiene opción. Vamos, pues, por el epílogo, cuatro etapas más y terminamos."

Con esa grabación iniciaba el último tramo, "el epílogo" le llaman en algunas guías. A mí me hacía mucha ilusión llegar a Fisterra y a Muxía, lo había imaginado muchas veces y por fin iniciaba las etapas finales.

Como decía, arranqué sin lluvia, tenía que dirigir mis pasos hacia la catedral nuevamente porque por ahí estaba la calle que me llevaba a conectar con la ruta a Negreira, los pies seguían muy adoloridos, nada de lo que hice los dos días que estuve en Santiago causó algún efecto benéfico en ellos, entonces comprendí que ese asunto del dolor de pies se convertía más en un asunto mental que en otra cosa, había que aguantar el dolor y continuar caminando como si no lo hubiera.

PLAZA OBRADOIO

La vista y la panorámica de la ciudad con su iluminación nocturna es muy bonita, me tomé mi tiempo para bajar al centro y para disfrutar la plaza Obradoio y la catedral, sólo había algunos peregrinos que como yo iniciamos la partida temprano. Un escenario muy distinto: sin gente y sin luz de día, me gustó mucho. Volví a fotografiar algunos de los edificios y fuentes que ya había fotografiado antes, pero ahora con esa luz color mostaza que deja una sensación distinta en los sentidos.

Faltando tres minutos para las siete de la mañana, encontré el primer mojón que señalaba ochenta y nueve kilómetros para Fisterra y ochenta y seis kilómetros para Muxía, estaba en la entrada de un parque, al cual llegué porque un automovilista se detuvo cuando me vio dudar en una esquina y me señaló hacia dónde tenía que caminar, seguí su recomendación y luego me interné en los andadores del parque.

Llegué a un punto donde de nuevo tenía dudas, afortunadamente había dos personas paseando a un *pitbull* blanco y me acerqué a preguntarles el camino, me lo indicaron y el *pitbull* emocionado se quería comer mi almuerzo que traía atado a la cintura y que había comprado la tarde anterior en Santiago.

Así continué avanzando hasta encontrar un bosque, sí, otro bosque, mas ahí por primera vez encontré una pequeña tienda de campaña y algunos utensilios afuera, no sé si sería algún peregrino u otro tipo de ocupante.

El sol comenzaba a salir, yo abordé un ascenso pesado y largo y cuando lo estaba concluyendo volteé a ver la salida del sol y cuál fue mí sorpresa que en el fondo se recortaba, ante la luz del nuevo día, la ciudad de Santiago y destacaba, por sobre todo, su catedral, una escena que me dejó maravillado. Hice no sé cuántas fotos, avanzaba algunos pasos y volvía a voltear y así: pasos, volteaba y fotografía; pasos, volteaba y fotografía. Más adelante había una especie de fraccionamiento en medio del bosque con algunas casas con grandes ventanales viendo hacia Santiago, me encantaron y por primera vez en el viaje pensé que me encantaría vivir en un lugar como ese. Luego me interné en un bosque y en una zona de entrenamiento de perros para caza, recomendaban cuidado, mas no alcancé a ver a ninguno, los escenarios eran muy bonitos. Luego a lo lejos vi un enorme pastor alemán que se me quedó viendo, iba yo por un camino pavimentado, yo miraba al perro y él me miraba sin dejar de inspeccionarme, me fui acercando a él y el solo me veía, quieto. Era un perro enorme, conforme más me acercaba, más grande se veía. Empecé a tener temor de acercarme más, pero cuando estaba a unos cuarenta metros de distancia, el perro se dio la media vuelta y se metió por un camino perpendicular alejándose de mí, yo creo que satisfizo su curiosidad de ver al primer peregrino de la mañana y quedó contento con lo que vio.

VIGILANTE DEL CAMINO

Más adelante, casi las ocho de la mañana, pasé por un terreno cercado que tenía unos caballos muy bonitos. Primero los vi en una caballeriza abierta de madera y los fui observando mientras avanzaba, luego la cerca estaba cubierta con una malla. Unas decenas de metros más adelante los pude volver a ver desde lejos y había una especie de cuadrilátero de arena, como de cincuenta metros por cada lado donde, supongo, los entrenaban.

Internándome de nuevo en un bosque, me encontré un puesto que tenía café, fruta, pan y otras cosas. Lo atendía un señor y me puse a platicar con él, se llamaba Carlos, era albañil y él y su cuñado se dedicaban a vender productos a los peregrinos porque no había trabajo en la construcción, me platicó que sólo suspendían la venta cuando les caía algún trabajo, porque la venta no daba lo suficiente para vivir decentemente. Muy agradable el señor, insistió en invitarme una galleta en lo que me tomaba un café y luego continué mi camino.

Es una pena que en Galicia no tengan anotados los nombres de los pueblos a la entrada de estos, cuando reviso las fotografías es muy difícil identificar por dónde iba pasando. En un lugar que se llama Auga Pesada, me encontré una casa cuyo techo del patio era una enorme vid, tipo trepadora cuajada de uvas verdes, las primeras uvas que veía después de caminar entre tantos viñedos.

Iniciaba la parte difícil del día, una subida de más de dos kilómetros que además se iba a ver alargada por una desviación que hicieron para evitar una zona de bosque que se había incendiado recientemente, eso lo supe hasta que llegué al punto donde se veían las huellas del incendio y las señales para rodear esa zona. Fue una subida pesada, primero en una senda boscosa, llena de helechos y con una buena pendiente y vistas irreales, no hay manera de que las fotografías reflejen lo que veía. Y luego la desviación, fueron como cinco o seis kilómetros en ascenso, lo bueno es que estaba nublado y fresco, eso ayudó mucho.

Iniciado el descenso hacia Trasmonte, llegué a un puente llamado el Ponte Vella, que es de finales del siglo XIV y cruza el río Tambre. El río se ve poderoso, inclusive se sabe que el puente fue derribado varias veces por su fuerza. Cuenta con un molino que aprovechaba la fuerza del agua para moler los granos de la región.

Una muy bonita escena del puente y del río, que se aprovecha para descansar un poco y hacer fotografías, el destino ya se sabe cerca y eso anima: flores, flores, y flores por todos lados, unas blancas, moradas, lilas, amarillas, todo un espectáculo y así, después de más de una hora, llegué a Negreira. Ahí, una chica que estaba en un módulo de información me dijo que en Galicia no se les llamaba pueblos, sino aldeas. Me dirigí a mi albergue, al albergue Alecrín, donde el dueño me recibió muy atentamente, charlamos un rato y me asignó mi litera, procedí con mi rutina del baño y lavado de ropa, menos el sombrero porque éste era nuevo.

BOSQUE INCENDIADO

El mismo hospitalero me recomendó un lugar para comer que resultó ser de su hermano. Comí rico y salí a caminar un poco por el pueblo, no había mucho que ver: un par de monumentos al peregrino en la calle principal, había algo a la salida que ya vería cuando pasara por ahí al otro día. Pasé al supermercado a comprarme algo para la cena y para el desayuno del otro día, el cielo estaba nublado y el único lugar para descansar era mi litera, así que ahí me la pasé el resto de la tarde.

Casi enfrente del albergue, había un módulo de información turística, que pasé a visitar solo por no dejar, ahí fue donde me dijo la chica que atendía que a las pequeñas poblaciones de la región se les denominaba aldeas. Cuando me senté a cenar en el pequeño espacio que tiene el albergue para ello, se me acercó el hospitalero y muy amablemente me regaló una concha de vieira grande, se lo agradecí mucho, ya tenía un recuerdo más para Tere. Traía una piña de los bosques de Montes de Oca, su vieira y me faltaba una piedra que tomaría en Fisterra. Luego a dormir, porque los pies me lo pedían.

En Facebook, la jornada se leía así: *"Hoy he continuado mi andar, salir de la cama y volverme a calzar las botas no fue tan fácil, afortunadamente no estaba lloviendo y eso era algo para agradecer, amaneció haciendo frío (para mí, frío) 9°C, nublado. La ciudad estaba muy silenciosa, solo alguno que otro perdido por ahí. Fue un gozo poder apreciar la catedral y sus alrededores sin gente. A solo poco más de dos kilómetros de haber salido y después de un ascenso, Santiago de Compostela se despidió de mí con una panorámica hermosa de la ciudad y particularmente de la catedral. El amanecer al fondo fue el marco perfecto, qué agradecido y privilegiado me sentí en ese momento. No podía dejar de ver el horizonte y de tomar fotos. Las afueras de Santiago son un lugar encantador para vivir, estás a cinco minutos en auto de la ciudad y vives dentro de un bosque, con casas amplias y bellas, jardines enormes y tu huerta familiar. Primera vez que pienso en todo el viaje: 'me gustaría vivir aquí'.*

El resto de la jornada fue muy agradable, me tocó ver pocos peregrinos y a tres de ellos (por separado) durmiendo a cielo abierto. En algún punto del sendero me topé con Carlos, un albañil sin trabajo que decidió montar, con su colega Ricardo un puesto ambulante para

atender peregrinos, dice que les va regular, que preferirían que hu-
biera trabajo en lo suyo, que de albañil llega a sacar hasta dos mil
euros al mes, vendiendo café y fruta y bocadillos dice qué hay meses
que con trabajos llega a los quinientos. Muy agradable mí tocayo. Me
tomé un café y me regaló una rosquilla de anís, también le compré
una banana. Al poco rato empezó el reto del día una subida de dos ki-
lómetros para ascender como doscientos treinta metros. La primera
parte sobre tierra, bastante empinada, el segundo kilómetro, sobre
carretera, más leve. Al terminar de subir me regalé mi desayuno en
el primer bar que vimos abierto (ya me conecté con Joaquín Sabina).
Se veían unos pocos más de peregrinos, definitivamente las hordas
se quedaron en Santiago o ya se regresaron. Llegar al albergue fue
grato, los pies lo agradecen".

LA CATEDRAL DE SANTIAGO DE COMPOSTELA

Etapa 33: NEGREIRA – OLVEIROA

2 de julio de 2017

33.02 km

Grabación del día: *"Son las seis y diez de la mañana, estoy saliendo de Negreira, en este momento salgo del albergue. Hoy toca una larga, larga jornada hasta Olveiroa, treinta y tres kilómetros en ascenso, va a estar dura. El clima está excelente, no hace mucho frío ni llueve... Esperemos que se conserve así todo el camino, ya quedan tres etapas nada más, hay que disfrutarlas en todo lo que vale, porque se van a ir muy rápido, así que Olveiroa: ahí te vamos".*

A las seis y quince de la mañana, ya estaba afuera del albergue iniciando mi recorrido, largo recorrido, para llegar a Olveiroa. La aldea estaba sola, oscura y a la salida se veía un arco muy bien iluminado, este arco comunica la capilla con el Pazo de Colón, un paso muy bonito que con la iluminación nocturna da una sensación más acogedora que lo que alcancé a ver la tarde anterior. La pequeña capilla del siglo XVII estaba cerrada y aparece luego un mojón que señala el kilómetro sesenta y ocho, no aclara si para Muxía o para Fisterra. Al poco rato, ya en el bosque de nuevo (la verdad es que me gusta mucho caminar por los bosques), el sol comienza a hacer su aparición, brindando su espectáculo diario, las sendas pasan y las subidas aparecen y me vuelvo a encontrar con más generadores eólicos bastante cerca de donde voy caminando, señal de que voy ascendiendo.

En una aldea llamada A Pela, pasé la iglesia de San Mamede, que como es característico en la región, tiene su cementerio a un lado con sus capillas muy bien puestas. El cielo se aclara aunque hay algunas

nubes. Llegó el kilómetro cincuenta y ocho cuatrocientos y los generadores están mucho más cerca. A eso de las 10:15 de la mañana, al ir
caminando sobre una solitaria carretera, pude ver a lo lejos a un peregrino que caminaba de manera muy extraña, como que no llevaba
un paso firme, se movía de un lado a otro, haciendo *zigzag*. Yo iba en
sentido contrario del flujo, esto es, de lado izquierdo de la carretera,
él iba del otro lado, lo sigo observando y conforme me iba acercando
poco a poco, escuchaba sonidos que emitía, como quejidos o pujidos,
después pensé que era una especie de mantra. Le tomé un pequeño
vídeo porque caminaba como si estuviera extremadamente cansado.

Pasé a su lado y me di cuenta de que era japonés, lo saludé y me
contestó con un "buen camino" le pregunté en inglés: *"Are you OK?"*
"Do you need something?", y él me dijo que estaba OK. Continué andando, ya iba como diez metros adelante y escucho que me dice: "¿eres
español?" y le digo: "no, mexicano", y me di vuelta para enseñarle la
bandera que traía en mi mochila. Su rostro adquirió una expresión de
alegría increíble, se acercó a mí y me dijo: "amigo, mexicano, me haces
muy feliz". Me platicó que estuvo doce semanas estudiando español en
la Ciudad de México ese mismo año y que había sido muy feliz ahí. Me
dio un abrazo. Me di cuenta que llevaba dos mochilas: una grande en
la espalda y una más pequeña al frente, sacó su tarjeta personal y con
mucha ceremonia me la entregó, continuamos y platicamos un poco en
español, que lo hablaba muy bien.

Me excusó para que yo siguiera a mi ritmo, ya que me dijo que él
caminaba mucho más despacio, obviamente me tomé una foto con
él. Unos doscientos o trescientos metros más adelante me detuve
a esperarlo con la idea de regalarle una de mis banderas que llevaba adheridas, pude despegar la que estaba en mi mochila, cuando
llegó se la regalé, estaba muy emocionado y complacido, me hizo

asegurarle que le escribiría por Facebook, nos despedimos de nuevo y continuamos cada uno a su ritmo, yo sólo escuchaba sus sonidos raros.

Olvidé mencionar que en el albergue de Negreira conocí a un bicigrino que estaba haciendo también el mismo recorrido que yo, solo que en bicicleta, lo curioso es que lo hacía en las mismas etapas de un peregrino a pie.

Los peregrinos ciclistas me rebasaban aún en subida y en las bajadas, cómo los envidiaba. El calor apretaba, los campos de maíz se extendían, llegué al kilómetro cuarenta y ocho setecientos dieciséis. Eran las once de la mañana, ya pasadas, y con cinco horas de camino el cuerpo me pasaba factura. Me encontraba con hórreos de todos tamaños y estilos, establos pequeños y grandes rubias de Galicia y también bastantes vacas Holstein, venía encontrando de todo.

En cierto momento alcancé a ver un cuerpo de agua muy grande que se veía mejor conforme me aproximaba, era el embalse de Farvenza, construido en la década de los setenta. En Abeleiros me detuve a descansar por tercera vez ese día, estaba exhausto. Llevaba un buen rato descansando cuando escuché a lo lejos unos ruidos familiares, era mi amigo japonés. Cuando pasa junto a mí me pregunta, "¿ya llegamos?" con mucha ilusión en su voz y le dije: "no, faltan todavía como seis kilómetros" y continuó con su paso cansino, su gran carga y sus quejidos.

Más adelante lo volví a rebasar, ya estábamos por el kilómetro 39.672, el día ya se me estaba haciendo eterno. Era la una de la tarde y el sol pegaba en pleno sobre los pocos que íbamos por la carretera.

CON MI AMIGO AKIRA DE JAPÓN

A la una y veinte de la tarde estaba entrando a Olveiroa, como a ocho-cientos metros de la entrada encontré el albergue Hórreo, que es don-de me quedaría. Pregunté si tenían disponible habitación privada y me dijeron que no, que estaban llenos, el mismo albergue tenía un bar grande y un restaurante muy bien puestos, así que lo primero que hice, ya registrado, fue tomarme una cerveza y luego fui a acomodar mis cosas y a prepararme para un necesario y merecido baño. Mi ami-go, el bicigrino, ya estaba bañado, cambiado, y descansado. Lo que yo hice en siete horas caminando, él lo hizo en poco más de una hora y media en su bicicleta. Aprovechando que el lavadero y tendedero estaban bastante bien y desocupados, me puse a la tarea de lavar casi toda mi ropa, después me fui a comer y me quedé el resto de la tarde descansando, tomaba cerveza y volvía a descansar, según supe no había nada que ver, así que ni para qué salir a asolearse.

Post de Facebook: *"¡Qué día! Jamás me imaginé que sería una etapa tan dura, sí había visto que tenía muchas subidas el primer tercio y bajadas y subidas el resto, pero la realidad resultó más difícil de lo esperado, bueno, mi realidad. Los paisajes muy bonitos nuevamente, Galicia es un lugar privilegiado y eso que no he llegado a la costa. Hoy inicié poco después de las seis, desayuné algo en el albergue y comencé mi camino. Las primeras dos horas y media no me topé con nadie, fue hasta que me detuve a desayunar que vi a otros peregrinos. Desde las primeras bajadas los pies dieron muestra de que estaban hartos de tanto caminar. No sabía cómo pisar para lastimarlos menos.*

Antes del kilómetro diez mí mente comenzó a coquetear con la idea de un taxi, y esta idea no me soltaba, mí yo interno decía "no, eso no es lo que quieres", sin embargo la tentación persistía. No tengo nada en contra de las diversas formas de hacer el camino, con traslado de mochilas, con apoyo logístico, usando taxis, siempre que no se afecte a terceros. Sin embargo sí creo que la decisión debe estar dentro de tus valores y principios y para mí no lo estaba, las condiciones no eran suficientes para hacerlo, mañana ¿quién sabe? Paré como al kilómetro trece, desayuné bien, y continué.

Un poco más adelante vi una figura que caminaba bamboleándose mucho, su vieira iba de un lado a otro. Cuando me acercaba oí que se quejaba y hacía zig zags en plena carretera. Cuando pasé junto a él le pregunté, en inglés, si estaba bien, me contestó que sí y le deseé buen camino. Ya que iba un poco adelante de él me dice otra vez 'thank you, ¿español?', Y le digo 'no, mexicano', le brilla la cara y se pone súbitamente feliz. Me dice 'ioh amigo mexicano, me haces muy feliz!', en un español muy aceptable, y agrega 'estudié español el año pasado en Ciudad de México, lo aprendí en doce semanas' a lo que yo respondí 'iwow!'.

Me dio su tarjeta y nos tomamos una selfie. Luego me dice 'vete, vete, tú eres más rápido' y se quedó muy contento. Más tarde lo vería dos veces más porque creo que no descansa, va a su paso, con sus quejidos y bamboleos, sin parar. En la segunda vez que nos vimos, le regalé la bandera que traía pegada a mi mochila. Casi brinca de gusto. Caminé un tramo sin botas, para darle respiro a los dedos, otras partes se quejaron jajaja. Me volví a poner las botas luego de unos cinco kilómetros. Reclamos de nuevo. Cantaba, meditaba, reflexionaba, todo con tal de que se hiciera más leve el recorrido.

Un desvío por un incendio más o menos reciente, agregó al trayecto tres terribles kilómetros, para hacer un total de treinta y seis. Un par de kilómetros antes de llegar yo estaba furioso y desesperado, usé esa furia para impulsarme a terminar. Furioso, ¿por qué? se preguntarán, pues por todo, por los desvíos, por el cansancio, por los dolores, porque no decidía pedir taxi, etc. Nota: no es una reseña de queja, es una reseña de como viví la etapa. La más dura para mí hasta hoy (o quizás así lo piense, porque es la de hoy y todavía me duele)".

Etapa 34: OLVEIROA – MUXÍA

3 de julio de 2017

32.73 km

Con pisada firme (al menos los primeros pasos), después de un desayuno de pan tostado, jugo y colacao, salí a las seis y veinte de la mañana para la penúltima etapa de mi viaje como peregrino. Otro día largo, pesado, de bajada, teóricamente, y los pies ya no querían saber nada de caminar, ni siquiera de estar posados en el piso o en la cama, querían estar flotando, estaban realmente fastidiados y yo por primera vez sentía que ya quería que esto acabara. Esto es lo que grabé por la mañana: *"Bien, saliendo como a las seis y veinte, seis y veinticinco, de Olveiroa, rumbo a Muxía, ah, lo tengo que decir, pero no lo quiero decir: será otra jornada difícil, porque ahora es mucha bajada, casi todo el camino es de bajada y la bajada es mortal para los pies. Otra vez treinta y dos kilómetros, que espero no se conviertan en treinta y cinco, creo que ya estoy cansado, ahora sí. Debo reconocerlo, mis pies han dado todo lo que tenían que dar y se están quedando sin ganas de seguir caminando, ahora sí, en serio, pero lo seguiremos intentando, quedan dos jornadas más: hoy y mañana".*

Pronto me encontré con la senda que me llevaría a mi destino del día. Ya se veían peregrinos en ella, uno o dos, era una senda solitaria, oscura, que poco a poco se fue aclarando. Yo iba buscando lugares donde pudiera sentarme unos minutos, los pies pedían descanso con mayor frecuencia y no había manera de dárselo.

Encontré un Centro de Atención e Información para Peregrinos, sin embargo estaba cerrado, adyacente había un espacio cerrado con una *vending machine* y una silla, para mí era suficiente. Me senté a descansar y me tomé una gaseosa para justificar mi tiempo ahí.

Más adelante, llegué a la bifurcación que separaba los caminos: uno a Fisterra y el otro a Muxía, de todos los peregrinos que iban cerca de mí, unos seis o siete, yo fui el único tomó la desviación para Muxía, todos los demás se dirigieron a Fisterra. El mojón marcaba el kilómetro 28.807 para Fisterra y 27.005 para Muxía. Tomé mi lado de la carretera que transcurría paralela a una serie de generadores eólicos, lo cual quería decir que estábamos en la parte más alta y que el descenso no tardaba en comenzar. Después de un tramo de carretera, de nuevo encontré una senda empedrada que iba francamente hacia abajo.

Así llegué a Umbría, capital del Concello del mismo nombre. Dos hórreos adjuntos me recibieron con el sol surgiendo entre ellos, las calles con flores en las banquetas. Cada vez más cerca, comenzaban a aparecer los anuncios y teléfonos de servicios de taxi, una tentación que pone a prueba tu voluntad de seguir andando, es fácil caer en la trampa y justificarlo plenamente. Me vi tentado, pero lo superé, aquí me tocó ver los hórreos más grandes del camino, como de veinte o veinticinco metros de largo, enormes.

A las doce del día ya estaba en el kilómetro 9.650, quince minutos después, se hizo la magia: levanté la mirada y vi el mar. Al principio, por unos segundos, no pasó nada; luego, un cúmulo de sensaciones muy fuertes me invadieron, quería llorar y quería reír, reí y lloré, quería contárselo a alguien, me sentía eufórico, eso es, eufórico, me invadía una sensación de triunfo, de logro, de satisfacción, que yo creo no había experimentado nunca, quería platicarlo y abrí mi grabadora del celular y hablé y hablé.

LOS HÓRREOS DEL CAMINO

Después de algunos minutos, me di cuenta que no estaba grabando, así que mis primeras impresiones expresadas, literalmente, se las llevó el viento, después volví a grabar algo para compensar, no era lo mismo, pero era lo que había. Aquí reproduzco mis palabras que grabé en esta segunda ocasión: *"Estoy, estoy muy emocionado, no lo puedo creer, estoy viendo el mar, lo estoy escuchando, caminé desde los Pirineos hasta aquí, ahora sí siento que he hecho algo grande (jadeos). No lo creía, no lo creo, ya lo creo."*

No podía dar crédito de que había caminado desde Francia hasta el Océano Atlántico, era algo formidable (al menos para mí). En ese momento me di crédito, me reconocí que había hecho algo grande por mí, ¡wow, que hermosa sensación! Me tardé unos días, pero esa emoción tan profunda que algunos sienten llegando a la catedral de Santiago de Compostela, yo la acababa de experimentar en pleno bosque rodeado de árboles con la vista puesta en el mar. Iba caminando por una senda entre los árboles, estaba cerca de la población de Merexo, se veía la costa, yo quería seguir llorando y lloraba, quería seguir riendo y reía, y quería gritar y gritaba, qué emocionante. Me hice un montón de fotos y ninguna vale la pena, hasta el cansancio, lo olvidé por unos momentos y continué mi camino.

Seguía caminando por la orilla de la carretera, no me quería pasar de lado izquierdo para poder seguir viendo el mar, en algún momento el camino se aleja de la costa, pasa por un poblado o aldea llamado Moraime con su iglesia románica de San Xulian de Moraime, a la cual no entré, era un ascenso que continuaba hasta el monte de San Roque. Una media hora después, el mar de nuevo, una población grande del otro lado de la bahía, "Muxía", pensé y en efecto era Muxía. Fui bajando hasta llegar al nivel del mar, la orilla estaba a unos metros, no estaba muy seguro de por dónde continuar, si por la carretera que bordeaba la playa o por un andador de cintas de madera que te acercaba más al mar. Opté por esta segunda alternativa porque seguramente sería más corta y, además, estaría más cerca del mar.

En la playa se alcanzaban a ver bañistas e inclusive casas de campaña, entronqué de nuevo con la carretera que se convierte en la avenida principal del poblado y me dirigí a buscar el albergue. Tuve que caminar un buen tramo todavía, como kilómetro y medio, hasta encontrarlo. Me registré, era un albergue pequeño atendido por una señora y su hija adolescente, la señora muy amable y la hija no tanto. Me instalé, entregué mi ropa para lavar porque no tenían lavadero, y solo la señora manejaba la lavadora y la secadora, pero como juntaba cargas con otros peregrinos el costo era menor que en otros lados.

Me bañé y me fui a comer a un lugar llamado As Eiras, a un par de cuadras del albergue, me llegaba hasta ahí el sonido de las gaviotas y veía pasar a los pelícanos. Terminé de comer y solicité en el mismo albergue mi certificado de haber llegado a Muxía caminando, me lo entregó la chica adolescente sin siquiera ponerle mi nombre, le pedí de favor que le anotara mi nombre y lo hizo de mala gana, allá ella, su mal humor se quedaría sólo con ella. Guardé mi murciana en el mismo tubo que había comprado y me fui a descansar un rato porque quería salir a conocer y eso implicaba volver a caminar, según me había explicado la hospitalera, al menos unos tres kilómetros.

Después de reposar un rato, salí y tomé el camino que me indicaron a la orilla del mar y fui subiendo y subiendo. El mar, ahora mi izquierda, se veía imponente, el cielo azul intenso. Después de 15 minutos de caminar vi a lo lejos lo que estaba buscando: el Santuario de la Virgen de la Barca, el monumento de piedra en conmemoración a los voluntarios que ayudaron en el desastre del barco *Prestige* y un poco más allá, el faro de Muxía. El Santuario de la Virgen de la Barca es de 1719 de estilo barroco, pero se sabe que hubo otro anteriormente de los siglos XI o XII. Estuve caminando por los alrededores, frente al Santuario hay unas grandes rocas donde me senté un rato a ver, oír, y sentir el mar, el Océano Atlántico en pleno, me gustó mucho.

El monumento de piedra para conmemorar a los voluntarios es enorme, de unos veinte o veinticinco metros de alto, como cuatro o seis de ancho, y diez de fondo, con una grieta que lo atraviesa en toda su altura. Es impresionante y, sin duda, tiene su significado.

El faro se ve solo, erguido, pequeño comparado con el mar, pero hace lo que solo los faros saben hacer: prevenir desastres y sobre todo en este lugar que es parte de Costa de la Muerte, por la gran cantidad de naufragios que ha habido en sus cercanías.

Había terminado mi recorrido, en eso, vi a unas personas con facha de peregrinos que venían bajando de una senda y decidí subir por la misma. Bien valió la pena. Esta senda llevaba a un punto más alto: la cima del Monte Corpiño desde donde se podía ver por un lado la inmensidad del océano Atlántico, mirando un poco hacia la derecha, ahí abajo, se veían el Santuario, el monumento y el faro de un solo vistazo, y si girabas ciento ochenta grados, había bellas vistas del pueblo. Muxía lucía en todo su esplendor. Cuando iba subiendo y me estaba tomando una *selfie*, una chica española que ya venía bajando ofreció hacerme unas fotos, no salieron muy bien, pero se le agradece el detalle. El monte tiene sesenta y ocho metros de altura y las vistas eran maravillosas, el puerto de Muxía, sus casas y edificios, sus playas, la iglesia de Santa María del siglo XIV a los pies del monte, etc. Mi descenso hasta el pueblo lo hice por una senda interior que me llevó a la última iglesia que mencioné que estaba cerrada.

Con esto concluía mi paseo por Muxía, solo me restaba buscar un supermercado y comprar algo para cenar y para el desayuno del otro día. Cuando llegué al albergue me entregaron mi ropa, y al comenzar a acomodar la mochila me di cuenta que había dejado abierta mi botella de agua y volteada la mochila, el *sleeping bag* estaba empapado, pero lo peor es que los dos libros que llevaba también se mojaron, me dio mucho coraje, los sequé como pude, le pedí a la hospitalera me hiciera el favor de meter el *sleeping bag* en la secadora, le expliqué lo que me había pasado y lo hizo con gusto y sin cobrar nada.

El *sleeping bag* no se secó muy bien, pero mejoró bastante, mis libros no se secaban, pero no había mucho que hacer y los dejé afuera, los metería de nuevo en la mochila al otro al otro día, lo bueno es que tenía un buró donde colocarlos. El día no cerraba como me hubiera gustado, este incidente era totalmente imputable a mí, lección aprendida. Cené algo y me dispuse a dormir. La última etapa estaba a una noche de distancia. Si no fuera por mis pies hubiera deseado que esto continuará varias semanas más.

Post de Facebook: *"Hoy (lunes 3) me tocó vivir una de las experiencias más maravillosas del camino. La etapa fue de Olveiroa a Muxía y tenía un gran atractivo, el encuentro con el océano Atlántico.*

La etapa se presentaba tan difícil como la anterior, treinta y tres kilómetros, calor, supuestamente más bajadas que subidas, sin embargo hubo bastantes ascensos en rampas largas.

La cantidad de peregrinos que se veían era baja pero había peregrinos, sin embargo, cuando se llega al punto de decidir sobre si vas a Fisterra o a Muxía, la mayoría de los que vi, tomaron para Fisterra, durante más de dos horas no volví a ver un solo peregrino, después vi a varios que iban hacia Santiago, quizás de regreso.

A eso de las once de la mañana me paré en el único bar que vimos abierto (Sabina de nuevo) y me tomé una cerveza bien fría. Era mi segundo descanso. Faltaban como once kilómetros y todo comenzaba a reclamar, así avancé, tratando de ocupar la cabeza de una forma un otra cuando en algún momento levanto la mirada y veo el mar. Qué impresión recibí, no esperaba verlo tan pronto porque todavía me faltaban como seis kilómetros para Muxía, y ahí estaba, estaba en lo de la foto cuando sentí una emoción desbordada, realmente estaba eufórico, reía y lloraba al mismo tiempo ahora sí sentía que había hecho algo grande. Caminar desde el otro lado de los Pirineos hasta el océano Atlántico, no lo podía creer, fue una sensación única. Sin embargo había que seguir andando, ahora con el espíritu levantado. Así llegué a Muxía, un lugar que me gustó mucho".

PANORÁMICA DE MUXÍA

Etapa 35: MUXÍA – FISTERRA

4 de julio de 2017

30.16 km

Última etapa de mi recorrido. 6:17 de la mañana. No hay nubes, el mar está tranquilo, como sabiendo que estoy cansado y con dolores en los pies. Tengo que caminar 30 kilómetros más, estoy invadido de sentimientos encontrados; por un lado, quisiera que esta experiencia no terminara; por otro, mis pies me dicen: *"es más que suficiente, ya no más, por piedad"*, y agregan: *"ya te cumplimos"* y eso es cierto, les he exigido más de lo que en ningún momento me pude haber imaginado.

Lo que me propuse desde un inicio está a punto de ser logrado, solo me resta un jalón más y se acaba. Mi grabación mañanera dice lo siguiente: *"Ya son las seis y veinte de la mañana, ya salí de Muxía, estoy caminando hacia Fisterra, última etapa de mi viaje, qué emoción. Me estoy despidiendo, del lado derecho está el mar, al frente está la carretera, voy a atravesar todo por tierra, me refiero a que no voy a ver el mar en el camino, sino que será entre bosques y carreteras. Son treinta kilómetros para llegar, mis pies me matan, ya tengo miedo de no aguantar, desde ahorita ya me están doliendo y no llevo ni, ni diez minutos caminando, pero veremos, veremos qué sucede. Por lo pronto aquí estamos ya".*

Comencé a caminar y a dejar atrás Muxía, pronto me perdí. Las fechas y el mapa señalaban que dejara la carretera y me incorporara en una senda; ya dentro de ella, y después de escasos minutos, desapareció de repente. Comencé a caminar hacia donde me indicaba mi sentido común, pisando arbustos y tratando de encontrar signos de un camino, y lo que encontraba era que el paso era intransitable. Me regresaba y volvía a empezar, así como diez o quince minutos buscando, el paso se hacía intransitable porque me encontraba con zanjas muy profundas y anchas, llenas de matorrales que de ninguna manera permitían el paso si no llevabas algún machete o algo similar.

Súbitamente pude encontrar lo que parecía ser la continuación de la senda, y en efecto lo era. La tomé y me condujo a un sendero boscoso que seguí ya sin contratiempos, las flechas amarillas eran más bien escasas durante muchos kilómetros. Afortunadamente me hacía acompañar de mi mapa electrónico. Pasando las diez de la mañana, esto es, como 18 kilómetros después de mi inicio, volví a ver el mar. Era una buena señal. Encontré algunos peregrinos en el camino, pero ellos iban en sentido contrario al mío, se dirigían a Muxía viniendo de Fisterra, según yo en ese sentido la ruta está mejor señalada. Tuve un punto de confusión porque en algún momento me percaté que no había peregrinos ni persona alguna en el camino, y eso me llamó la atención. Revisé con cuidado el mapa electrónico que llevaba y me di cuenta de que ya me estaba regresando a Muxía por un camino paralelo, afortunadamente no fue más de medio kilómetro lo que me había regresado.

Por más que buscaba lugares donde parar y poder sentarme a la sombra, no encontraba ninguno. En un punto determinado, me tuve que sentar en la banca de una parada de autobús que se notaba que no tenía uso por las condiciones de deterioro que tenía y porque a su lado estaban colocados varios botes de basura. No tenía sombra, pero pude reposar un rato. En otro punto, de plano me senté en el suelo a la sombra de un árbol y la barda de una casa. El calor estaba bastante fuerte y era necesario aprovechar cualquier espacio que me sirviera de refugio.

Ya no sé ni qué decirles del dolor de pies, era indescriptible, me empeñaba en continuar, pero en cierto momento me di cuenta que cada paso era puro sufrimiento y no hay mejor forma de decirlo que con las palabras que con la voz quebrada grabé en un vídeo en un momento que pensé ya no podía más: *"Estoy caminando los últimos kilómetros para Fisterra faltan como cuatro o cinco, ya estoy muy, muy, muy cansado, ya no aguanto mis pies, no hay ni un solo lugar para parar, salvo que te pares en la carretera a pleno sol (respiración agitada), Ese es el pueblo anterior a Fisterra, no sé como se llama, estoy realmente cansado, ya no sé qué hacer; bueno, sí sé, tengo que aguantar, no queda de otra..."*.

En un tramo recto de la carretera con casas al lado izquierdo, vi un par de niñas como de ocho y once años que estaban en el patio de su casa y exhibían pulseras y conchas pintadas en la barda de la casa que daba a la calle. Las tenían a la venta. Me detuve un momento a charlar con ellas, la más pequeña me explicó que ellas hacían las pulseras y que también ellas pintaban las conchas, les compré dos pulseras y la mayor me dijo que ya faltaba poco más de un kilómetro para llegar a Fisterra, lo cual me animó mucho.

Llegué y se veía una gran playa a la entrada del lugar, me detuve en el primer bar que encontré y me tomé un gran tarro de cerveza, descansé por algunos minutos y seguí en la búsqueda de mi albergue que estaba hasta el otro extremo del pueblo. Mientras lo iba recorriendo y conociendo, me gustaba cada vez más.

Llegué a mi albergue, me registré y, como había reservado una habitación individual, me llevaron a un edificio como una cuadra más abajo donde estaba la pensión. Me entregaron mi llave del acceso al edificio y la del acceso al cuarto, mismo que tenía una ventana que daba a un jardín, su baño privado y un pequeño armario. Todo un lujo. Me duché, lavé mi ropa en la regadera (lamentablemente la tarjeta de mi amigo japonés estaba en mi pantalón y se desbarató, ya no tenía como contactarlo) y salí a buscar algo para comer.

Llegué primero a un lugar que me recomendó la hospitalera, pero llegué en un mal momento porque después de esperar como cinco minutos sin que nadie me atendiera, me percaté que había un pleito tremendo entre el dueño del lugar y uno de los meseros (o el único, no sé). Se decían cosas a grito pelado sin dejar de moverse de un lado a otro, como yo no tenía ganas de malos humores, decidí salirme en busca de otro lugar. Encontré un restaurante con terraza y vista al puerto donde comí muy rico, de ahí me fui a buscar mi Finisterrana al albergue público. Me costó un poco de trabajo encontrarlo y cuando lo encontré me la entregaron, con mi nombre anotado con una letra muy bonita, el documento tiene muchos símbolos y colores que le dan un toque especial, creo que es mi favorito de los tres. Luego, a descansar un rato en mi habitación.

Más tarde, salí a conocer algo más del pueblo y me fui al castillo de San Carlos, que era lo más cercano, y además es un Museo del Mar y de la pesca, muy pequeño y bonito. Llegué a tiempo para explicación de la guía, que fue bastante interesante (yo ni idea tenía de cómo se pescaban los pulpos), hice algunas fotos e inclusive me tomaron una fotografía con la guía y a seguir paseando.

En el albergue me habían dado un mapa y me habían explicado cómo llegar a las dos playas más bonitas de Fisterra así como la forma de llegar al cabo Fisterra y al faro. Para esto último había que caminar dos y medio kilómetros, por lo que decidí dejar las tres cosas para verlas al día siguiente. La tarde estaba nublada con mucha bruma y niebla a lo lejos, la temperatura era agradable y pintaba para llover. Fui a cenar unos longueriones, que es un molusco alargado con conchas como de diez centímetros de largo y un centímetro y medio de ancho, y que se pesca a pulmón solamente en las costas de Fisterra. En otros lugares de Galicia hay un molusco parecido al que llaman navajas. Los disfruté mucho acompañados de una copa de vino blanco y cerré con un sabroso flan de orujo. Muy satisfecho me regresé a la habitación a dormir, dormir, y dormir.

LA FISTERRANA

Etapa 36: FISTERRA – CABO FISTERRA (EPÍLOGO DEL EPÍLOGO)

5 de julio de 2017

2.5 km

Ya un poco descansado y con un desayuno ligero me fui a conocer primero la playa de Mar di Fora, que está en el lado oeste del pueblo. Había que caminar como un kilómetro y medio para llegar, terminando el poblado había un fraccionamiento con casas modernas y luego un terreno muy amplio que separaba el desarrollo habitacional del mar, al fondo de ese terreno se apreciaba el mar. Un andador muy largo te va conduciendo camino abajo, pasé junto a una granja de jitomates, platiqué un poco con el dueño y me explicó que él hacía todo el trabajo, desde la preparación del terreno, las siembras, cuidado, la cosecha, las ventas y la entrega del producto a domicilio porque de otra manera lo que deja la granja se le iría en gastos. Toda su producción la vendía localmente, principalmente a los restaurantes.

Pasando la granja, había un largo andador de madera que bajaba en *zigzag* hasta la playa, solo había dos o tres personas en la playa, estaba nublado y hacía algo de fresco. Bajé y bajé, pensando que más tarde había que volver a subir de nuevo. A eso iba, a la playa, hay letreros que advierten que es peligroso nadar por las corrientes que se forman y, por tanto, está prohibido hacerlo. El agua estaba muy fría, mis pies lo agradecieron enormemente en cuanto la sintieron, estuve caminando de aquí para allá mojándome los pies y disfrutando. En algún momento, me quedé solo caminando por la playa, que medía como 500 metros.

Me regresé al pueblo utilizando otro andador que subía por una pendiente menos inclinada aunque me dejaba un poco más lejos, pero lo preferí. Llegué a Fisterra, caminé por sus callejones y tomé camino para ir al cabo, un camino de subida de 2.5 kilómetros bordeando el mar, podía haber tomado un taxi, pero no quise hacerlo, quería llegar caminando. La ventaja es que ya no llevaba ni mochila ni botas.

En el camino pasé por la iglesia Santa María de la Villa de Fisterra del siglo XII. El día seguía nublado, las vistas conforme iba ascendiendo iban mejorando, el mar muy tranquilo a mi izquierda, de frente a lo alto se alcanzaba a ver lo que era mi destino. El ascenso era continuo y con calma, como iba con sandalias no iba caminando rápido. Me detenía en algunos momentos a observar el panorama y/o a tomar algunas fotos, rebasaba peregrinos y otros me rebasaban a mí, todos iban con relativa calma, no había ninguna prisa por llegar.

Una parte de la subida me tocó compartirla con un señor que iba acompañado con su perro e iba cargando algo en un estuche su espalda, después supe lo que era. Pasamos un monumento al peregrino y continué hasta llegar a la explanada principal y estacionamiento, me sentía muy bien estar ahí, avancé un poco y lo primero que me encuentro es una cruz de cemento sobre una gran roca, la cruz está erigida en memoria de un peregrino fallecido hace algunos años. Hay una placa que señala que la plaza se llama Stephen Hawking, en conmemoración de un viaje que este genio hizo al lugar en 2008.

Más adelante te encuentras con el Semáforo do Terra, un hotel pequeño, elegante, con muy buena apariencia, sin duda un lugar especial para quedarse al menos una noche. Un poco más adelante se ve el imponente edificio del faro y el faro en sí mismo. Un gran andador de unos doce metros de ancho te conduce hacia él. Pasas por un mojón que por fin marca el kilómetro cero, casi todos nos detenemos a celebrar aunque no sean peregrinos y, por supuesto, a tomarte la foto, si tienes la paciencia de esperar tu turno. Llegas al edificio del faro que lamentablemente estaba cerrado por reparaciones, entonces te mueves a la derecha, sobre las rocas, y uno queda impresionado con la cercanía del acantilado, la altura de este y el Océano Atlántico enfrente de ti.

Caminas entre las rocas con paso cuidadoso mirando hacia el horizonte, como lo hacía el hombre hace miles de años, y pensaba que ahí se acababa el mundo. Más allá de la línea formada por el mar y el cielo estaba el abismo, el lugar al que nadie se atrevía a ir. Yo volteo y puedo entender por qué pensaban así.

Hay cabras que se mueven entre las rocas y bajan y suben con una facilidad impresionante. Todo mundo se la pasa haciendo fotos a pesar de que la luz no es la mejor. Hay muchas personas, nadie se ofrece a tomarme una foto, utilizando mis propios recursos me hago algunas fotos que me parecen lo suficientemente buenas para recordar el momento, para donde voltees encuentras vistas bonitas. Hay un poste que dice en varios idiomas "Que la paz prevalezca en la tierra", un poderoso y necesario mensaje.

Me cambio de lugar y al otro lado se alcanza a escuchar el sonido de una gaita, me acerco y veo que el intérprete es el señor que venía subiendo con su perro al mismo tiempo que yo. Del lado que me encuentro, ahora, se puede caminar hacia abajo entre las rocas para acercarse más a orilla del acantilado. Se alcanzan a ver de huellas de fogatas donde los peregrinos indebidamente continúan con la práctica de quemar sus pertenencias, toda vez que se dice que esto se hacía hace miles de años cuando el hombre llegaba a ese lugar y quemaba sus pertenencias como una especie de renovación.

Se ven algunos pares de botas ahí abandonadas en las rocas más alejadas y también hay un par de botas de bronce sobre una de las rocas que sirven como representación del esfuerzo de todo peregrino que llega caminando al Cabo Fisterra, al fin del mundo, y supongo que también las pusieron para evitar que los peregrinos sigan dejando sus botas en el lugar, las cuales era muy probable que cayeraan al mar y fieran causa de contaminación y muerte de la fauna marina.

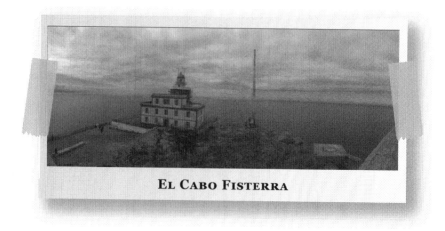

EL CABO FISTERRA

Me hago más fotos, muchas más, y vuelvo a cambiar de escenario para finalmente irme al bar a tomarme un bocado y una cerveza, que por cierto me gustó mucho. El bar está decorado con diagramas de los faros del mundo, destacando los de la Costa da Morte, también hay un par de poemas alusivos a Fisterra. De ahí pasé a la terraza del hotel que hace las veces de Centro de interpretación y tiene diez fotografías que representan lo que observas desde el punto donde estás y las fotografías tienen un código de barras para que lo escanees y obtengas más información, como no tenía *Wi-Fi* me evité la escaneada.

El cielo parecía que se estaba despejando, así que decidí regresar de nuevo a la zona de rocas para ver si podía obtener mejores fotografías con una mejor luz, seguramente habría sido posible si no hubiera llegado tanta gente, en su mayoría turistas que llegan en autobuses, tomé una o dos fotos más solamente.

Decidí regresar con calma con la idea de ir a buscar la playa Corveiro que me habían dicho era la más tranquila y bonita de Fisterra. En el mapa se veía muy cerca del pueblo, apenas terminando la bajada, lo que no se veía era cómo acceder a ella. Para hacerlo, tuve que dar un largo rodeo que me llevó su tiempo y esfuerzo, bueno, no tanto, lo que pasa, ya saben, es que los pies ya no querían seguir andando.

Ya que encontré el camino y las escaleras que llevaban directo a la playa me di cuenta que era una playa muy pequeña dividida en dos secciones. En la primera de ellas había un grupo de muchachos y para llegar a la segunda sección había que pasar por encima de grandes rocas, y así lo hice después de saludar. Del otro lado no había nadie y solo se escuchaba el sonido del mar y de las aves, un pequeño paraíso.

No llevaba ni toalla ni traje de baño, así que me senté en una de las rocas y dejé que el agua mojara mis pies. Pasé un rato muy agradable, de ahí fui a buscar algo para comer y terminando la comida me fui a observar la subasta de la pesca del día que se da en un lugar llamado La Lonxa, un proceso muy interesante abierto al público donde se puede observar la subasta de los diferentes lotes de pescados y moluscos que se obtuvieron en el día. Después un rato de observarlo, me salí a caminar un poco.

El puerto estaba súper tranquilo y el agua parecía un espejo, una lancha roja de remos me encantó, no sé lo que representaba para mí, lo que sí sé es que me gustó mucho y la fotografié no sé cuántas veces. Era una sencilla y simple lancha roja como de doce pies.

El resto de la tarde se me fue en descansar y no hacer nada, recuerdo también que en algún momento de ese día me metí a un bar a tomarme un café con un cuernito y estaban escuchando música ranchera y un mesero y un par de clientes locales cantaban con muy buen conocimiento de causa, fue un momento grato. De ahí, a dormir.

Ya sin presión alguna, el siguiente día me tocaba pasar una jornada más en Santiago en plan más relajado, casi de turista, quizás para hacer algunas compras, las primeras y únicas del viaje.

MI LANCHA ROJA

Posts de Facebook de los dos días: *"Este es el último post que reseña una etapa de este camino de Santiago, seguramente publicaré algunas cosas más, quizás. La etapa pintaba para ser pesada otra vez, muchos ascensos y descensos y temperaturas altas.*

Salí a las seis y diez de la mañana. Esta etapa es la menos bien señalada que me ha tocado caminar. Al salir de Muxía, se abandona la carretera y se toma una desviación que lleva a la playa Lourido, sin embargo súbitamente el camino se acaba, reviso mi app y veo que debe haber una desviación como cincuenta metros antes. Me acerco y no se aprecia senda alguna, apenas algo pisoteado, me meto al campo

abierto tratando de hallar una senda, esta aparece, para volver a des-
aparecer, trató de guiarme por la app y llego a un punto donde no es
posible avanzar, inclusive hasta peligroso porque hay muchas zanjas
(que bueno que no salí a las cinco de la mañana), por fin tanteándole
encontré el camino y lo seguí, mi primer descanso me lo planteé a los
diez kilómetros a los cinco ya quería parar.

Las subidas eran mucho más largas y pesadas de lo que había imaginado (o esperado seguramente) paré como en el doce, después de no
encontrar ninguna banca a la sombra me tiré literalmente en el suelo, eso sí, a la sombra. Las señales dejaban mucho que desear, en un
momento me di cuenta de que me estaba regresando a Muxía y tuve
que desandar lo andado. Bastantes peregrinos en sentido contrario,
de Fisterra a Muxía, pocos iban en el mismo sentido que yo. Me rebasaron algunos, mi paso había disminuido bastante, a la salida de un
pueblo, un par de niñas estaban vendiendo conchas y pulseras hechas
por ellas, me paré más por distracción y les compré dos pulseritas,
una de las niñas me dijo que ya faltaba como un kilómetro.

Ni un solo lugar para parar a la sombra. Ya no quería caminar.
Encontré un bar y me senté a tomar una cerveza, pregunté por mi
albergue y me dijeron que faltaban como 20 o 25 minutos. Ya, ya estaba ahí. De premio, cambié mi litera por una habitación solo en la
pensión del mismo nombre Finistellae. Y así las cosas, este peregrinar
ha terminado, con su clímax un día antes. Hoy solo quiero agradecer
y descansar. Cuanto me hubiera gustado compartir esta última etapa con Isabel, Gustavo, Patrick, Amelia, Jeanne, Federica, Tricia, Hilary, Andrea, Patrizia, Jimena, Xavier, Josu, Zorión, Manolo, Jordi,
Pasquale, Yugari, Akira y muchos más con quienes compartí alguna
parte de esta increíble aventura. Estoy en un bar de Finisterra tomándome un café con un croissant y escuchando música ranchera
y algunos clientes locales cantándolas. Se cansó de rogarme... ¿nostalgia? Pues sí, un poco.

Cuando yo creí que ya había terminado esto, me entero qué hay un epílogo del epílogo, el km cero está en Cabo Fisterra, donde se encuentra el faro. Había que caminar tres kilómetros más. Ya sin botas, sin mochila y sin sol fue muy grato hacerlo, no sin antes pasar a la playa Mar di fora, a mojar los pies en agua helada. En esta playa está prohibido nadar por las corrientes tan fuertes que tiene. Mis pies lo agradecieron tremendamente no importó que tuve que caminar un kilómetro y medio de ida y otro tanto de regreso. Antes de ir al faro pasé a tomarme un cafecito a un bar y estaban poniendo pura música ranchera, qué bonito se siente. Y más cuando oyes, a los nativos del fin del mundo cantarla de memoria. Pues entonces que me arranco con calmita para el faro, era pura subida, como a los primeros quinientos metros me encontré una iglesia la parroquial de Santa María de Vila Fisterra y paré un momento.

Continué y había varias personas subiendo, estaba nublado y fresco. Conforme me acercaba me iba sintiendo mejor. Vi el primer edificio y no me parecía el faro, y no lo era, era un hotel muy exclusivo a cincuenta metros del faro. Cuando vi el mojón con el símbolo de la vieira y los cero kilómetros volví a sentir por algunos ¿segundos? ¿minutos? esa euforia que sentí el día de Muxia, extasiado, pleno, feliz. Lo demás fue tomar y tomar fotos, sortear gente, qué hay bastante, bajar y subir por las rocas hasta donde tu valor o temor te permite.

No hay barreras, no hay límites y espero que no haya muchos accidentes. Solo me tocó ver a una señora tropezar y caer sobre sus rodillas y es entendible, tenía como 80 años y mejor otras personas la auxiliaron que sus propios familiares. Se aprecian muchas señales de fogatas donde, a pesar de la prohibición, los peregrinos queman algo o toda su ropa, se ven zapatos y botas abandonadas, me tocó ver a una pareja de italianos dejar sus dos pares de tenis y despedirse ceremoniosamente de ellos, en lo personal no lo haría, tarde que temprano caerán al mar y contaminan. No me quería ir, la música de un gaitero se escuchaba por donde caminaras. La gran mayoría de los que ahí estaban eran turistas, los peregrinos se distinguen de varias maneras, las obvias: mochila, botas, bastones y las no tan obvias: la marca del sol en piernas y brazos, los pies con curaciones, el gesto de ¡lo hice! Para no variar, paré en el bar del lugar, una caña y un montadito de queso con anchoas, me cayeron muy bien, mientras tanto, el sol hacía su labor y comenzaba a vencer a las nubes.

El color del mar cambiaba como respuesta a esos esfuerzos, regresé al punto de las primeras fotos, quería tomarlas todas de nuevo con la nueva luz, me di cuenta de que en realidad estaba alargando lo que no se puede alargar, los momentos mágicos y maravillosos de la vida, cuando se dan disfrútalos plenamente, no se repetirán, serán otros, seguro que no se repetirán. Entendido eso retorné a Fisterra, o Finisterra.

Antes pasé por la playa Corveiro una pequeña playa con un acceso complicado pero una vez ahí, es fabulosa, solo y mi alma. Segunda dosis de agua fría y salada para los pies, ¿qué más pueden pedir? ¡Que ya no camines!, gritaron a coro jajaja.

Por alguna razón que desconozco, desapareció de Facebook la estadística de los primeros treinta días del viaje. Les comparto ahora la del viaje completo desde el día 28 de mayo en Saint Jean Pied de Port, en Francia hasta hoy 5 de julio en Fisterra, España (Galicia dirían por aquí):

Pasos totales, incluye todo lo caminado:
1,396,895

Kilómetros caminados:
1,131

Equivalente en pisos subidos:
2,540

Equivalente en pisos bajados:
3,132

Calorías quemadas:
79,071

Poblaciones pasadas (varía de acuerdo a la guía que se tome):
Más de 270

Satisfacciones recibidas:
TODAS"

DE REGRESO A SANTIAGO DE COMPOSTELA Y A MÉXICO

6 de julio de 2017

Salí a las siete de la pensión. Pasé a desayunar al albergue y a dejar las llaves. De camino a la parada del autobús que me lLevaría a Santiago, pasé por la playa central de Fisterra, justo a un lado del Castillo de San Carlos, y la lancha roja estaba ahí, posada en la arena porque con la marea baja, no le llegaba el agua. Obvio que le tomé una foto más y continué caminando hacia el autobús, ya me habían avisado que había un paro de conductores de autobuses desde hacía algunas semanas; sin embargo y por suerte, laboraban dos días a la semana y ése era uno de ellos.

En la fila del autobús solo había peregrinos y ocupamos como la mitad de los espacios y salimos puntualmente a las 8 de la mañana. El autobús iba haciendo paradas frecuentes en las que subía y bajaba pasaje. A mi lado, del otro lado del pasillo, viajaba una peregrina sola y muy jovencita, yo creo que apenas tenía dieciocho años, durmió todo el camino.

Llegamos a la terminal de autobuses de Santiago y me dirigí caminando al Hotel San Lorenzo, al otro lado de la ciudad, prácticamente sobre la calle que lleva al camino a Fisterra. Como despedida me quise dar el lujo de quedarme en un hotel y, por cierto, no estuvo tan caro, prácticamente pagué lo mismo que en una pensión.

Tardé más de media hora en llegar y afortunadamente me dieron entrada a la habitación, a pesar de que no eran ni las once de la mañana. Lo primero que hice después de registrarme y dejar la mochila, fue ir a comprar una maleta o bolsa en la que pudiera meter la mochila, las botas, los bastones, la navaja, y poder documentar mi equipaje. Caminé por lugares diferentes a los que conocía y llegué a una parte de la ciudad más moderna, apenas afuera del centro. Compré mi maleta y regresé al hotel a dejarla. Luego todo fue vagar y descansar por la ciudad.

**LA CATEDRAL DE SANTIAGO
DE COMPOSTELA**

Por la noche, decidí quedarme a cenar en el hotel, disfruté de una estupenda cena en solitario (era el único comensal en el restaurante) y me atendieron como rey. Ya para irme, pasé a la cocina a darles las gracias por tan estupenda cena.

Antes de dormir, dejé todo empacado y listo para partir al otro día. El seis de julio publiqué en Facebook algunos comentarios sobre diversos tópicos del camino, los reproduzco a continuación:

"Más detalles del Camino:

1. *De los albergues. El criterio que más tomé en consideración para elegir los albergues fue la limpieza, para mí era fundamental estar alejado de las chinches y si la limpieza no es buena, seguro hay chinches. En los albergues, por regla general, no te permiten subir tu mochila a las literas, porque puede traer chinches del camino. Tampoco te permiten meter las botas a los cuartos, por aquello de los olores y cuando llueve, por el lodo. En los albergues públicos, pagas de 5 a 7 euros por una litera. Normalmente te venden aparte la sabana y funda desechables. En los privados pagas de 9 a 12 euros y te incluyen la sabana y funda desechables o te entregan unas normales recién lavadas. Algunos te incluyen el desayuno en ese precio. En Galicia pagas 12 euros y ninguno ha incluido desayuno. En más de una ocasión me tocó llegar al albergue cuando aún estaban haciendo la limpieza, la gran mayoría te solicita que se deje el albergue antes de las 8 de la mañana. Y para las once empiezan a llegar los nuevos peregrinos, trabajan los 7 días de la semana y cuando además ofrecen servicio de alimentos y de bar, están realmente ocupados. Los peregrinos podemos contribuir mucho a que un albergue funcione bien, siguiendo una regla muy simple, deja las cosas como las encontraste. Limpias, acomodadas, sin dejar basura, después de bañarte, secar el baño, normalmente hay un mechudo cerca. Esta práctica la apliqué en todos los lugares donde consumía algo, por ejemplo en los bares, que normalmente comes en una terraza*

o en mesas exteriores, procuraba llevar mis platos y vasos a la barra. No es obligación, para mi, fue una buena práctica. Si los peregrinos nos comportáramos de esa manera, todos estaríamos mejor. Los que se bañan como pollos y dejan todo salpicado, los que meten sus botas a la habitación, los que dejan su basura tirada, lo que logran es interrumpir ese bien fluir de las buenas maneras.

2. *Comida en restaurante y comida en bar. Cuando comes en un bar y pides el menú de peregrino o el normal, te sirven tu plato del primer tiempo, tu plato del segundo y tu postre o café. La diferencia con el restaurante es que cuando te sirven el primer tiempo, no te sirven un plato, te llevan a la mesa un perol como con tres raciones y tú te sirves lo que desees. Lo mismo pasa con el segundo tiempo, te llevan suficiente para que te sirvas dos o hasta tres veces. Normalmente en los restaurantes no hay menú de peregrino, solo el normal, que suele ser 4 ó 5 euros más caro.*

3. *De los ciclistas. Tristemente me llevo un mal sabor con los ciclistas que vi hacer el camino (la mayoría). Son menos cordiales que los peregrinos de a pie, da la impresión de que se sienten derechosos del camino, no avisan que van a pasar, no contestan el saludo, cuando coincides con ellos en algún punto de descanso o en un bar de paso, no saludan tampoco, normalmente van en grupos de tres o más y forman su cofradía o su club de Tobi. En fin espero que no seamos así todos los ciclistas. ¡Ah!, ¡y cómo les envidio las bajadas!*

4. *Los estudiantes para sacerdocio. En Bercianos del Camino nos tocó compartir la mesa con dos muchachos americanos y con los hospitaleros, la actitud de los dos muchachos dejó mucho que desear, en mi opinión y en la de Jeanne. No pedían las cosas por favor, no daban las gracias, no quisieron participar en la conversación de la mesa, que era en inglés. Cuando llegó la*

hora de la actividad en círculo, en la que cada uno iba a decir de dónde era y por qué hacía el camino, resultó que estos dos muchachos, junto con otros dos y una chica que iba con ellos (la chica no recuerdo que dijo) aclararon que venían de California y que estaban estudiando para ser curas. Yo me quedé sorprendido, por la actitud de soberbia de los dos que cenaron con nosotros. A la hora de dar los abrazos, fue difícil hacerlo con ellos dos, no así con sus compañeros, que eran muy amables. Me tocó coincidir con ellos en diferentes etapas del camino y la actitud era la misma, ¿soberbia, presunción de superioridad? No se pero no me gustaría nunca ser feligrés de ese tipo de curas.

5. Viajar ligero. Vivir ligero. Por mucho tiempo había sostenido que viajar ligero era un arte, la verdad es que no sabía lo que era viajar ligero. Mi concepto de viajar ligero se ha modificado drásticamente con este viaje. Cuando tienes que cargar durante horas todo lo que llevas, aprendes a valorar la importancia de hacer una buena selección de tus cosas. Pero esto va mucho más allá, cuando me preparaba el viaje, me costaba mucho trabajo asimilar la idea de llevar solo dos pantalones, dos playeras, dos trusas, tres pares de calcetines, etc. para un viaje de 40 días. Con mi esquema mental anterior, hubiera traído un maletón. Pues esa lección la pienso trasladar a mi vida normal. ¿Necesito todos los pares de zapatos que tengo? ¿Para qué quiero mis trajes de vestir que usaba cuando trabajaba? ¿Y las camisas y las corbatas? Estimo que fácilmente podré reducir la cantidad de ropa que tengo en dos terceras partes. ¿A quien le importa que repita pantalón o camisa dos veces o más por semana? A nadie. Supongo que lo mismo haré con el resto de mis pertenencias. Vivir ligero. ¿Y mis libros? Los que me quedan. No lo sé aún.

6. *De la basura. Creo que el sistema de limpia, separación y re-colección de basura en todo lo que recorrí de España, funciona muy bien. En todas las poblaciones por las que pasé, no importa a qué provincia correspondiera, tenían distintos contenedores, debidamente identificados con colores y leyendas. Para vidrio, para plásticos, para papel y cartón, para productos orgánicos, para baterías, para componentes electrónicos (en algunos lu-gares). Me tocó ver en varias ocasiones, ya que caminaba muy temprano, al camión de recolección de basura, que se llevaba solo la que le tocaba y con un mecanismo semi automático en el que los operadores casi no meten las manos."*

Antes de las siete de la mañana, ya estaba caminando rumbo a la Plaza Galicia, que es donde salen autobuses especiales que van y vienen del aeropuerto de Santiago. En este aeropuerto son mas flexibles con el tema de los bastones y esas cosas y me dejaron abordar sin documentar. Ya en el aeropuerto de Madrid, hice un reacomodo de cosas y lo más pesado y voluminosos lo metí en la maleta nueva y en mi mochila solo dejé algunas cosas ligeras. La maleta la documenté hasta destino final en Villahermosa, en ella llevaba además una tarta de Santiago y casi todo lo que compré en mi último día. Cuando pasé seguridad, me percaté que todo yo olía a peregrino de varios días, no me explico por qué si me acababa de bañar en el hotel y mi ropa la había lavado en Fisterra, de cualquier forma, me compré el desodorante más caro de mi vida en el *duty free* y me lo apliqué por todos lados.

Yo iba preparado para esperar una buena cantidad de horas, por-que mi vuelo a México salía alrededor de las cinco de la tarde y apenas eran las once de la mañana, inclusive había hecho planes con mi prima, Estrella Delgado, para vernos en el aeropuerto, con lo que no contá-bamos ninguno de los dos es con que caería una verdadera tormenta en Madrid y el aeropuerto tuvo que cerrar operaciones. A la hora en que debíamos abordar no se veía movimiento en nuestro mostrador de última espera, después llegaron unas personas y nos informaron, a los que estábamos cerca, que el avión que nos llevaría a París tuvo que ser desviado a Barcelona y ahí se había quedado.

Empezaron a darnos excusas y casi ninguna explicación. Poco antes de las seis de la tarde, nos comenzaron a entregar unos vales para que fuéramos a comer algo, nosotros ya habíamos observado que los otros vuelos retrasados ya se estaban regularizando. Conocí a Gladys, una señora de Bolivia con la que había estado platicando un buen rato, y con ella me fui a comer un bocado y una cerveza, a cuenta de Air France. Como a las once de la noche nos dieron otro vale para cenar y para ese momento ya se nos había unido una chica de China que estudiaba en Madrid e iba de regreso a su pueblo natal a pasar las vacaciones, Gladys, iba a visitar a su hijo que vivía en París.

Yo ya estaba verdaderamente fastidiado y cansado, era un verdadero problema conseguir un contacto para cargar el celular, todos los vuelos que se habían retrasado con la tormenta ya habían salido, menos el nuestro, y el aeropuerto había recuperado su ritmo normal. La casi nula información que nos daba la gente de Air France nos exasperaba en lugar de tranquilizarnos. Al final, concluimos que no era personal de Air France sino era un servicio de outsourcing que trabajaba para Air France.

La charla toda acelerada y llena de malas palabras (en español) de la chica de China y la plática pausada y tranquilizadora de Gladys hicieron un poco más pasadera la espera. Finalmente, anunciaron en las pantallas que un vuelo para nosotros saldría a la una de la mañana con destino a París.

Yo había llegado al Aeropuerto Barajas poco después de las diez y media de la mañana. En París nos recibieron muy bien y a los que teníamos vuelo de conexión nos llevaron a una sala con mostradores, donde después de hacer fila, nos entregaron nuevos pases de abordar para vuelos a nuestro correspondiente destino, que saldrían en el transcurso del día. A mí me tocaba volar entes de las doce del día, si mal no recuerdo. También nos dieron un vale de hotel y una cajita con implementos necesarios para pasar la noche, una cena, una camiseta y productos para la higiene dental. Cuando nos entregaban esto, nos conducían en grupos de tres a cuatro a un autobús.

El empleado de Air France que me condujo al autobús me dijo que si salía a las diez de la mañana del hotel, llegaría perfecto para abordar mi vuelo, porque ya no tenía que documentar, las maletas se las quedaron ellos. Éramos como cuarenta personas en el autobús, el 70% eran chinos, tuve que esperar como 20 minutos en el autobús en lo que iba llegando la gente y en quince minutos más ya estábamos en el hotel. Eran más de las cuatro de la mañana, otra fila más en el hotel para registrarnos, y luego a tratar de dormir algo. Me despedí de la chica china, Gladys había tomado su camino para encontrarse con su hijo que la esperaba en el aeropuerto.

Me di un buen baño y a dormir un poco. No pude dormir casi nada, a las siete de la mañana ya estaba levantado. Decidí saltarme el desayuno del hotel que estaba incluido, me comí mejor los que había en la cajita que nos entregaron y me fui a tomar el autobús para irme al aeropuerto. Qué bueno que lo hice con tanta anticipación, porque la fila para revisión de pasaportes y pasar seguridad era enorme, desde que yo venía caminando por la zona donde se documentan los equipajes observaba gente formada. Yo pensaba que era para alguna aerolínea y seguí caminando hasta donde ya no pude avanzar más y cuando me di cuenta ya me había absorbido una masa de gente y estaba insertado en una fila que serpenteaba como las que ponen en Orlando para los juegos más populares. Muchos oficiales tratando de controlar, la gente nerviosa, hablando en cualquier idioma, la fila avanzaba lenta, pero avanzaba. Luego vi otra fila que avanzaba más rápido y traté de pasarme a ella, pero me indicaron que era para personas con pasaporte de la UE, afortunadamente me dejaron regresar a mi posición de donde me salí. Estuve casi dos horas formado para cuando pude pasar seguridad. Mi sala de abordaje estaba lejísimos y cuando llegué todo acelerado faltaban quince o veinte minutos para abordar. Si le hubiera hecho caso al muchacho de Air France hubiera perdido mi vuelo.

Por fin, un día después de lo programado, tomé mi vuelo para México, nada destacable que platicar al respecto, salvo que tuve tiempo para reflexionar sobre lo que había vivido en esos 40 días del mejor viaje de mi vida. La transformación de peregrino al Carlos Becerra normal se comenzó a dar desde el mismo avión, no platiqué con nadie en el avión. Al llegar a la Cd. de México y después de pasar migración, recogí mi maleta para pasar aduana y la coloqué en la banda de vuelos en conexión. Como tenía suficiente tiempo para el vuelo a Villahermosa, decidí irme a casa de mis hermanas para saludarlas y llevarles las galletas de almendra que les traje.

Por la tarde, regresé al aeropuerto y a mí ya me estaba afectando el cansancio y el cambio de horario. Tere me recibió en Villahermosa, acompañada por mi gran amigo, Demetrio Espitia.

Había sido el último en salir de todo el vuelo porque me quedé esperando mi maleta y no llegó. Con esa nueva, tuve que esperarme para hacer un reporte y comenzar a darle seguimiento.

Al otro día, excusas iban y excusas venían, todo mundo se echaba la culpa y por fin, a los tres días la maleta llegó a mis manos. Tere me organizó una comida de bienvenida que fue muy agradable, yo estaba muy contento de regresar y al mismo tiempo echaba de menos el camino. Mis pies se hincharon como zacahuiles, hagan de cuenta que se enteraron de que ya había terminado. No había bota, ni zapato, ni sandalia que me entrara y ahí comenzó un largo proceso de recuperación para los pies que duró mucho más tiempo del que pudiera haber imaginado. Seis meses después, todavía tenía dolores.

¿Qué es lo que pasa con uno después de un viaje de esta naturaleza? Primero que nada, descubrí que, sin la menor duda, éste había sido el mejor viaje de mi vida, había recibido tantas cosas que no podía quedarme solamente así, igual que siempre, había que hacer algo.

Lo primero que hice fue reunirme con algunos amigos para compartir partes de mi experiencia. Viajé a Monterrey, me reuní con la familia de mi hermano, Ricardo, y con mis amigos *coaches*. En Villahermosa, platiqué con algunos amigos cercanos, y en mi vida personal empecé a aplicar algunos cambios derivados de lo aprendido. Lo primero y más notorio es que sabía que podía vivir más ligero y el primer paso para ello fue depurar mi ropa.

De entrada, me deshice de más del 60% de la ropa que tenía, incluyendo calzado, chamarras, gorras, etc. Pasados unos meses, me di cuenta de que me había quedado corto y regalé casi la mitad de lo que me había quedado.

Leí algunos libros sobre vivir ligero y sabía que lo de la ropa era solo el principio. Una tarea a la que le dediqué un buen espacio de tiempo fue en preparar los reconocimientos y fotografías que me comprometí a enviarle a todos aquellos que contribuyeron tan generosamente para el proyecto de la Ludobiblioteca en el Ejido Colima de Cunduacán, fue una tarea de lo más agradable y más todavía cuando los donadores me avisaban que ya habían recibido su certificado y sus fotos.

También hice una lista de las lecciones que había aprendido en el camino y que más adelante incluyo. Participé en un concurso de historias cortas sobre el Camino de Santiago y por primera vez envié algo a un concurso de este tipo. No gané.

Estas son las principales lecciones que obtuve en este viaje de 40 días:

1. Lleva solo lo necesario, no lleves nada "por si acaso". En el sitio resolverás. Lo mismo hay que hacer en la vida.

2. Compra la mejor mochila que puedas, no la más cara ni tampoco la más barata. La necesaria para tus necesidades, necesidades, no gustos.

3. Deja los lugares adonde llegues, igual o mejor que como estaban cuando llegaste. Aplícalo en tu vida diaria, hoy día, traste que utilizo en casa, traste que lavo, cualquier cosa que uso, la dejo en su lugar, sencillo y muy útil.

4. Viaja ligero, es más fácil, más económico y te evitas muchos problemas.

5. Vive ligero, aprende que suficiente es suficiente y deja de comprar cosas por comprar. Necesitas mucho menos de lo que crees, mucho menos. Deshazte de aquello que no usas o no has usado en el último año o seis meses.

6. Aplica en tu vida diaria lo que hacías como peregrino, saluda, sonríe más, juzga menos, agradece y sigue agradeciendo.

7. Puedo y quiero ser más sociable de lo que era, sin perder mi esencia.

8. Hay amigos que se van y luego los reencuentras, otros no los volverás a ver, en la vida pasa lo mismo, acéptalo.

9. El cuerpo y la mente son mucho más fuertes que lo que piensas.

10. Caminar solo es una delicia, caminar acompañado también, todo en su justa medida, la medida de cada uno.
11. Que hay mucho que aprender en los viajes y no me refiero a la historia o a la cultura de otros sitios, me refiero a uno mismo.

Algunas personas me preguntaron si había encontrado lo que fui a buscar al Camino de Santiago, y la verdad es que yo no sabía si había ido a buscar algo. Lo que es cierto es que encontré muchas cosas, quizás la más importante es que me encontré a mí mismo.

Seguramente, reflexioné sobre algunos aspectos de mi vida y de mi persona durante esas largas caminatas, pero realmente no es algo que pueda plasmar con claridad. Lo que sí puedo saber es que comencé a hacer algunos cambios, quizás poco significativos, pero al fin cambios en mi forma de pensar y actuar.

Por ejemplo, comencé a deshacerme de muchas de mis pertenencias, algunas que tenía desde hace 30 ó 40 años, estoy convencido de que las cosas son cosas, y a veces le damos demasiada importancia a lo material, lo importante es lo que significan esas cosas para uno y ello no implica que debas tenerlas en posesión. Las cosas son para usarlas, las personas para amarlas y no al revés como a veces hacemos.

Organicé con unos amigos una venta de garaje con un propósito benéfico y por ahí salieron decenas de cosas que tenía, otras las he regalado y otras las he donado, mis libros que tanto amo, los estoy dejando ir hasta quedarme con solo algunas decenas.

"Los libros fueron hechos para ser leídos, no para ser guardados", esto lo leí hace algunos años en algún lugar e hice varios esfuerzos por poner mis libros en circulación. Esto es, liberarlos para que fueran leídos. Los resultados de todos esos esfuerzos son inciertos, el más reciente fue la iniciativa de abrir microbibliotecas circulantes, con una dotación de libros que tienen libre acceso. Llegué a instalar 8 de estas en Villahermosa, me sumé a un esfuerzo nacional de un grupo de muchachos que se llama Lectores en extinción. Aprovecho para agradecer a todos los que donaron libros para esta iniciativa.

Quiero incrementar mis experiencias de vida. En una reunión con amigos y amigas, una de ellas me dijo que me quería regalar algo y que le dijera qué color prefería, lo pensé bien y le contesté que mejor me regalara la experiencia de compartir un café o un desayuno o un paseo, ahora prefiero que me regalen experiencias en lugar de cosas y creo que comenzaré a hacer lo mismo.

Me entusiasma la idea de regresar al Camino, no una, sino muchas veces, ya estoy haciendo planes muy serios para ello (ahora que pongo en limpio estas ideas, les puedo decir que ya concluí mi segundo Camino, acompañado de Tere, mi esposa, y voy por el tercero). Definitivamente, estoy siguiendo una ruta distinta a la que he seguido en mi vida pasada, confío en que me lleve a momentos en los que pueda estar satisfecho, agradecido y feliz.

Quiero dar por terminado este escrito comentando, aunque me repita, que hacer el Camino de Santiago fue mucho más que un viaje, fue una autentica experiencia de vida en la que se hace presente "la magia" del Camino en esos pequeños detalles que se presentan día a día, en esas "coincidencias" de encontrarte con personas que tenían propósitos, ritmos, planes distintos y, sin embargo, ahí estábamos de nuevo, en el mismo lugar, en el mismo instante y con una gran sonrisa. También es cierto que algunas coincidencias que querías que se dieran, no se daban, así tenía que ser, no de otra manera.

El Camino me ha dejado marcado de forma tal que no puedo explicar claramente, quizás si fuera hombre de fe o apegado a la religión me sería más fácil entenderlo, pero no lo soy. Debo reconocer que estos temas de la religión no son para mí, los respeto, mas no me identifico plenamente con ellos. Sin embargo, el Camino está lleno de símbolos religiosos, eso no me molestaba, creo que no he dicho aquí que no participé en ninguna misa completa durante mi recorrido. No soy de ir a misa, entré a muchas iglesias y me parecía un lugar adecuado para agradecerle a Dios, como también le agradecí en los bosques y en las playas. Tere me mandó una frase mientras estaba caminando que me ayudó mucho, quizás porque me convenía y decía así: "Caminar es otra forma de rezar" y lo creo firmemente.

Dos cosas más:

1. La construcción de la ludobiblioteca para el Ejido Colima del Municipio de Cunduacán, acaba de ser terminada hace unos días, la ejecución del proyecto de construcción tomó más tiempo y recursos de lo esperado por razones que no resulta necesario exponer, lo importante es que todos los libros y juegos recolectados ya se encuentran en la localidad, al igual que el mobiliario que se adquirió con los donativos recibidos, solo resta darle color al inmueble y que la empiecen a utilizar los niños del lugar. Gracias a todos los que de una manera u otra participaron.

2. Y la segunda: Al regresar del Camino y, lleno de esa energía que uno acumula de tantas y tantas vivencias, me senté a planear mi siguiente experiencia, abrí dos opciones: la primera consistía en hacer en solitario el Camino del Norte, que parte de la ciudad de Irún, en el país vasco, y va por toda la costa norte de España. Son más de 850 kilómetros con ascensos y descensos continuos y casi

siempre al lado del mar, dicen los que saben que es más duro que el francés y con mucha menos gente y albergues. La otra opción y después de una ardua negociación con mi esposa, fue planear hacer el Camino juntos, las condiciones de Tere para hacerlo fueron que no quería caminar tantos kilómetros diarios, ni lastimarse los pies como me pasó a mí. Finalmente, acordamos hacer el Camino Portugués, saliendo de Valença do Minho, Portugal hasta Santiago de Compostela, después le agregué el epílogo hasta Fisterra y Muxía, respetando no excedernos de 20 kilómetros diarios (en el papel) y lo hicimos en mayo de este año y volvió a ser una experiencia maravillosa, con grandes diferencias y satisfacciones, pero esa... Esa es otra historia.

FIN

III

SOBRE LAS ILUSTRACIONES Y EL ARTISTA
GERMÁN VÁZQUEZ BECERRA

RESEÑA DEL ARTISTA

Estudió Artes Plásticas con Rosa María Chacón, la pintora de las calaveras. Ella lo presenta en el 95 en el 81 aniversario del Excélsior. Tiene más de 200 obras y murales en Estados Unidos y México. Ha expuesto su obra en Museo Casa Carranza, Excélsior, Club Atlántico, Collors, Clips, entre otros.

Postales y su propósito

Las tarjetas postales se utilizan para enviar recuerdos, en cuya tapa principal se plasma una imagen alusiva al lugar o situación en la que se encuentra el viajero. El reverso de la tarjeta se suele dejar en blanco para poder escribir un mensaje al destinatario, y junto al sello poder enviarla, sin necesidad de sobre.

Éstas adquieren mayor valor cuando artistas, ilustradores y mentes creativas intervienen para dibujar estos recuerdos. La edición de "El Camino de Santiago y la vida", incluye tres acuarelas, cortesía de Germán, que fueron transformadas en postales conmemorativas del viaje. ¡Son edición limitada!

Para obtenerlas en formato físico o digital, contacta al autor, Carlos Becerra, y compártelas en tus redes sociales bajo los *hashtags* #SoyPeregrino #SoyPeregrina ¡Transforma tu vida!

POSTAL 1

Carlos en la frontera de las provincias de Castilla y León con Galicia.
Acuarela y tinta china sobre papel fabriano de 120 gr.
con medida 29.7 cm x 21 cm

POSTAL 2

Carlos en la etapa de Carrión de los Condes-Terradillos de los Templarios.
Acuarela y tinta china sobre papel fabriano de 120 gr.
con medida 29.7 cm x 21 cm

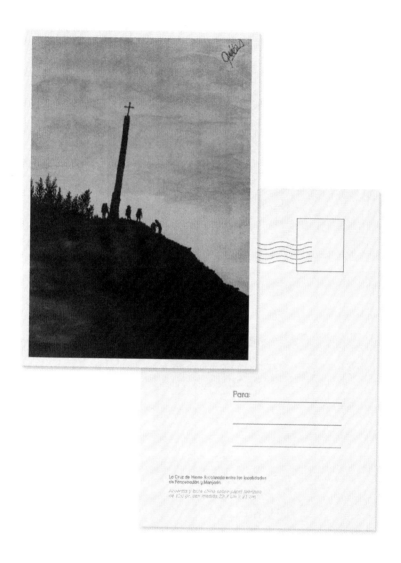

La Cruz de Hierro, localizada entre las localidades de Foncebadón y Manjarín.

Acuarela y tinta china sobre papel fabriano de 120 gr. con medida 29.7 cm x 21 cm

POSTAL 3

La Cruz de Hierro, localizada entre las localidades de Foncebadón y Manjarín.
Acuarela y tinta china sobre papel fabriano de 120 gr. con medida 29.7 cm x 21 cm

Made in the USA
Middletown, DE
30 January 2023

23426193R00219